Innovation Methodology for Chinese Cities

何又华　林焕辉　段思午　主编

超级城市

SUPER CITY

中国城市创新方法论

南方日报出版社
NANFANG DAILY PRESS
·广州·

图书在版编目（CIP）数据

超级城市：中国城市创新方法论 / 何又华，林焕辉，段思午主编．—广州：南方日报出版社，2018.11

ISBN 978-7-5491-1902-8

Ⅰ．①超…　Ⅱ．①何…　②林…　③段…　Ⅲ．①城市建设—研究—中国　Ⅳ．① F299.2

中国版本图书馆 CIP 数据核字（2018）第 226347 号

CHAOJI CHENGSHI

超级城市：中国城市创新方法论

主　　编：何又华　林焕辉　段思午
出版发行：南方日报出版社
地　　址：广州市广州大道中 289 号
出 版 人：周山丹
责任编辑：阮清钰　付惠平　陈盈璐
责任技编：王　兰
装帧设计：易　界
责任校对：王　燕
经　　销：全国新华书店
印　　刷：广州市岭美彩印有限公司
开　　本：889mm × 1194mm　1/16
印　　张：20.5
字　　数：300 千字
版　　次：2018 年 11 月第 1 版
印　　次：2018 年 11 月第 1 次印刷
定　　价：88.00 元

投稿热线：（020）87373998-0503　　读者热线：（020）87373998-0502

SUPER CITY

大国竞雄，城市竞秀

城市，是国家参与全球竞争的主体，是丈量大国创新实力的标尺

也是解码市场与政府互动之道的窗口

从辽东半岛到天府之土，沃野千里，惟创新者强

从湘江之滨至太湖之畔，三江通达，惟开放者进

成都、武汉、杭州、南京、青岛

无锡、长沙、宁波、郑州、大连

从佛山出发，走读十城

我们期待构建一个观察城市创新的“样本池”

树立一个对标同行者的“坐标系”

打开世界观，新的故事波澜壮阔

发现方法论，新的探索大幕开启

——南方日报“十城演义”调研组

SUPER CITY

超 级 城 市

创作人员名单

郑佳欣	赵 越	叶洁纯	蓝志凌
李 欣	梁志毅	王芃琹	何帆燕
罗湛贤	高绮桦	吴欣宁	袁纪琦
蒋晓敏	孙景锋	王诗琪	李 楠
严 璐			

（部分图片由受访城市单位提供，特此鸣谢）

前言 QIANYAN

超级城市 十城演义

他们是中国经济发展的定盘星，是代表中国参与全球竞争的重要力量。

他们是地区生产总值达万亿级的城市，或是即将“撞线”万亿级城市的冲刺者。

他们是全国城市冲刺万亿级城市征途上的“标兵”与“追兵”。

“2018年上半年实现地区生产总值6870.68亿元”——2018年7月下旬，成都公布了最新经济数据。

2018年是成都、武汉跃过地区生产总值一万亿元大关后的第四个年头；2015年，正在筹备G20会议的杭州紧追其后，成为中国第10座万亿城市；2016年，扼守长江的南京、黄海之滨的青岛成为第11、第12座万亿城市；2017年，长沙、无锡成为万亿俱乐部的新成员。

宁波距万亿城市也仅有一步之遥。在其身后，佛山是多年与宁波相伴不远的可敬对手。2017年底，两地地区生产总值均高于9000亿元。

在佛山身后，郑州等城市紧追不舍，同样是准万亿级城市中闪耀的明星。

以万亿为线，包括成都、郑州在内的11座城市，是观察和解读中国超级城市方法论的一个“样本池”，也是全国城市以全球视野对标同行者、谋划新发展的一个“坐标系”。

这些城市有各自的辉煌和底气，也有各自的愿景与挑战。在风云激荡的城市竞合舞台上，他们所演绎的全新故事，必将成为中国城市发展史上无法忽视的壮丽景象。

大风起兮

那些斗志昂扬的冲刺者

湘江川流不息，长沙阔步向前。2017年，长沙实现地区生产总值10,535.51亿元，比上年增长9.0%，成功挺进“万亿俱乐部”。

“强者更强”是当前中国城市发展的大趋势之一。在经济总量迈过万亿大关后，长沙赢得了更多人才、资金、技术，为长株潭城市群乃至整个湖南省带来更强支撑。

波光粼粼的太湖倒映着无锡的繁华，这座地区生产总值与长沙相距不远的城市，也是国内经济最强的地级市之一。2017年，无锡以10,511.8亿元的地区生产总值，成为江苏第3个、中国第14个地区生产总值跨越万亿元大关的城市。

经济体量与城市未来紧密相连，一万亿不是冰冷的数字，而是中国城市发展迎来质变的其中一道界线，是需要深厚积累和持续发力才能企及的一座高地，也是城市建设与民生事业高水平发展的一个标签。

向万亿冲刺，是宁波、佛山、郑州、大连等一批城市在“十三五”期间的共同目标。

舟山港货如轮转，杭州湾前程似锦。2017年，宁波实现地区生产总值9846.9亿元，宁波舟山港成为全球首个货物吞吐量超10亿吨的港口。作为长三角经济强市，此时的宁波不仅是万亿城市的最有力冲刺者，也成为浙江打造湾区经济的主要受益者之一。

西樵山下，紧邻广州，以制造业立市的佛山步伐稳健。2017年，佛山以9549.6亿元的地区生产总值位列全国城市第16位，距离万亿大关仅余一步之遥。

作为中原地区的经济、交通中心，郑州于2016年宣布将加快向国家中心城市迈进，并进入全国经济总量万亿元城市行列。2017年，郑州地区生产总值为9130.2亿元，这座省会城市的发展备受好评，信心高涨。

冲刺万亿

“撞线”前两年的关键动作

2017年7月24日上午，杭州国际人才创业创新园建园启动仪式在杭州举行。国家外专局与杭州市政府签署了合作备忘录，这是杭州在引才领域领先全国的新探索。

当前，发生在成都、武汉、杭州、南京、青岛等万亿级城市的故事，往往能代表国内在某些领域的最新趋势，这些城市在成功晋级万亿前的经验十分值得关注。

经济总量较快增长，是成都等5城在万亿冲刺期的最大共同点。5座城市均出现了8%—10%左右的增速。

以成都为例，2012年其地区生产总值达到8138.9亿元，距离万亿大关还有近2000亿元。但仅用一年时间，成都就冲上了9000亿元大关，并于次年再次冲关，成为万亿俱乐部的新成员。

在连续跨过两个千亿台阶的2013年、2014年，成都展现出了中国城市在做大经济增量方面教科书式的做法。

其中一个非常明显的关键词就是投资。在2013年初发布的成都政府工作报告中，“着力加强投资带动”成为新年工作的头号内容。此后，成都2013年、2014年的固定资产投资均超过了6500亿元，是同期佛山的两倍以上。

在武汉、杭州、南京、青岛的两年冲刺期内，投资都对区域经济增长起到了重要作用。在杭州，2014年固定资产投资首次逼近5000亿元大关，次年更达到5556.32亿元。在南京，2015年、2016年固定资产投资均超过5400亿元。

实体经济的转型创新是又一关键词。重视实体经济，推动制造业在增长中转型、创新，是这些城市的共同选择。在成为万亿城市的2016年，南京全社会研发经费支出占地区生产总值比重、每万人发明专利拥有量均保持了江苏全省第一，并跻身全国前列。

与此同时，第三产业对于经济增量起到了重要拉动作用。在两年冲刺期，杭州、南京、青岛三城的第三产业的增速、增量，都明显高于第二产业。

在晋级万亿俱乐部的2015年，杭州第三产业增加值高于第二产业1900多亿元，增速也达到第二产业的两倍以上。2016年，青岛第三产业增加值高于第二产业1318亿元，增速比第二产业高出2.5%。

有数据显示，截至2017年上半年，成都、南京、杭州这三座城市，仅仅是信息服务、金融以及咨询服务三个服务行业存续企业之和，就超过了各自城市制造业存续企业的总数。

工业称雄

制造业城市树立“万亿”模板

在这11座经济特色各异的城市中，宁波、佛山等地的制造业非常突出。

制造业总量较大，是这类城市最大的特殊之处。

工业增加值是衡量区域工业经济最常用的数据，直接体现了工业对地区生产总值的贡献。2017年，佛山规模以上工业增加值为4930.12亿元，宁波为3266.7亿元。同年“老牌”万亿城市杭州、南京分别为3205亿元、3166.63亿元，均低于佛山和宁波。换而言之，佛山、宁波的工业经济体量即使与中国万亿城市相比，也保持了较高水平。

相比之下，佛山的制造业色彩更加鲜明。与2017年成为万亿城市的长沙、无锡相比，佛山的工业增加值也遥遥领先。其中，2017年无锡市实现规模以上工业增加值3382.77亿元。无锡这一数据相比国内很多省会城市并不算低，但仍比佛山少了1500多亿元。佛山制造业的“可怕”可见一斑。

从产业结构来看，武汉等多座万亿城市的第三产业占比均超过了第二产业。而佛山2017年三次产业结构为1.5：58.4：40.1，第二产业占比远高于第三产业。虽然2017年佛山第三产业增速已达到9.1%，但第二产业的总量短期内仍难被第三产业超越。

一旦佛山以这样的经济结构冲入万亿俱乐部，中国万亿城市的版图上就将增加一个崭新的模板：这将是一座第二产业占比最高、以制造业为主的非省会、非中心城市。这样一座万亿城市的崛起，对于国内其他地区，以及国内制造业的发展，都将意义深远。

从佛山看向大江南北，在全国数百个大大小小的城市中，上述十一座城市都显得尤为特别。“他们”仿佛有一种跨越空间、产生共鸣的共同气质。尽管经济总量不相同、产业发展各有特色、面临着不同的挑战和机遇，但在新的时代背景下，这些城市都用过人的智慧与干劲，在各自擅长的领域谱写着探路高质量发展的可贵篇章。

他们的故事，正精彩。

目录 CONTENTS

下篇 佛山方略 FOSHAN FANGLÜE

南京江北新区

国家超级计算无锡中心

「上篇」

SHI CHENG YANYI

十城演义

CHENGDU

成都 一张名片背后的“招商秘籍”

2017年从年初到年尾，作为西部国际门户枢纽城市的成都一直热闹非凡。

2017年11月底，总投资188.6亿元的新经济项目落户成都，涉及大数据、人工智能、精准医疗等领域。12月上旬，美国派珀飞机生产运营基地等26个重大项目落户成都金堂，总投资278亿元。

项目牵引着技术、资金、人才，代表着一座城市前进的动能。2017年全年，成都新签约引进重大项目375个，全年实际到位内资4812.7亿元，增长15.5%；利用外资实际到位100.4亿美元，增长16.5%。

在成都，从电子信息、轨道交通等先进制造业的崛起，到生物医药、数字产业等新兴产业的快速发展，招商引资都发挥了巨大作用。

源源不断的投资改变了成都。身处激烈的区域竞争，成都到底凭什么不断“抢”到优质项目？有哪些值得其他城市借鉴的经验？

这是国内不少城市关心的“秘密”，也是南方日报“十城演义”调研组关注的焦点之一。构成一座城市招商吸引力的因素无疑极其复杂。然而就在一张看似简单的名片中，调研组窥见了成都招商引资众多成功经验中的关键。

千亿汽车产业从无到有
招商引资扮演关键角色

走在中国每座城市，都能看到项目投资对经济发展、城市建设的拉动。没有哪座城市不重视招商。南方日报“十城演义”调研组走访的十座城市，经济总量均在全国前二十之内。即使是在这些城市之中，成都在招商引资方面的工作成绩和特点也都极为鲜明。

在成都，调研组发现，作为成都制造业的支柱之一，汽车产业是观察成都招商引资工作的一个有效窗口。

“成都经开区力争到2021年，整车产能达到300万辆，产量突破200万辆，跻身全国汽车产业集群第一方阵。”2017年12月7日，在成都市龙泉驿区举行的“成都汽车产业生态圈建设发展高峰论坛”上，相关负责人介绍。

2017年，成都经开区整车产量达128万辆。

与长春、上海、广州等老牌汽车城市不同，成都汽车产业集群的真正崛起，还是近十年左右的事情。

成都经开区是成都汽车产业的重心，其总规划面积56.34平方公里。成都汽车产业崛起的大部分故事，都在这块土地上发生。

“2009年，一汽大众乘用车生产基地项目在成都经开区启动，这是产业发展的关键转折点。”成都经开区统筹发展局一位负责人说，在该项目之前，当地汽车产业还非常薄弱，几乎一片空白。

“当时，我们下决心排除万难，引进项目。”该负责人说。当时，成都经开区看准汽车产业发展势头，确立了以汽车产业为主导的产业发展方向。

在一汽大众落子后，当地抓住机会，连续引入了一汽丰田、沃尔沃、东风神龙、大运汽车等品牌的生产基地。受益于成都良好的投资环境，一汽大众、吉利汽车等整车企业还在成都多次增资扩产。

在以整车为龙头的带领下，当地汽车产业实现了从无到有、从弱到强、从低端到高端的发展历程。

如今，这个千亿级的产业集群不断扩散红利，带动成都其他区县也成为汽车项目的投资热土。2017年11月20日，沃尔沃旗下的Polestar高性能电动车项目在成都天府新区新兴产业园举行了奠基开工仪式。

该项目将以智能制造为基础，引进国际一流的制造工艺和生产设备，生产基于欧洲先进技术的高性能电动车。

全国首设汽车产业投资服务局
为项目提供精准服务

围绕汽车产业，全国各大产地之间的激烈竞争一直存在。与珠三角一些地区相比，成都经开区早期的制造业配套优势并不算强，其所处区位与沿海地区相比也无绝对优势。

在此背景下，当地政府到底付出了哪些努力，才能够迅速形成一个千亿级的产业集群?

“在市场层面上，成都背靠大西南，有两三亿人口的市场支撑；同时，我们配套完善，水、电、气等生产要素与武汉、广州等地相比，有比较优势；成都的城市建设也具备吸引人才的魅力。”在成都经开区工作多年的谢兴云分析，这些都是成都经开区发展千亿级汽车产业的必要条件。

而谢兴云的名片，则透露着政府服务层面，成都汽车产业的成功秘诀。

在这张名片上，他的职务是“成都经开区汽车产业投资服务局一汽大众投资服务处处长”。

对于成都经开区来说，这是一个已经运行多年的“老部门”；但对于国内很多地区来说，时至今日这仍然是一个十分特别的“新部门”。在经历了汽车产业崛起的政府工作人员眼中，这是成都经开区转变政府职能、创新政府体制机制的成功之举。

“除了客观条件，我们政府在产业规划、投资促进、政务服务上确实做得比较精准到位。”谢兴云说。

以他所在的“汽车产业投资服务局”为例，是国内地方政府开创性设立的第一个以产业划分的招商引资促进机构。该局内部还分设汽车总部处、整车处、零部件处、新能源处、电子处等多个处室，覆盖了与汽车投资有关的整个产业链。

谢兴云任职的一汽大众投资服务处，则主要负责统筹相关部门和街镇乡，协调推进一汽大众整车及其配套零部件企业投资项目的投资规划、项目引进、促进建设、生产和生活配套等工作。

在这个团队中，谢兴云本人就是汽车专业技术出身，对汽车产业政策、汽车构造、汽车制造工艺等都有较深积累。

多年来，他和同事曾经上百次从成都前往全国各地，推进招商引资各项工作。他对一汽大众及其配套企业有着惊人的了解，甚至对一汽大众各基地的详细布局情况、车型数据及客户群体分析都很熟悉。

汽车企业是成都经开区最特别的风景线

在他看来，组织专业团队、成立专业部门，为投资商提供专业、精准、贴心的“一站式”服务，这是成都经开区“大招商”的成功秘诀之一。

为了对招商项目进行精准服务，成都经开区围绕“三段式”项目服务流程，进行了内部职能机构的设置。

“一个新项目要有专业的投资促进部门跟踪服务，因此我们设立了汽车产业投资服务局。”谢兴云说，“项目签约后要按计划建起来，也需要专业服务团队跟进服务，为此我们设立了项目建设服务局。项目建成后，要持续健康生产运转，还需要专业部门全程服务，解决生产经营过程中的困难，由此我们还设立了企业发展服务局。”

这样的部门设计，在国内一些城市还属于探索阶段，但在成都经开区却已存续多年。这种大胆的体制创新，成为推动当地汽车产业崛起的重要动力。

围绕创新调配行政资源
让产业“找到”对口部门

在成都，为了精准服务某一个产业而专门设立的政府部门，远不止成都经开区汽车产业投资服务局一个。

调研组了解到，作为成都的经济重地，成都高新区专门设立了电子信息产业发展局、生物产业发展局两大部门。

据了解，成都高新区综合实力排名国内高新区前列，其电子信息产业、生物医药产业是成都高新区的重点产业。

以生物医药产业为例，成都高新区2016年携手成都市双流区，启动建设了天府国际生物城项目。短短一年半时间，这一项目就推进了大量基础设施建设，并累计招商引资超过900亿元。

在这背后，成都高新区生物产业局起到了不可或缺的作用。该局的主要职责包括负责生物产业的招商引资、项目建设、项目运营、企业服务等全链条推进服务工作，以及推进医药创新平台建设、协同创新、成果引进转化等。

成都还有不少二级部门拥有类似功能，在招商引资、对口服务产业方面起到了关键作用。

在专门负责投资促进工作的成都市投促委，各个处室一年到头都非常繁忙。该部门下辖的“项目协调一处”就主要专门对口电子信息、生物医药、新能源等产业项目的投资促进、协调服务等工作。

像这样的项目协调处，成都市投促委共设立了五个，各自负责几个重点产业的投资促进工作。

同为市一级部门，成都市经信委也下设了一系列直接对应具体产业的处室。其中既有对应先进制造业的智能制造产业处、汽车产业处、通用电子产业处、军民融合推进处，也有对应新兴产业的软件产业处、移动互联网产业处、工业创意与设计处等。

在成都市经信委，这样的“产业型”处室超过十个。虽然经信委不是直接负责招商的部门，但在产业服务和发展中，这样的部门设置也起到了非常重要的作用。

以成都经信委新型显示产业处为例，这个部门的职责就包括重点强化对新型显示和视听行业产业发展研究、抓好产业生态圈建设和产业升级、协调解决产业发展中的重大问题等。

无论层级高低，每个政府部门都代表着一定的行政资源，也都肩负着贯彻落实经济政策的责任。国内不少城市都有重点发展的产业，但很少像成都一样，设立一批专门对应具体产业的处室。

而成都设置此类部门的本质，正是要围绕重点产业，对政府行政资源进行更优化的分配，在激烈的区域竞争中赢得项目的青睐、推动产业发展。

在南方日报“十城演义”调研组离开成都后，当地引入重磅项目的消息仍然不断传出。可以预见，在未来一段时间，成都的招商“成绩单”仍将不断获得高分。

成都行记1

国际生物城招商引资突飞猛进的秘密

2017 年 9 月 14 日，总规模 100 亿元的四川生物医药产业基金在成都揭牌。该基金及基金管理公司落户成都天府国际生物城（以下简称“国际生物城”），并优先投资于“加拿大全球药物商业化中心中国中心”今后引入国际生物城的项目。

2016 年 3 月，国际生物城启动建设，短短一年半时间已引进投资超 900 亿元，其中包括多个院士和诺奖得主牵头的项目。

“我们的目标是创新创业 20 年，人才超过 20 万，企业超过 3 万家，全口径产业收入超过 5000 亿元。”成都高新区生物产业发展局副局长、国际生物城有关负责人李奇说。

更值得注意的是，国际生物城不是常规的产业新区，而是由成都高新区与双流区打破行政界限，探索合作共建、受益共享的产物。

从探索机制创新的魄力和想象力，到产业招商引资的速度，国际生物城都是一个可贵的样本。这个飞速前进的载体，诠释着一种能够让人心跳加速的“成都速度”。

生物产业起步不到两年引来三个诺奖团队

从成都主城区出发到位于双流区的国际生物城只需 20 多分钟车程。国际生物城并非一个巨大的建筑物或封闭的园区，而是一个规划总面积约 44 平方公里的产业发展载体。

双流区最闻名于世的“名片”，是客流量排名国内前列的双流国际机场。近年来，当地产业发展迅速，对于生物医药产业也有全新的发展规划。

国际生物城“横空出世”短短一年

成都天府国际生物诺创研究院项目启动现场

多时间，就让生物医药产业成为双流区有实力的战略性新兴产业。而国际生物城本身，也成为当前中国西部最受瞩目的生物医药产业集聚区之一。

2017年5月，强新科技癌症干细胞靶向药物生产基地、毕晓普癌症研究所暨新型抗癌药物研发项目、默沙东—普莱美创新药国际研究中心及转化医学中心等一批项目在国际生物城集中开工。

李奇介绍，这些项目总投资达115亿元，涉及生物医药、生物医学工程等领域，项目投资方包括全球500强、上市企业等。

随后在2017年6月，总投资40亿元的绿叶生命科学产业园项目签约国际生物城。8月，成都市食品药品监督管理局与国际生物城签订协议，将支持成都市食品药品检验研究院，联合川大华西国家（成都）GLP中心、复旦大学等院所、机构和企业等，在国际生物城设立成都国际生物医药创新研究院。

2017年9月初，总部位于上海的中国医药工业信息中心宣布，将在国际生物城建设中国医药工业信息中心西南分中心。数日后，深圳市北科生物科技有限公司与国际生物城签订战略合作协议，宣布将投资60亿元建设国家生物医学大数据产业园。

从上海、深圳等国内一线城市的企业、机构，到全球一流的团队、企业，国际生物城集聚创新资源的范畴越来越大。

截至2017年9月，国际生物城累

计签约项目70个，协议总投资超过900亿元，已签约项目中含诺奖团队3个、两院院士团队2个、海外归国高层次人才团队18个。

跨区合作的“钥匙”
投资财税等权责明确分担比例

生物医药产业既是前途无量的战略性新兴产业，也是国内众多地区入场争夺“蛋糕”的产业红海。为什么国际生物城能够在这个竞争激烈的领域迅速崛起?

“大的背景上，四川省拥有中药材资源5000余种，先天优势强。同时，成都生物医药的大学资源、产业规模都很丰富。”李奇介绍，2005—2016年期间，成都规上生物医药工业企业主营业务收入由92.4亿元逐年增长到450亿元，年复合增长率为15.5%。

国际生物城本身对优质资源的整合也是一个关键。2016年3月，成都高新区管委会和双流区政府签署了共建成都天府国际生物城的协议。

这两个区域之间并没有行政上的管辖关系。同一个城市内，两个平行的区域“圈出”一块土地共建产业载体，这种做法并不多见。

“这对于我们自己是一次‘破天荒’的探索，在全国也应该属于创新。”李奇说，正是成都高新区与双流的强强联手，让双方打破了各自资源的限制，成功开辟了一块产业新天地。

“成都高新区生物产业发展很好，但空间紧张；双流有土地空间，也在规划发展生物产业。”李奇说，2015年底，双方有了在双流合作共建生物产业发展载体的想法。这个想法得到了成都市委、市政府的支持，并迅速开展实际行动。

到2016年3月，双方签订共建协议，国际生物城的各方面建设立即启动，形成了合作共建领导小组会议→执委会议→生物城管理办办公会议三级决策机制。

“国际生物城管委会筹备执行组以及生物城投资公司的主要班子成员均由成都高新区、双流区抽调，相互合作，共同组成了目前机构运行的7个部门。”李奇说。

更关键的是，在财政投资、财税收入、经济指标考核等方面，成都高新区和双流区也定下了清晰的分担方式。“所有涉及资金收益和支出，以及涉及行政考核、统计的指标，我们都有明确的划分比例，一律严格按照既定的比例执行。”李奇说。

用“先人后产”理念建城

首个竣工项目是文化中心

与国内众多发展生物医药产业的城市、载体竞争，国际生物城必须拥有过硬的条件。

据介绍，从区位上看，国际生物城紧靠双流机场，以及连通欧洲的蓉欧快铁。特别是蓉欧快铁的开通，让国际生物城在连通欧美国家的物流成本、时间周期方面不逊于沿海城市，发展生物医药产品的跨国交付中心有先天优势。

在招商引资的接触中，不少投资者更看中的是国际生物城的规划目标、发展理念，以及落实规划的高效执行。国际生物城提出，将努力建设成为全球知名的生物产业创新创业人才栖息地、世界级生物产业创新与智造之都、国际化的生命健康小镇。

“我们设定的第一个目标，重点就是人，而不是产业。”李奇说。国际生物城的理念，则浓缩为“以人为本、先人后产、以产带城、以城促产”。

“先人后产”的理念，在国内城市产业发展中还非常少见。国际生物城把这个理念贯彻到了各项建设中。

“我们绝对不是要建设一个传统的产业园区，而是要建设一座城。这座城首先要满足高端创新人才的生活需求。所以国际生物城的44平方公里土地上，会有约1/3的生态建设用地，包括一个湖面300多亩的永安湖。”李奇说。

为了高水平建设城市，成都高新区、双流区也在国际生物城实施了高水平的基础设施建设。截至2017年9月，国际生物城起步区已有超过30亿元的市政道路、下穿隧道等工程具备通车条件，或筹备动工。

同时，作为“城市”必备条件的公立小学、公立幼儿园、派出所及交警中队办公点等工程，总投资4.42亿元。

值得一提的是，国际生物城的公共配套建设中，包括文化中心、政商中心、酒店会议中心、企业总部等项目。未来企业入驻之后，不必再等待各种商务、消费配套的逐步完善。

在这批项目中，文化中心将会是第一个竣工的建筑物。“因为我们的目标，首先是人。”李奇说。

成都天府国际生物城与中国医药工业信息中心签约现场

成都行记2

十亿引“全”才，落户“零”门槛

什么样的人才激励政策，会在吸引诺奖得主团队的同时，还能鼓励幼儿园里的年轻教师？

在接受南方日报“十城演义”跨省调研组的采访时，天府新区成都党工委党群工作部干部与人才处工作人员吴亚波不时会接到来自全国各地的咨询电话。

天府新区是国家级新区，2014年获得批复设立。2017年8月中旬，《成都天府新区直管区“天府英才计划”实施办法》（以下简称《英才计划》）正式发布，专门设立了10亿元人才发展专项资金，奖励补贴引进的各类人才。

年轻人才的重要性，已被越来越多城市所认识。成都市正在大力吸引全国年轻人才，并于2017年7月发布相关规划，提出要“让蓉漂成为时代风尚”。

此后，成都进入了大学本科生“零”门槛落户时代，全国各地的大学毕业生以空前速度响应。

从5万元到1亿元 让每位人才“过得美”

形态各异的高层建筑、鲜花绿树掩映的街道和广场，让第一次走进天府新区的人们，都能体验成都最现代的一面。

新区、新城代表着一座城市的活力，定位为“全面体现新发展理念的示范区”的天府新区也是如此。在人才政策上，天府新区就打出了成都最有代表性的一张牌。

2017年8月，天府新区推出《英才计划》，设立10亿元人才发展专项资金，奖励补贴引进的各类人才，资助人才项目，对人才入户、安居、教育、医疗全面保障。

“我们的理念是‘不唯地域、不求所有、不拘一格’，要让人才在天府新区‘引得进、留得住、用得好、过得美’，因此设计了很多成都乃至全国首创的做法。”吴亚波说。

对人才标准和激励的空前精准划分，是《英才计划》的一大创新。整个人才标准划分了130个标准子项，将科技类人才设为A类；金融等各产业类人才设为B类；教育等社会服务保障类人才设为C类。

“根据我们掌握的情况，《英才计划》提出的人才标准体系，是目前国内各种人才计划中最广泛、包容性最大的人才标准之一。”吴亚波说，“我们最高的人才标准覆盖到诺贝尔奖、中国国家最高科学技术奖得主等顶尖人才，这类人才可享受500万元补贴。”

不仅如此，普通市民也有机会获得激励。例如在直管区幼儿园、中小学从事教学一线工作，且具有全日制硕士研究生学历者，也能被认定为优秀人才，可享受10万元补贴。

进入天府新区的顶级团队项目在获得认定后，也可获得综合性资助，其中特别优秀的可享有1亿元支持额度。同时，《英才计划》还设立了天府英才技能专项，金额为5万元。

“5万元，钱不多，却体现了我们人才工作的重要导向——只要能为天府新区做出贡献的劳动者都是人才。”吴亚波说，“从5万元到1亿元的激励，体现了‘从头到尾’的过程，从事业‘踩油门’到‘上路，冲刺’，天府新区希望让各个阶段的人才都能获益。”

作品热播也能获认定
奖励政策“文理兼顾”

在操作方法上，天府新区打破了很多常规。根据《英才计划》，每年在天府新区成都直管区实际工作时间在3个月以上、9个月以下，符合特优以上层次人才标准的人才，就可申请认定对应层次的“柔性人才”。

“很多地区都追求一流人才，但不少人才很难长期留在一个地方。”吴亚波说，“所以我们真正贯彻‘不求所有’的理念，符合条件的人才只要每年在这里工作3个月以上就有条件申请认定，拿到补贴。这也是真正对人才的尊重。”

一个幕后细节是，为做好《英才计划》，天府新区组织部门历时半年，专程赴上海浦东新区，深圳前海、光明新区，以及武汉光谷、贵阳贵安新区等地学习先进做法。

《英才计划》中，有个令人耳目一新的政策导向：除对科技创新型人才以及金融等经济类人才加以鼓励外，还为文体领域的人才留出大量空间，这尤其能体现天府新区人才政策的包容性。

天府新区吸引了大批“蓉漂”办理落户手续

例如，音乐、影视等文艺作品的主要创作者，且作品在ALEXA排名前500的网站首页热播、有较大影响的人员，乃至获国家职业资格认定的二级会展策划师，都有机会获得相应的人才认定。

要吸引的人才越广泛，政府要支出的财政资金就越多。为一项人才政策设立10亿元资金，这在全国也不多见。

大学生落户飞速增长 两个月吸引2.6万人

桌子、椅子、表格，整个大厅里都是填写材料的年轻人，不少人还拖着行李箱。走进天府新区在西部博览城为“大学生落户”业务开辟的办证场所，这样的景象正成为常态。

在天府新区推进《英才计划》的同时，一系列由成都市层面主导的人才政策正在发挥作用。2017年7月，成都宣布大力推进“蓉漂”计划。不久后，《成都实施人才优先发展战略行动计划》公布。

其中“具有普通全日制大学本科及以上学历的青年人才，凭毕业证来蓉即可申请办理落户手续”这一条款在全国引发轰动。有关部门解读时称，成都将努力打造最具包容性和最具人性化的人才落户制度，让“蓉漂”成为时代风尚。

“从7月21日，新的入户政策实施以来，凭本科毕业证到天府新区落户的业务持续不断。到8月3日上午，人数累计突破了1万人大关。”天府新区公安办证中心主任杨理琴说。

到2017年9月下旬，已有2.6万人通过这个渠道落户天府新区。杨理琴在天府新区工作六年多，还从未遇到过这样的入户潮。

她介绍，在往年一些平峰时期，大学毕业生每月落户天府新区的人数只有几十个，还不如2017年7月以来一个上午申请的人数多。

在调研组到访当天，尽管成都正在下雨，展厅内仍然有数百人正在办理落户业务。“大家对落户成都、落户天府新区的热情特别高，之前最多的一天，我们为1200人办理了业务，最晚一天加班到凌晨两点半。”杨理琴说。

杨理琴带着同事每天加班，中午只有一会时间扒几口盒饭，然后就要投入工作。面对每天数百名申请者，他们也在不断优化办理流程。

目前，天府新区已把涉及多个部门的手续整合到一个大厅里，形成一站式服务。资料齐全的、符合条件的办理者，最快两小时就能把户口迁到天府新区。

“这两个月到这里落户的年轻人来自全国各地，我接触过最远的是一对来自北方的四川籍夫妇。他们听说新政后非常激动，走乘飞机，凌晨到达成都就直奔来办手续。他们计划尽快辞职，把家搬来成都。”民警刘培川说。

成都行记3

一场招商会签下460亿元大单，成都凭什么？

“九天开出一成都，万户千门入画图。”

台下，会场里坐满了国内外知名企业的代表；台上，结合城市宣传片，成都市相关部门负责人正在介绍成都的投资优势。这是2017年9月14日成都市投资环境说明会的现场。

在这个川菜火锅、都江堰、青城山、大熊猫被频频提到的会议上，15个重大项目现场签约落户成都，总投资达460.6亿元。

这场投资说明会是“第二届中国西部国际博览会进出口商品展暨中国西部（四川）国际投资大会”的组成部分，也是成都投资优势的一次集中展示。在成都调研期间，南方日报调研组参与其中，试图从会议的细节中，寻找成都招商引资成功的秘密。

“成都有5万家川菜火锅店”城市文化成“招商法宝”

招商引资是调研组此次赶赴成都最关注的主题。在同类城市中，成都招商引资成绩极为抢眼。2016年，成都签约引进重大项目（含增资）274个，总投资3353亿元；世界500强企业净增10家，累计增加到278家。

在这一背景下，成都电子信息、汽车等优势产业在2016年继续做大做强。其中电子信息产业规模达4800亿元，汽车整车产量突破110万辆，产值达1700亿元。

在国内一、二线城市招商引资的激烈比拼中，成都为何能够不断获得成功？这是一个涉及方方面面因素的课题，很难给出简单的答案。不过，仅是这场两个多小时的投资环境说明会，也透露出不少统计数据之外的“招商秘诀”

2017年9月举行的成都市投资环境说明会现场

以及关键性的细节。

“成都历史悠久，具有独特的魅力。”在投资环境说明会上，成都有关部门负责人结合巨幅屏幕上的宣传片，向企业代表和媒体介绍成都。他说，成都是世界旅游组织评定的“中国最佳旅游城市”，现代都市的快节奏与休闲慢生活的完美融合，使成都连续5年蝉联“中国最具幸福感城市”榜首。

在推介中，有关成都特色文化、山水风景、生活环境的内容占了相当一部分，非常引人注目。“成都的青城山、都江堰、大熊猫栖息地被列为世界自然和文化遗产。”该负责人说，“今天的成都，拥有1万家茶馆、5万家川菜火锅店。国际一线品牌引进率超过85%，星巴克数量居中西部首位，每年接待海内外游客超过2亿人次。”

在会上，成都市投促委向每位与会者发放了一本《成都投资指南》，这本手册展示了成都的美食、美景，“成都是中国四大名菜系之一川菜的发祥地，被联合国教科文组织确定为亚洲首个世界美食之都”。

从无人机到轨道交通
承接一线城市先进制造业

在此次投资环境说明会上，现场集中签约的15个重大项目协议金额达460.6亿元。这些项目本身也透露出目前成都在招商引资方面的新趋势。

调研组了解到，在这15个项目中，共有先进制造业项目9个，制造类项目技术含量普遍较高。其中，光启成都产业基地项目选址天府新区成都直管区，包括新材料与结构件生产中心、特种行业工业级无人机生产中心及功能评估与测试中心，项目总投资10亿元。类似的高技术含量项目，还有京信通信集团的泛轨道交通研发及先进制造总部，项目总投资约12亿元。

这些项目的来源地也透露出耐人寻味的信息——光启是深圳知名科技企业，而京信通信集团总部位于广州。当天会上还有多个落户成都的项目来自一线城市。其中，来自广州的索菲亚家居计划在成都下辖的崇州投资30亿元兴建智能定制家居项目。而来自上海的携程旅行网计划在高新区投资设立智能化旅行推荐体验项目等。

除上述一线城市，在这次会议上还有来自天津、杭州等地的项目签约落户成都。这些项目的来源地充分展示了成都强大的引资辐射圈。

在会场派发的《成都投资指南》手册中，一张航线示意图十分醒目：《从成都出发》。截至2017年8月，成都已开通国际国内航线286条。其中国内航线184条，国际（地区）航线102条。

这本手册还详细整理了企业在成都运营时要考虑的成本要素。具体包括土地成本、用水用电价格、铁路货物运价率表、公路集装箱运价等。该手册还大篇幅介绍了成都的人力优势，“各类人才总量约422万人，高等院校56所”。

紧追一线城市的区位与开放条件，以及成本要素方面的相对优势，为成都引资奠定了独特优势。虽然成都地处西南，但已在那些总部在一线城市、有能力布局全国的大企业中产生了强烈的“存在感”。

投促部门紧跟产业需求
为不同领域设五大协调处

在成都市举办投资环境说明会次日，“第二届中国西部国际博览会进出口商品展暨中国西部（四川）国际投资大会”正式拉开帷幕。其间，成都市共斩获112个项目，协议总金额1988.65亿元。

一座城市的“吸金”能力既受先天禀赋直接影响，同时，招商引资部门也在其中扮演重要角色。此次成都市投资环境说明会的主要负责部门是成都市投促委。成都投促委也是负责统筹成都全市重点产业、重大项目和重点区域投资促进工作的政府工作部门。

成都投促委的机构设置也颇有特色。除负责制定全市投资促进发展战略、政策和年度工作计划等工作的“投资研究处”，成都投促委还设立了负责组织全市重大投资促进活动，策划投资环境营销的“投资营销处”，以及负责全市重大投资促进项目信息汇总、分析及备案管理工作的“项目管理处”。

同时，成都投促委根据不同的产业类别，进行了非常细致的机构设置与分工。该部门设有项目协调一处至五处。这五个项目协调处明确划分了不同的产业范围。例如，项目协调一处负责组织协调电子信息、生物医药、新能源等产业项目的投资促进工作；项目协调二处负责组织协调汽车、新材料、重大装备制造等产业项目的投资促进工作等。

在这种设计下，从现代制造业到金融、旅游等现代服务业的项目，乃至中外合作园区投资促进、军民融合投资，以及总部经济等分野“模糊”的领域，都有明确的处室、团队负责专题招商，以及项目推进过程中的跟踪、协调和服务。

“成都投促委等政府部门的工作非常有效率，所以我们很短时间就做出了投资的决定。”在参加成都投资环境说明会后，签约的京信通信集团有关负责人告诉调研组。

区域样本

走进“中国—欧洲中心”：成都国际化招商有多强？

深层次的对外开放，是成都招商引资的重要一面。而“中国—欧洲中心”是成都对外开放的一个标志性平台。

走进成都高新区，192米高、造型独特的“中国—欧洲中心”非常引人注目。这是一座总建筑面积约21万平方米、46层的庞然大物，总投资约30亿元。在关注成都的外企、国外机构眼中，这座摩天大楼已经非常有名。

成都高新区透露，将力争到2022年，在“中国—欧洲中心”集聚国外各类办事机构、知名企业200家以上，使其成为“一带一路”倡议对外开放的新旗舰、对外交往中心建设的新窗口，以及成都市对欧全面合作的新平台。

2017年5月，“中国—欧洲中心”举行了启动仪式。10月，第12届中国—欧盟投资贸易科技合作洽谈会在成都召开，开幕式上举行了“中国—欧洲中心”入驻机构文本交换仪式。

当时，欧洲商业与创新中心联盟、欧洲TechTour投资机构联盟、奥地利联邦商会、德国北威州投资署、德国不来梅州经济促进局等17家欧洲机构签署了入驻“中国—欧洲中心”的意向性协议。

作为一个对外交往的平台载体，“中国—欧洲中心”充分体现了成都在国际化招商引资方面的魄力和创新能力。

围绕这个平台，2017年7月，成都高新区印发了《关于推动“中国—欧洲中心”建设的若干政策》。其中提出，欧洲及“一带一路”沿线国家和地区的知名企业、机构在“中国—欧洲中心”设立区域总部、研发中心、联合研究机构等，经认定符合标准的，可以获得最高500万元的一次性启动资金补贴等支持。

入驻企业的融资需求，也在成都高新区的考虑范围内。对入驻“中国—欧洲中心”的企业，根据其需求可获得成都高新区创业天使投资基金和政策性创业投资，符合标准的初创期、成长期企业可获得最高不超过2000万元的创业投资。

甚至对于入驻“中国—欧洲中心”的各类人才，成都高新区也将在人才落户、子女入学、医疗社保、人才安居、居留和出入境证件申请、创业扶持等方面提供一站式、全程代理服务。

当前，国内很多沿海地区都建有以国际合作为主题的产业园。但是，像“中国—欧洲中心”这样的平台仍然十分少见。

在“中国—欧洲中心”背后，成都高新区还设立了国际合作和投资服务局。到2017年7月，落户成都的世界500强企业总数已达到278家，成都高新区已经成为成都吸引世界500强企业投资最多的区域之一。

成都经开区的汽车企业

调研手记

推动大招商，呼唤新力量

2017年夏天，在“十城演义”调研还在策划阶段时，成都最受调研组关注的焦点就是招商引资。此后，一系列事实印证了调研组的想法。

成都用9个月的时间，就几乎完成了全年招商目标，引入的投资同比增长158.8%。

对资本、项目的吸引，是一座城市综合竞争力的最佳体现，也是一座城市维系增长、发展的重要途径。无论对成都还是对佛山来说，都是如此。

2016年最后一天，投资额达610亿元的富士康10.5代8K显示器项目落户广州。而从2017年开始，广州、佛山等珠三角城市就掀起了空前的招商引资热潮。

佛山市也强调，要千方百计引进一批科技含量高、核心竞争力大、带动能力强、财税效益好的优质大项目。

佛山的招商愿景，与成都的现状非常符合。在此前，成都已经引进的283个重大项目中，有118个项目投资10亿元以上，世界500强企业的投资项目有26个。

这是一个非常理想的投资结构——投资较大的项目占据了绝对优势，而26个世界500强项目则代表了成都对国际市场的巨大魅力。

一座城市招商引资的成功，背后必然有着多元而复杂的因素。独特的地理位置、更高的行政层级、更大的人口规模、国家政策的青睐、发达的高校群落，都是其中不可忽视的力量。

在构成成都招商吸引力的众多元素中，这类“先天条件”占了相当一部分，是不少地级市无法复制的。

不过在另一方面，发端自政府的各种规划和引导、招商与产业服务、资源

成都经开区的汽车工厂车间

调配与政策激励，也是成都招商竞争力的重要组成。

抛开成都政府其他的作为不说，仅就机构设置而言，就已经值得佛山思考。在成都，有一批类似成都经开区汽车产业投资服务局、成都高新区电子信息产业发展局、生物产业发展局，以及成都投促委项目协调一处、成都经信委智能制造产业处这样的部门。

这类部门的共同特点，是围绕一些重点行业对口展开工作。调研组认为，在本质上，这是一种从实事求是的角度出发、贴近市场需求、优化行政资源的输出方式。

国内很多城市都出台过大量针对某个产业的政策，但是纸上的政策，永远也不可能比一个看得见、摸得着的具体部门更加有力。面对激烈的城际竞争，成都的机构设置逻辑将更有利于招商引资、企业服务工作。

近年来，成都不少发展较快的支柱产业，都能找到直接对口的一级或二级部门。在佛山各区，也都有一系列重点发展的产业，如工业机器人、军民融合产业、生物医药、服装纺织、新材料等。对于其他城市来说，未来是否有可能考虑先行先试，围绕某个有重要发展潜力的产业，成立行政部门或事业单位，进行“一对一”服务？

进一步推动“大招商”，各地呼唤新的力量。

WUHAN

武汉 “工业重镇”的千亿产业崛起路径

2018年初，一则关于“苹果正与长江存储科技有限责任公司谈判，意欲采购长江存储生产的NAND闪存芯片”的消息，迅速引发业内关注。这则消息的主角之一长江存储正位于武汉。一旦苹果与长江存储达成合作，将直接推动武汉“芯片—高端显示—终端万亿产业链”的打造。

在此之前，汽车及零部件、电子信息、装备制造、食品烟草、能源及环保，武汉已经崛起五大千亿支柱产业。2017年，武汉地区生产总值达1.34万亿元，位居全国第八位。

从20世纪八九十年代工业地位渐衰到如今重返全国前十，2011年是武汉工业关键一年。斯时，武汉明确建设“国家中心城市”，在顶层设计上，制订了实现目标的五大计划，包括工业倍增、服务升级、自主创新能力提升、城建攻坚和国际化水平提升。其中，工业倍增被列入五大计划之首，并开启了千亿产业快速崛起之路。

而在“十三五”的开端，接棒“倍增计划”，“新民营经济”正为武汉孕育新一批千亿产业。

从汽车到通航
一个开发区的千亿产业演进

在武汉经济技术开发区汉南通航机场附近，首架“汉产”直升机要实现武汉直升机制造“零的突破”。2017年11月初，首届国际航联世界飞行者大会就选择在此举行，轰轰烈烈地上演了一场惊险的“蓝天上的芭蕾舞会”。

一座国内顶级的通用航空机场，全球最大的单体通航机库，一批重点产业项目，以及来自全球航空运动界、产业界的关注目光。在武汉，马不停蹄发展的通航产业，正有望快速成为下一个千亿产业。

23年前，同样在武汉经济技术开发区，一辆富康车的下线，标志着武汉汽车制造“零的突破”，也由此开启了武汉的第一大千亿产业步伐。从2010年起，汽车产业超越钢铁，首次成为千亿产业后，连续多年蝉联武汉千亿产业第一。

从汽车到通用航空，一个开发区千亿产业演进的背后，是武汉经济动能的转化。

据统计，从2010年至2015年间，武汉形成了汽车及零部件、电子信息、装备制造、食品烟草、能源及环保等五大千亿支柱产业。而今，信息技术、生命健康、智能制造等战略新兴产业的快速发展，再为武汉千亿产业形成注入强大力量。

在千亿产业集群崛起前，一直被视为“制造大市”的武汉工业发展之路也并非一路坦途。

华中科技大学经济学院院长张建华说，20世纪90年代及21世纪初，随着外企的进入，一批民营企业崛起，轻工业快速发展，沿海地区经济腾飞，“当时国企众多的武汉，虽一直重视重工业的发展，但其直接与消费紧密相关的轻工业发展相对滞后，工业发展并未与社会需求达成很好的契合”。

至2011年，武汉人均地区生产总值成功跨越1万美元，数字从四位数到五位数，对地区产业提出了转型升级需求。“武汉面临着一个新命题：需不需要发展工业？如何发展工业？”正是这一年，武汉提出了“工业倍增计划”，通过大力度的招商引资和园区战略布局，培育千亿产业。

如今，回看武汉千亿产业集群的形成，呈现出鲜明的特点。

除了钢铁、装备制造属于武汉原有重工业外，新千亿产业逐渐走向“轻”化，且多以招商引入，通过龙头企业带动逐渐形成集聚效应。而这也决定了千亿产业发展迅猛。除了此前平均一年新增一个千亿产业外，根据武汉经济技术开发区通航产业园相关负责人的预测，从零开始的通航产业20年内即可达千亿元。

工业倍增计划“护航”
园区规划开辟产业“新战场”

在武汉千亿产业的培育上，2011年推出的“工业倍增计划”有着它的独特地位。

彼时一月，正值武汉寒冬。鼓励工业投资扩大、加大招商引资力度，以园区为核心编制详细产业规划，系列政策出台做好企业服务，“工业倍增计划”首次提出，让整个江城企业界感受到“春天”的到来。

按照“工业倍增计划”，到2015年，武汉工业总产值、工业总投资数、规模以上工业企业户数都要比“十一五”末增加1倍。

武汉也的确交出了一份完美的“答卷”。2015年，武汉在副省级城市中，规模以上工业增加值由2010年第8位提升到第4位；规模以上工业增加值增速由2010年第4位跃居第1位，千亿产业由2010年的1个增至5个。

在“工业倍增计划”和形成千亿产业之间，发挥核心作用的是园区建设。时任武汉市政府主要领导曾表示：“工业仅靠‘一亩三分地’还不行，必须开辟‘新战场’。”

就在“工业倍增计划”提出当年，武汉明确四大板块战略布局：大光谷、大车都、大临空、大临港。6个新城区和3个跨三环线的中心城区，各建一个“工业倍增”示范园。

2012年，新城区成为工业主战场，上百平方公里的新工业园区骨架拉开。通

烽火科技的光纤产品。在光谷，光电子信息是其支柱产业

用、联想等一批投资50亿元以上的项目纷至沓来。

2013年，武汉时任市长、区长、局长带队招商，长期务农的新城区被工业搞得火热，工业园面积在3年内增长了近3倍……

武汉市经信委相关负责人说，在推行“工业倍增计划”中，武汉编制了《武汉都市发展区“1+6”空间发展战略实施规划》和《武汉市新型工业化空间发展规划》，在全市范围内规划385平方公里的工业用地，并明确各工业园区发展空间布局、产业发展方向和目标，制定示范园区基础设施建设标准和综合评价考核体系，通过发挥财政投入的导向作用，深化“银区合作”“银园合作”，积极采取BT（建设—移交）、BOT（建设—经营—移交）、融资租赁等多种方式解决建设资金难题。

园区带来的产业招商及集聚效应也很明显。“企业从请不来到不请自来。”以“大车都”定位的武汉经济开发区招商局一位负责人回忆。而武汉东边，被称为中国“光谷”的东湖高新区，已形成了光电子信息、生物、高端装备制造、环保节能、现代服务业五大战略性支柱产业，总收入都突破千亿元大关，成为武汉市乃至湖北经济最具活力的产业园区。

激发经济新动能
孕育下一个千亿产业

以园区为核心发展，加快产业集聚的同时，较为单一的定位也会导致地区经济与产业同荣枯。被称为“车都”的武汉技术开发区，因车而兴，也因车而忧。当产业结构调整势在必行时，武汉经济技术开发区也正开始发力通用航空，培育下一个千亿产业。

在新兴产业发展上，东湖高新区则一直做足“功课”。

“我们会紧盯硅谷、以色列等创新尖峰地区新兴产业发展动向，目前围绕新型显示、存储器、量子通信等领域，已形成60余个新兴产业发展研究报告。”东湖高新区管委会相关负责人说，“并由此推动区域内网络直播、3D打印、智能机器人等领域的技术创新和产业发展迈入国家第一方阵。”

烽火科技的智能系统。光电子信息企业在“提速”转型

武汉2017年政府工作报告显示，2016年武汉高新技术产业、现代服务业等新动能占经济总量比重达60%。

“一方面，产业分工和专业化发展程度深化；另一方面，‘互联网+’带来的创新革命，使得多数生产形态、交换方式和消费方式发生变化，其中的创新正拉动高新技术企业与服务业增大。”张建华说。

毫无疑问，新动能的出现，正成为武汉下一个千亿产业的孕育点。2017年初，武汉又创造了一个新名词——“新民营经济”，鼓励大学生、高知人群依靠创新和科技力量进行创业。

这股新力量在武汉多所高校中凸显。从实验室诞生的原始创新，正快速转换为一个个新兴产业。

从华中科技大学数字制造装备与技术国家重点实验室走出的“智能微铸锻铣复合制造技术”，破解了困扰金属3D（三维）打印的世界级技术难题，在全球范围内首次成功“打印”出具有锻件性能的高端金属零件。

“我们这一技术将在先进制造领域掀起新一轮的革命。”华中科技大学机械科学与工程学院教授张海鸥说。2017年1月，张海鸥的公司与法国空客公司举行了技术合作签约仪式，他的研究成果成为中法两国在先进制造领域的重要合作项目之一。

无论是“工业倍增计划”，还是“新民营经济”的口号，在千亿产业的培育上，武汉蓄势待发。

武汉行记 1

做“红娘”当“翻译”

解码全国首个科技成果转化局

35天——从提出构想到成立挂牌，这是武汉成立全国首个科技成果转化局的速度。

武汉有高校89所，拥有科研院所95家，科研实力和科技成果居全国前列，但过去仅有20%左右的科研成果在湖北落地。

按照武汉市委主要领导要求，武汉要“铆足劲”挖掘在汉高校院所科技成果这一“富矿”，实现5年内在汉高校院所科技成果就地转化占比达八成。

科技成果转化局正承担了“政产学研”协同创新的服务枢纽功能。

高规格高期望 新机构新举措

2017年8月12日，武汉高校院所科技成果转化工作领导小组成立，由时任湖北省委副书记、武汉市委书记任组长，市委副书记、市长任副组长。副组长中还有武汉大学校长窦贤康、华中科技大学校长丁烈云、中国科学院武汉分院院长袁志明等。

2017年8月15日成立的武汉市科技成果转化局，是武汉高校院所科技成果转化工作领导小组的日常办事机构。该局局长由武汉市委常委、副市长兼任，成员包括市科技局、组织部、经信委、财政局、招商局、金融工作局、科技局、科协等单位负责人。

在推动科技成果转化中，武汉率先走出了“单靠科技局推动科技转化”的传统意识，通过组建高规格机构，整合各职能部门资源协同发力。武汉市科技成果转化局实行“虚拟机构、实体运作”的方式，挂靠武汉市科技局，不新增人员编制。

一位长期负责科技成果转化工作的武汉市科技局相关负责人认为，科技成果转化局通过体制创新，将政府、高校、

华中科技大学图书馆。在这所知名高校里，新技术不断孕育着新的产业

企业三方更紧密联结在一起。“过去，高校科技成果转化更多以企业需求为导向、高校帮助企业解决技术难题形式为主，在具体项目上有市场化的优势。但从市一级层面看，需要从高校的原创性、有潜力的项目中寻找经济发展的新趋势、新动力。”上述负责人说。科技成果转化局以“高校直通车”形式，让决策部门及时掌握了解高校具有良好产业发展前景的技术创新，以此推动未来产业布局，更好地发挥高校科研成果对产业发展的带动作用。

创新机制体制
定制个性化解决方案

“我建议以我们提问为主，更好地了解大家的转化需求。”这是武汉市科技成果转化局走进武汉大学，举行第一次对接见面会时，武汉市科技局副局长赵峰在会上的建议。

赵峰此前有着多年科技成果转化工作经验。在她看来，科技成果转化局的工作中，做好“翻译”是关键环节之一。

“科研人员在介绍项目时会使用大量专业术语，我们需要通过提问，将术语翻译成类似商业计划书需要的语言，才能让大众快速了解。”赵峰说。

她举例，当有专家推介纳米二氧化硅这一材料添加剂时，“我们会直接问这个能替代什么产品，价格大约是同类产品的多少。这样，相关企业对这一产品的了解就更清楚”。

在推进科研成果落地这项工作上，政府这个“红娘”不仅要精确找好资金、企业等“夫家”，还要处理更多问题。

为了给武汉大学17个项目找“云家”，赵峰半个月内去了两次武汉大学。“第一次是和七八个科室人员一起去，根据项目类型分成四五个小团队现场进行更深入了解。然后根据梳理出的产业需求，第二次带了20多个企业去‘相亲’。”赵峰回忆说。

促使高校科研人员和企业“看对眼”，只是“红娘”工作的开始。

“有的科研团队和企业签了合同却只收到部分款项，有的项目在推广过程中还要政府引导。对这些需求我们都要一一对接处理。”武汉科技局相关负责人表示，几乎每个科技团队提出的问题都不尽相同，这也意味着为每对“新人”都要做一份个性化的解决方案。

从高校科研者视角来看，打通“最后一公里”还需要更多努力。

武汉高校一位研究生物医药的教授说：“目前社会投资多数要等待项目成熟后才会进行洽谈，但研发过程同样需要大量资金投入。”对于已进行产业化探索的科研团队负责人来说，则更看重其劳动的回报机制。

这些科研人员的诉求，也正在纳入武汉市科技成果转化局机制体制创新的思路之中。

众人拾柴火焰高
高校、中介机构“动起来”

随着科技成果转化局的成立，整个武汉市的科技成果对接氛围也“众人拾柴火焰高”。

“以前都是我们找高校了解项目，现在高校会主动找到我们。像武汉大学就推荐了17个项目对接。还有越来越多中介机构表示，想和我们一起走进高

华中科技大学校园一角。这里，科技成果正越来越快地转化为产业

校对接会。”赵峰说起这一变化，难掩兴奋。

在成立科技成果转化局前，武汉一直着力打通科技成果转化通道，出台了《市政府关于促进东湖国家自主创新示范区科技成果转化体制机制创新的若干意见》等一系列促进技术转移和成果转化的政策。

每年，武汉科技局都会到高校收集科技成果，通过专家筛选，梳理出200至300项成果编入小册子，免费发放给企业进行对接。武汉市科技局还收集欧洲中小企业信息，以短信方式将国外科技成果推送给本地企业。

这一系列的政策和实践，在科技成果转化局得到进一步整合和优化，通过调动政府各部门、高校和中介机构的主动性，推动科技成果快速产业化。

“我们要走遍武汉7所‘985’及‘211’高校、中科院武汉分院。”武汉市科技局相关负责人说。2017年9月，武汉出台了《关于进一步促进在汉高校科研院所科技成果就地转化的意见》，成为武汉高校科研成果转化的政策新动力。

科技成果转化局还协调每一位市领导对口联系一所高校、一家工研院，建立起市级领导联系科技成果转化工作制度。

武汉专门聘请在汉院士专家，组建在汉高校院所科技成果转化院士专家顾问团，首批聘请63名院士。这也是武汉首次以市委、市政府的名义聘请专家顾问，为市内重大科技决策提供咨询论证发挥重要的智力支撑。

坐拥高校这一“富矿”，武汉正借全国首个科技成果转化局的成立，推进原始创新走完“最后一公里”，为当地培育更多千亿产业集群提供有力支撑。

武汉行记2

走进湖北最具活力产业园区

“中国光谷”裂变“四谷”

武汉，东湖高新区。在8594平方公里的武汉版图上，这片被称为“中国光谷”的区域只是弹丸之地。

但正是这个弹丸之地，人流密集，经济增长率独占鳌头。2014年底，人民日报官方微博上，一篇《你不知道的中国光谷》中称，中国50%、世界25%的光纤光缆出自这里；当年中国每生产15部智能手机就有1部来自光谷，并由此发出一句“下一个乔布斯会在这

烽火科技研发的智能系统，正通过分布在各角落的“天眼”，守护着城市安全

里吗”。

如今，东湖高新区已形成了光电子信息、生物、高端装备制造、环保节能、现代服务业五大战略性支柱产业，总收入突破千亿元大关，成为武汉市乃至湖北经济最具活力的产业园区。

提速
千亿产业集群打破“缺芯少屏”

武汉华星光电第6代LTPS（低温多晶硅）显示面板生产线上，机械臂灵活地抓住一片玻璃板，轻松“扭动”，在各个制程之间流转。在阵列工厂，通过“U”形生产路径，历经至少十几道工序。这些用于高端智能手机的显示面板，要在生产线“走”上20多天。

外行人想看懂这精密制造背后的原理并不容易，武汉华星光电负责人打了个比方，“这些电路制程就像在玻璃板上建楼一样”。而这一系列“盖楼”过程均是由机器自主完成。除了设备调试外，工厂里鲜见工作人员的身影；机械臂自动传递玻璃面板，需要到下一环节“报到”的显示面板，会搭载电梯，精确停在加工工位前。24小时运转的生产车间已基本实现全自动无人化生产。

上述负责人介绍，该生产线是国内首条依靠自主创新、自组团队、自主建设的六代LTPS（低温多晶硅）显示面板生产线项目，也是武汉市乃至湖北省单体投资额最大的工业项目之一，项目设计年产中小尺寸显示面板约8800万片。

作为武汉五大千亿支柱产业的重要“一员”，光电子信息产业发展迅速。武汉市统计局数据显示，2017年全年，武汉市信息技术产业营收同比增长18.2%。

在光电子信息行业，“缺芯少屏”曾是武汉乃至全国发展面临的一个困局。但随着2017年初，总投资240亿美元的国家存储器基地在武汉光谷开工；武汉华星光电“加码”投资，在光谷打造第六代LTPS—AMOLED柔性显示面板生产线；百亿级显示面板航母——武汉天马微电子有限公司，正式点亮第六代LTPS—AMOLED生产线，光谷已拥有信息系统核心的“芯”和“屏”。

高端项目引入的同时，光谷传统光电子信息企业也在“提速”转型。烽火科技展厅内，一个个大屏幕上，城市图像在实时闪动交错。这些由烽火科技研发的智能系统，正通过分布在各角落“天眼”的监测和智能警务系统的配合，守护着武汉的城市安全。

烽火科技集团相关负责人介绍，如今除了大力发展光纤通信技术产业外，烽火科技还将目光瞄准了国家网络信息安全重大需求与世界光纤通信前沿领域创新。

孕育
实验室走出的新产业

同处光谷，在产业孕育的源头，从实验室诞生的原始创新，正快速转换为一个个新兴产业。

武汉天昱智能制造有限公司的厂房并不算亮眼，但美国通用电气（GE）、法国空中客车负责人却连续到访。在这里，一台长4米、高和宽均为2米的“铁疙瘩”，在全球范围内首次成功“打印”出具有锻件性能的高端金属零件。

一进入实验基地，两个“大块头”映入眼帘。在填充金属丝材后，机器上的打印针头来回移动，物料一层一层叠加成型，同时高温热处理，轧辊沿着熔积方向对熔积层锻造，最后铣削成型。

“传统工艺铸造、锻造、铣削是分别完成的，如今在这台机器上实现了一体化，这是一个新的制造模式和技术路线。”该公司首席科学家、华中科技大学机械科学与工程学院数字制造装备与技术国家重点实验室教授张海鸥介绍，技术材料利用率为80%以上，且无需大型铸锻铣设备和模具，大大降低了设备投资和运行成本，并减少了耗材、耗能和污染。

同样扎根激光制造和增材制造，华中科技大学武汉光电国家实验室教授曾晓雁，带领激光先进制造技术科研团队，紧贴市场需求进行研发。“找到研究方向后，我们把其中科学和技术问题抽出来加以解决，最后进行产业化。”曾晓雁说，“因为可用性高，团队三个技术成果已得到转移，其中一项更被上海电气所‘青睐’。”

从0到1，在光谷，从实验室孵化出的原始创新，正迈出产业化步伐。

这些曾“藏于深闺”的科技成果，将成为下一个千亿产业集群的引爆点。

谋划
打造“四谷”集聚区

孕育、集聚、爆发，熙熙攘攘的光谷内，产业充满着蓬勃活力。

东湖高新区管委会表示，目前该区域已形成以光电子信息、生物健康、智能制造、环保节能、现代服务业为主导，集成电路和半导体显示、新网络经济两大新兴领域快速发展的“5+2”产业格局。2017年，东湖高新区招商引资实

烽火众智企业相关负责人在介绍企业创新体系建设情况

际到位资金总额736.58亿元，同比增长41%；工业投资360.08亿元，增长17.9%。

其中，谋划新兴产业的发展一直是东湖高新区着力的方向。东湖高新区管委会相关负责人介绍，在加强新兴产业发展方面，管委会做足“功课”。

“我们会紧盯硅谷、以色列等创新尖峰地区新兴产业发展动向，目前围绕新型显示、存储器、量子通信等领域，已形成60余个新兴产业发展研究报告。”上述负责人说，“并由此推动区域内网络直播、3D打印、智能机器人等领域的技术创新和产业发展迈入国家第一方阵。”

东湖高新区相关负责人表示，下一步东湖高新区将围绕建设“四谷”和“四新经济”发展，制定实施专项扶持政策，加速建设信息技术、生物健康、科技金融和智能制造及人工智能等四大产业集聚区，形成“光谷”“药谷”“金谷”“智谷”四大影响力板块。

武汉行记3

任正非、马化腾、马云、雷军都来了

工业大市布局“新民营经济”

2017 年，武汉“星光熠熠”。

华为公司总裁任正非，TCL 集团董事长李东生，时任万科集团董事会主席王石，腾讯董事会主席马化腾，小米公司创始人、董事长兼 CEO 雷军接连到访武汉。5 月初，与阿里巴巴董事长马云，一同前来的还有新希望集团董事长刘永好、华谊兄弟董事长王中军、中国泛海控股集团董事长卢志强等十余位中国知名民营企业“掌门人”。

谈起武汉，不少人第一印象就是“国企多”“高校多”。2017 年初，武汉

华星光电相关负责人在介绍企业发展概况。华星光电在武汉投资350亿元，在东湖高新区建设第6代柔性 LTPS-AMOLED 显示面板生产线等

市委提出“新民营经济”，其后国内企业接踵而至。这一概念的影响力和号召力可见一斑。

“新民营经济”正成为武汉这座老牌工业城市发展的生力军。

创新基因
民营企业成产业发展的最活跃群体

在光谷生物城，以人福医药为代表的民营经济活跃。目前光谷生物城有300多个新药项目在研发，40多个新药进入临床阶段；在医疗器械领域，全球首创18导平板心电图机，2017年投入量产；可控式胶囊内窥镜、高通量临床基因测序仪等一批世界领先成果进入市场。

人福医药集团相关负责人表示，对于整个生物产业而言，生物城千亿产业规模并不算大，但这里80%都是创新型生物企业，“创新动能一旦爆发，产业后劲不可估量”。

生物医药产业是武汉民营经济发展的缩影。这些带着强大创新基因的民营企业在武汉产业中快速孕育成长。

东湖高新区相关负责人介绍，2017年东湖高新区全年新增企业14,640家，平均每个工作日新增59家。新增高新技术企业455家，总数达1848家。

聚商育商
创新驱动下的民营经济“朋友圈”

具有创新力的民营企业蓬勃增长，以国有经济为主体的武汉将“新民营经济”推到了广阔的市场舞台聚光灯下。

“武汉与先进地区相比，民营经济发展仍显不足，国有与民营经济两条腿，民营经济这条腿还显得偏短。”而对“新民营经济”，武汉市委认为：“现在武汉的新民营经济发展主体是大学生、高知。新民营经济依靠的是创新驱动，科技的力量。”

创业主体新、发展动力新、商业模式新、融资方式新、治理结构新、市场需求新、产业领域新、集聚格局新——这些成为“新民营经济”的显著特征。

华中科技大学经济学院院长张建华认为，“新民营经济”不同于传统民营经济，它的创业主体是“新四军”，即新民营经济知识化、专业化、年轻化创新创业者：新近毕业大学生、“海归”人才、科研院校技术人员、职业经理人。在发展模式上，“新民营经济”更加关注新技术、新产业、新业态、新模式，在管理模式上一开始就强调建立现代企业制度而非传统的家族企业模式。

围绕民营经济发展，武汉2017年初提出要大力实施“聚商育商工程”，突破性推进民营经济发展，集聚培育一批行业领军型创新引领型民营企业、国内外知名的民营企业品牌和企业家。

这一想法得到市场的广泛响应。从2017年3月起，任正非、李东生、王石、马化腾、雷军接连到访武汉。5月初，马云携14人的“朋友圈”到来，包括刘永好、王中军、卢志强等知名民营企业家。

这些知名民营企业家不仅带来了思想碰撞，更直接为武汉带来实实在在的项目——华为宣布将加大公司在湖北的研发力度，助力湖北智慧城市软硬件产业发展；华星光电投资350亿元，在东湖高新区建设第6代柔性LTPS-AMOLED显示面板生产线等。

“‘新民营经济’的提出，正是武汉将其拥有的科技优势和人才优势，转化为经济和产业优势的一大探索。”张建华认为，“要实现这一转化，关键在于激发市场活力，让其扮演更好的角色。”他相信，民营经济完全可以承担起“重任”。张建华说：“推动民营经济的发展，核心在于创造优良的环境，包括搭建起好的创新环境、融资环境，还要有允许失败的容错机制。”在这一过程中，政府可以做好产业引导，通过搭建共性平台的方式，帮助企业解决发展中的共性问题。“而最终企业的发展由市场来决定。”

工业倍增
民营经济将迎更广阔机遇

在“新民营经济”概念提出前，武汉数个千亿产业已经为民营经济发展奠定坚实产业基础。

2011年初，武汉提出“工业倍增计划”并写入武汉市“十二五”规划中，钢铁、汽车、装备制造、电子信息等六大支柱产业均要实现千亿元产值。

张建华认为，在当年，“工业倍增计划”成为武汉产业新发展的突破口。彼时，推进工业倍增这一计划，除了市区各级领导高度重视，武汉还坚持把园区建设作为实施工业倍增的核心基础。

至2015年的4年里，武汉全市已建成工业倍增发展区200平方公里以上，形成大光谷、大车都、大临港、大临空四大工业板块。同年，3大开发区完成规模以上工业总产值5034.14亿元，占规上工业的40.7%。

来自武汉市经信委的另一组数据显示，在“十二五”期间，武汉高新技术产业产值达7700亿元，增长14.1%，占工业总产值比重由2010年的40%提升到2015年的62.2%，千亿产业由2010年的1个增至5个。大企业支撑作用进一步凸显，全市百亿元企业达到17户，较2010年增加7户。

千亿产业集群增加、大企业崛起，为新民营经济创造了良好的发展环境。在张建华看来，民营企业在发展初始阶段多以小企业为主,在大企业的引领下，整个地区将会迎来不一样的发展。“龙头企业带来持续不断的创新，将拉动小企业，共同推动区域经济活力的迸发。”他说。

区域样本

两股创新力量
加速“药谷”崛起

2018年3月19日，武汉民营企业人福医药集团股份公司（以下简称“人福医药”）发布公告，该公司控股子公司美国普克的萘普生钠软胶囊获得美国FDA批准文号，这是人福医药全球布局的又一重要进程。

而在2018年初，由华中科技大学教授谢庆国领衔研发的“数字PET”，拿到了国家食品药品监督管理总局关于国家创新医疗器械的特别审批。这意味着，这一从实验室走出的科研成果，已打开步入临床应用的通道，有望打破我国PET市场被进口高端医疗仪器垄断的局面。

在新的千亿产业培育中，两股从武汉东湖新技术开发区（以下简称“光谷”）迸发的新力量，正加速推动当地生物医药产业的发展。光谷生物城的逐步崛起，更有望助推生物医药产业挺进武汉千亿产业集群。

从“隐形冠军”到“并购达人”

武汉光谷生物城，人福医药生产车间内，一粒粒晶莹剔透的蓝色药丸，弹跳在传输生产线上，开始进入下一个生产环节。不远处，研发实验室内，“全副武装”的研发人员正晃动容量瓶中的红色药液，为新型药剂研发做准备……

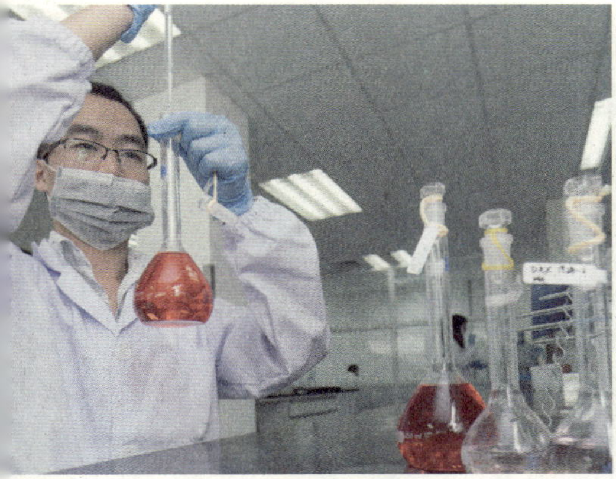

持续的研发投入是人福医药的底气所在

人福医药生产线，人福医药的快速发展是光谷生物城崛起的缩影

作为湖北省第一家上市的民营高科技企业，人福医药已实现营收过百亿元。经过20多年的发展，其已成为湖北省医药工业龙头企业、中国民营企业500强、全国科技创新示范企业。

长期专注拓展细分领域，让人福医药在麻醉药、计生药、少数民族药物等领域成为“隐形冠军”。随着国际化进程的逐步推进，人福医药建立起海外研发机构，零缺陷通过FDA认证，收购美国Epic制药公司，并在马里建成西非第一座现代化制药工厂。

走收购、并购之路是人福医药实现快速发展的秘诀之一。2016年11月，人福医药联合汉德资本、长江产业基金收购美国Ritedose公司，其是美国排名第一采用先进Blow-Fill-Seal（“吹—灌—封一体的液体制剂技术”）生产单剂量无菌制剂的生产企业。

持续的研发投入是人福医药的底气所在。人福医药相关负责人介绍，公司每年的研发投入约占总收入的5%。同时，公司还与中国军事医学科学院合作成立了军科光谷创新药物研发中心，以开发基因治疗药物为重点，加大创新药物的研发储备。

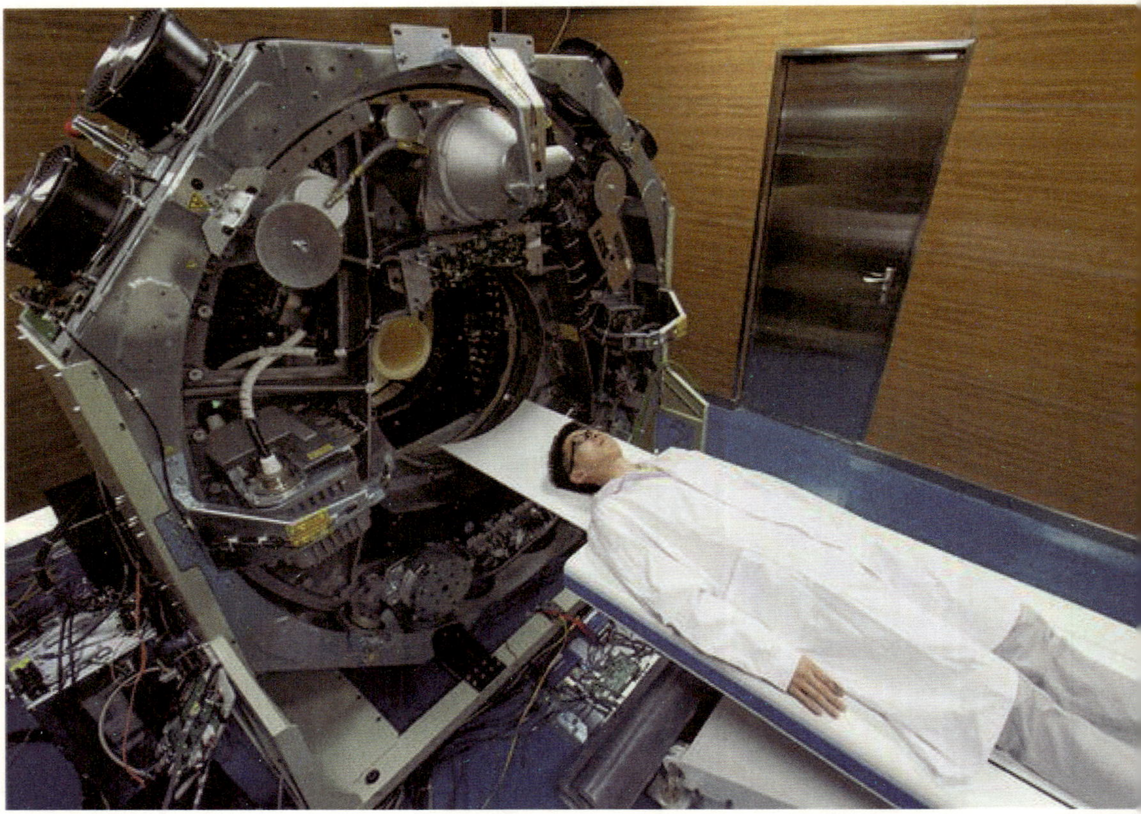

2010年，世界首台数字PET从谢庆国实验室“走”出来，解决了“让PET仪器数字化”的世界级难题

人福医药的快速发展是光谷生物城崛起的缩影。目前，光谷生物城有300多个新药项目在研发，40多个新药项目进入临床阶段；在医疗器械领域，全球首创18导平板心电图机，2017年投入量产；可控式胶囊内窥镜、高通量临床基因测序仪等一批世界领先成果进入市场。

人福医药集团相关负责人表示，对于整个生物医药产业而言，光谷生物城千亿产业规模并不算大，但这里80%都是创新型生物医药企业，“创新动能一旦爆发，产业后劲不可估量”。

实验室“走”出的十亿级新企业

同位于光谷，经历十多年孕育，一股来自高校实验室的创新力量，正成为生物医药产业的生力军。

2016年7月，华中科技大学数字PET实验室谢庆国团队与意大利莫里塞大区达成协议，地中海神经研究所将引进该团队自主研发的人体临床全数字PET设备。中意将合作建立数字PET莫里塞研究中心，共同开展脑科学研究。这也是意大利首次在本土建立中国的海外研究中心。

在生物医药领域，PET是继超声、CT和核磁共振后，当今最顶尖的医学影像技术。2010年，世界首台数字PET从谢庆国实验室“走”出来，解决了“让PET仪器数字化”的世界级难题。

谢庆国团队研发的人体临床全数字PET设备空间分辨率达2.1毫米，比传统PET设备能更早发现各类病灶，性能高出同类产品1倍以上。

谢庆国说，目前，数字PET前期准备工作已就绪，临床协议已在药监部门完成备案，完成临床认证后即可投入量产、进入市场。“一旦量化，在鄂州生产基地，预计近年内人体临床全数字PET年产量可达20台，产值或达10亿元以上。”

尽管有着巨大的市场发展前景，谢庆国认为，加快推动数字PET的产业化仍有“拦路虎”。“在知识产权维权方面，团队已投入大量的经费，每年知识产权的维护费达200多万元。随着市场的逐步打开，未来这笔经费还将增加。”谢庆国说，“除了专注研发生产，企业在知识产权维权等方面仍离不开相关政策支持。”

2017年11月，东湖高新区修订发布《武汉东湖新技术开发区管委会关于支持生物产业经济发展的实施意见》，年设10亿元生物产业发展专项资金，大力支持光谷生命健康产业在千亿规模基础上，实现更大产业跃升。

调研手记

孕育千亿产业的武汉路径

从“工业倍增计划”到“新民营经济”，近十年来，武汉在创造新名词的同时孕育出了强大的千亿产业。

2010年，武汉出现了第一个千亿产业集群。2011年，武汉启动工业发展倍增计划。2012年，武汉已拥有六个千亿产业集群。即便是在2014年钢铁产业退出后，武汉千亿产业集群数量虽然减少，但总量不降反升持续增长。其成效显而易见。武汉当年的工业发展倍增计划有着四个明显特征：一是工业倍增计划成为全市经济工作首位；二是工业投资成为第一要务；三是把园区建设作为实施工业倍增的核心基础；四是把企业服务作为工业倍增的根本保障。

今天，武汉依托强大的高校技术创新，将民营经济打造成为新的增长点。武汉高校院所林立，从实验室诞生的原始创新，在政府和市场的共同作用下，成为武汉发展的新动能。正如2016年武汉提出的“新民营经济”，更加关注新技术、新产业、新业态、新模式。在管理模式上强调建立现代企业制度而非传统的家庭企业模式。新民营经济的创业主体是“新四军”，即新民营经济知识化、专业化、年轻化创新创业者：新近毕业大学生、“海归”人才、科研院校技术人员、职业经理人。这一群体集中于高校，现代企业制度更有利于高校成果尽快走向市场，提高企业运作效率。民营企业成为高校科研技术转化的巨大市场，而政府通过诸如成立科技成果转化局，推动风投创投进入高校，为市场资金与实验室项目“配对”，将政府、高校、企业三方更紧密地联结在一起。

对很多城市来说，武汉的一些经验值得参考借鉴。

自2011年推出“工业倍增计划”以来，武汉密集出台工业13条，物流业38条，科技孵化器10条，民营经济新56条，服务业升级计划以及黄金30条等。这一系列政策均紧紧围绕发展实体经济这一中心按步骤推进，如帮助企业解决融资难题、放开十大投资领域、大力降低企业经营成本等。在加快民营经济转型升级时，佛山的政策制定应突出系统性、体系化的特点，力争形成具备完善体系的产业政策。

过去，高校成果转化更多以企业需求为导向、高校帮助企业解决技术难题形式为主，在具体项目上有市场化的优势。但从市一级层面看，需要从高校的原创性、有潜力的项目中寻找经济发展的新趋势、新动力。科技成果转化司的成立，正是通过“点对点”的合作，让决策部门及时掌握了解高校具有良好产业发展前景的技术创新，以此推动未来产业布局，更好地发挥高校科研成果对产业发展的带动作用。

对于城市群中的普通地级市来说，区域一体化是解决高校短板的重要机遇。以佛山为例，尽管本地高校不多，但广佛同城是佛山相比省内其他城市的优势所在。佛山可以依托广州高校，与前沿尖端学科研究人员形成点对点合作，谋求技术产业化，进而培育新兴产业。而从企业出发，要更多鼓励企业从寻求解决方案走向主动谋求新技术的产业化孕育，从政府“拉郎配式”的自愿与高校合作，走向自觉自发与高校形成协作关系。

HANGZHOU

杭州 “工业大脑”瞄准“提升 1% 良品率”

“不在车间写代码的程序员不是好的人工智能工程师。”

这不是段子，而是阿里巴巴集团（以下简称“阿里巴巴”）旗下云计算公司——阿里云计算有限公司（以下简称“阿里云”）的真实生态。ET工业大脑所瞄准的“提升1%的良品率”，已为光伏切片、橡胶等行业的龙头企业带来了实质性的效益提升。

来自杭州的阿里巴巴，正大步迈向珠三角的制造车间。2018年1月，阿里云全国工业互联网总部在广州揭牌成立。这意味着这个互联网巨头与广东制造业深度融合的版图正在展开。

互联网企业阿里巴巴几乎从未如此贴近制造业——运转不息的机器设备源源不断地将数据传输至ET工业大脑，每一轮“学习”，都让它更加“聪明”。阿里云人工智能首席科学家闵万里说：“我们找到了工业制造最核心的精髓。”

“到车间去”
阿里云进军广东制造业市场

2017年12月初，阿里云亮相浙江省人才市场—装备制造与IT通信的专场招聘会，许以年薪百万、高层级岗位待遇，寻找“ET大脑工业训练师/ET大脑业务专家”，要求之一是在工业领域从业超过10年。

阿里云渴望看清和理解工业生产最本质的环节，并结合人工智能技术提升制造业。“改造传统工业，必须深入车间。”在2017云栖大会·广东分会上，闵万里说。正是在这场大会上，阿里云宣布，将在广东建设工业互联网云平台，并将全国工业云总部定于广州，未来要以ET工业大脑持续与广东制造业融合。不仅如此，阿里云还与佛山南海区签约建立阿里云创新中心（佛山）。

“人工智能+大数据+制造业”的设想，阿里云已经将其变为现实。正式进入广东之前，阿里云依托ET工业大脑，在江浙一带的制造企业中练兵已久。

ET工业大脑进入制造车间，能够为制造企业简化生产流程、节约生产成本

提升1%的良品率，是ET工业大脑瞄准制造业的主要“痛点”

在全国最大的轮胎生产企业——杭州中策橡胶有限公司（以下简称“中策橡胶”），ET工业大脑进驻半年后，帮助其将混炼胶平均合格率提升了3%—5%。工厂内，生产机械、用料、生产流程等数据通过传感器上传至ET工业大脑，通过人工智能算法，短时间内即可匹配出最优的橡胶合成方案。同时，ET工业大脑还能对所有关联参数进行深度学习计算，精准分析出与良品率最相关的60个关键参数，并搭建参数曲线，在生产过程中实时监测和控制变量。

“提升1%的良品率”是ET工业大脑瞄准制造业的主要“痛点”。此外，阿里云还是浙江、江苏两省推动企业“上云”的主要合作方。不只中策橡胶，还有国内能源巨头企业苏州协鑫光伏科技有限公司（以下简称“协鑫光伏”）、中国工程机械行业排头兵徐工集团等。

阿里云找到了工业制造“最核心的精髓”。闵万里曾在2017阿里云栖大会·南京峰会上的一次公开演讲中回忆，从最初的“如看天书”，到利用人工智能寻找到控制核心生产线的参数规律，随着阿里云深入生产线，提炼生产流程，积累原始数据，阿里云在云端实现了工业制造流程最大公约数的“抽象”。

闵万里说，正因如此，尽管“隔行如隔山”，但从协鑫光伏到中策橡胶的复制，ET工业大脑只用了28天。随着阿里云业务的拓展，行业间的复制还在继续。

这一次，阿里云带着技术和实践，正式进军广东市场。

转型脉络
从终端服务到“工业大脑”

阿里云已成为阿里巴巴在电子商务领域外，又一发展强劲的业务。阿里巴巴2017财年财报显示，阿里云在该财年营收规划达66.63亿元，比上一年增加了121%，接连两年实现三位数增幅。阿里巴巴CEO张勇在2015年曾说：“阿里巴巴集团对云计算的投入放在最高战略优先级。”当年7月，阿里巴巴宣布对旗下阿里云战略增资60亿元。

梳理阿里云的发展脉络，可以发现过去阿里云偏向于在制造产品终端提供信息技术服务，而现在，阿里云全面、深度融入工业生产、销售的全部环节，打造“工业大脑”。这种转变，正是马云口中的“从IT（信息技术）时代迈向DT（数据技术）时代”。

在2015年之前，阿里云在制造业中引人注目的动作，是分别与美的集团、上汽集团合作。阿里云在前者旗下的智能家居产品中应用物联网技术，在后者的汽车中植入双方共同研发的智能行车系统。

2016年5月，阿里云携手中国工程机械行业龙头企业徐工集团开始打造“工业云”。当时，阿里巴巴董事局主席马云给出的书面贺辞是：“阿里云+徐工=中国的Predix”。Predix是由美国工业集团通用电气推出的专为工业数据的收集与分析而开发的工业互联网平台。紧接着，阿里云ET工业大脑先后进驻协鑫光伏、中策橡胶，并最终于2017年3月正式在公众面前亮相。

当下，ET工业大脑仍聚焦智能制造，接下来还将在关注能耗的绿色制造、高端装备协同制造、智能产品设计及改造领域发力。阿里云ET工业大脑项目负责人王峰说，阿里巴巴并非工业领域的专家，“因而需要与行业内的‘顶级玩家’进行合作，包括专业数据采集商、工业智能设备生产商等”。目前ET工业大脑正在接触的合作伙伴，包括全球工业机器人四巨头之一ABB集团、美国国家仪器、国内地铁综合监控系统最大集成商之一和利时等。

大量的资源投入和深入制造业一线经验，使得阿里云的实力迅速增长。目前，阿里云已成为国内最大的云服务提供商。据国际研究机构IDC在2017年11月发布的“2017年上半年中国公共云PaaS（平台即服务）市场调研结果”，阿里云以27%的份额位居中国第一，是第二名的将近3倍。而在云计算服务的另一大市场IaaS（基础设施即服务）上，阿里云的市场份额则已占到47.6%。

软硬一体
阿里AI芯片即将面世

阿里巴巴关于制造业的想象力或许还不止于此。通过进军新能源汽车产业，阿里巴巴正在汽车制造这个举足轻重的工业领域展开战略蓝图。

2017年12月15日，一则关于阿里巴巴投资新能源汽车的消息，将互联网电动汽车企业广州小鹏汽车科技有限公司（以下简称“小鹏汽车”）推到聚光灯下。两个月前，小鹏汽车首款量产车型刚在郑州下线。

通过这笔投资，阿里巴巴获得了小鹏汽车约10%的股份，也由此切入新能源汽车整车制造企业。阿里巴巴对此表态：投资小鹏汽车符合阿里巴巴在汽车领域的战略重点。

事实上，这并不是阿里巴巴首次切入汽车领域。2017年3月，阿里巴巴投资了瑞士一家汽车导航设备制造商WayRay，该公司主要为司机开发抬头显示器以及最终用于自动驾驶汽车的完全沉浸式AR和VR系统。

投资小鹏汽车，可被视作阿里巴巴布局新能源汽车的一大动作，从服务商转向汽车制造商。而据阿里巴巴发言人称，阿里巴巴未来还将继续与一系列汽车制造合作伙伴合作。

而对于阿里巴巴，它所切入的制造产业还不限于此。为了更好地在工业领域“大展拳脚”，阿里巴巴切入数据产业的基础领域——芯片制造当中。

在2017年10月举行的2017云栖大会上，阿里巴巴首席技术官张建锋透露，阿里巴巴自主研发的“阿里AI芯”将很快面世，将促使阿里云的服务更稳定、可控

制造业原有的部分人工生产流程被工业机器人取代，其中的生产数据经由电子芯片汇总到工业大脑中

及高效。

阿里巴巴投资的制造企业比之企业服务、电子商务、物流等占比并不高，但投资事件有逐年增加的趋势。并且，阿里巴巴十分偏爱芯片企业——阿里巴巴及其旗下投资部门至少投资了5家芯片企业。

2016年1月，阿里巴巴入股杭州中天微系统有限公司，并成为这家嵌入式CPU生产企业的第一大股东；同年11月，阿里巴巴和腾讯一起领投了可编程芯片公司BarefootNetworks。

2017年8月开始，阿里巴巴连续披露3起关于人工智能（即AI）芯片的投资事件。首先是推出了全球首款商用深度学习专用处理器的北京中科寒武纪科技有限公司；接着，蚂蚁金服与三星风投领投了AI芯片公司北京深鉴科技；在2017年11月，阿里巴巴又投资了另外一家AI芯片公司——深圳市耐能人工智能有限公司。

阿里巴巴的制造业版图正一步步拓展。

杭州行记1

走进浙江传统制造业转型一线，对话智造服务商

当下是“换手”，未来看“换脑”

杭州西部萧山区的大江东产业聚集区内，正兴起一股产业智能制造的风潮。该产业聚集区吸引了长安福特、西子航空等制造业龙头落户，又有新松机器人等智能制造方案提供商为产业升级服务，带动“浙江制造”迈向更高层次。

距其40公里，余杭区玩月街边，一座“产业互联网小镇”拔地而起。以此为原点，规划面积2.7平方公里的产业互联网小镇，集聚了集控科技、傲基国际等近20家智能制造解决方案服务商。在规划中，小镇将发挥核心点的作用，不断完善整个余杭的智能制造生态系统。

“机器换人”目前更多是“换手”，但从长远看，必然要考虑“换脑”。在杭州,这已成为智造服务商群体的共识。这种智造“热”背后的“冷”思考，对于同在上演“机器换人”大戏的全国各个工业城市，有何启示?

趋势

传统制造业涌现“智造”热

2017年8月24日下午5时，杭州新松机器人自动化有限公司（以下简称“杭州新松机器人”）的车间内仍旧一派忙碌景象。“有些项目要得很急，所以我们最近加班加得有点狠。”车间工作人员陈鹤珑说。

一条悬挂机械臂紧贴着生产线上的门框，缓缓匀速而过。经过之处，门框组件间原有的缝隙被黏合，浑然一体——由北京闼闼伟业门窗有限公司（以下简称“TATA木门”）在此定制的自动化生产线压装环节，已进入最后的调试阶段。用不了多久，这条生产线就将进入TATA木门位于北京的工厂。

这是杭州新松机器人近期第二次为家居制造企业设计自动化生产线，上一次是参与浙江梦天木业有限公司整厂的智能化改造项目。该公司和TATA木门都是中国木门行业的佼佼者。

杭州新松机器人为家居制造企业设计自动化生产线，从机器人到生产线，每一步都是为企业量身定做

不止木门压装生产线，车间内，多个项目正同时紧张作业。包括湖北中航精机科技有限公司的焊接生产线，博雷（中国）控制系统有限公司的蝶阀开关打磨机器人自动化生产线，杭州某大型纺织企业的DTY（拉伸变形丝）自动包装线等。其中，蝶阀开关、化纤纺织业等都是杭州新松机器人首次涉足的领域。

李正刚留意到，大约从2016年年底开始，他们的邻居——杭州萧山区为一些化工、化纤企业找上门来，希望他们能为其提供智能制造解决方案，解决生产、物料传输、库存等环节的自动化需求。此外，杭州周边、浙南地区的一些休闲椅、休闲伞生产商也表达了智能制造升级的需求。

杭州西部萧山区的大江东产业聚集区，落户了新松机器人等一批在长三角智能制造走在前沿的企业

除了为企业“组装”定制智能生产线，新松机器人还提供不同类型的机器人产品供客户挑选

专注于面向制造业提供“智慧工厂”整体解决方案的杭州集控科技有限公司（下称“集控科技”），同样感受到了这股从传统制造业“涌来”的热浪。“每个月找到我们公司的企业差不多有50家，由于人手有限，我们只能根据企业情况筛选部分订单。”集控科技董事长蔡明茂说。集控科技成立于2010年，目前已执行的项目涉及家居制造行业，以及电缆、货架、阀门等多个领域。

难点
智能化升级如何“串珠成链”

“智能制造太热了，如果冷静下来思考，它实际上就是产品的标准化、系列化、模块化，以及生产过程的智能化、网络化、精益化。”李正刚说。

要实现这些目标，生产材料的标准化是最大前提。“如果生产过程中的原材料标准、质量不一，实现自动化尚且困难，更不用说智能化生产。”李正刚说，基础材料质量不均，直接带来的后果是高昂的后期维护成本。

李正刚还说，“机器换人”并不代表工厂不再需要人手，而是在研发、维护、设备操作等领域提出了更高的人才需求。

与此同时，蔡明茂认为，当下杭州智能制造发展的“痛点”在于，能够提供高质量的、完整的智能制造解决方案的服务商凤毛麟角。“要建一栋高楼大厦，如果起用最普通的泥水匠，肯定是行不通的，一定要选择专业的建筑设计公司。”蔡明茂说，“当下智能制造的风潮之中，智能制造解决方案提供商的质量参差不齐。”

“智能制造需要先做顶层规划，在此基础上再确定信息化和自动化的目标。”在蔡明茂看来，杭州的传统制造业企业的智能化改造意愿很强，但智能制造服务领域各个细分行业中做得精且专的很多，不能满足制造业企业的全产业链整体解决方案需求。“制造业企业寻找的是‘珍珠项链’，但市场上可能只能提供珍珠。”蔡明茂说，“集控科技目前在做的，是‘一条串起珍珠的红绳’。”

“智能制造解决方案提供商要考虑的是，如何帮助工厂实现整个生产过程的闭环，设计从研发到生产、出售、售后各个环节的解决方案，根据反馈调整研发创新，提高企业盈利。”蔡明茂说，“智能制造的过程从生产过程智能化开始，最终通过互联网、大数据技术，在产业之间实现互联互通，在消费者跟产业之间构成反馈和研发创新的良性循环。”

2017年，杭州余杭产业蓝图上的产业互联网小镇，已形成20万平方米以上的产业空间，除了集控科技外，还集聚了傲基国际等19家智能制造方案提供商，其目标是打造杭州城东智造大走廊的新引擎。2017年5月，余杭产业互联网小镇被列入杭州市市级特色小镇创建名单。

蔡明茂说，余杭提出“产业互联网”的概念，确实是希望引导智能制造服务商向产业集聚发展，但目前仍处于初级阶段。

愿景

“换手”还要规划“换脑”

近两年，“工业4.0”概念炙手可热。2017年3月，国务院发展研究中心携手德国工业企业博世发布的《借鉴德国工业4.0，推动中国制造业转型升级》研究报告称，中国制造业尚处于由工业2.0向工业3.0过渡的阶段，即尚处在利用电子与信息技术，提升生产自动化程度的过程，离基于大数据分析实现制造业转型的工业4.0尚有距离。

蔡明茂说，站在工业4.0的高度审视工业2.0的升级，就会发现“机器换人”并非简单的“换手”，而是要有“换脑”的长远规划。

“实现智能制造需要整体规划、分步实施。”蔡明茂说，“集控科技为传统制造业企业所做的整体解决方案，会

实现智能制造，除了在机器换人上下功夫，还要提前规划“换脑”

企业实施智能制造升级，需要从整体规划入手，分步实施。因此，提供整体智能升级方案的企业显得举足轻重

侧重解决企业目前最迫切的问题，但会预留未来柔性生产改造、大数据系统升级的接口等。”

不约而同地，李正刚也说到了“整体规划、分步实施”。“智能制造不可一蹴而就，要逐步推进，不断提升，首先是通过自动化生产来降低成本，提升产品品质的稳定性，接着才是更深层次的革新。”

集控科技与恒逸高新材料有限公司（以下简称“恒逸高新”）共建的智能工厂项目，正是蔡明茂口中“满足了其全部想法”的项目。恒逸高新是上市企业恒逸石化全资控股子公司，地处杭州萧山区，主要生产聚酯切片、涤纶预取向丝等衣料原材料。

蔡明茂说，这一智能工厂项目改造内容包括生产性悬挂链装备、营销、供应链管理、企业软件管理、实验室、数据采集追溯、设备管理等，涵盖设计研发、生产、营销、供应链管理等全产业链条。恒逸高新对智能工厂提出了以大数据支撑成本统计、营销决策，打通财务系统、设备控制系统，形成完整的工业生产数据链的要求。

恒逸高新智能工厂2016年10月启动，恒逸高新还将这一模式复制推广到其他车间单元。

恒逸石化2017年上半年业绩预告显示，预计上半年该公司归属于上市公司股东的净利润比上年同期增长113.07%—141.48%，其中，“继续推进产业链一体化经营智能化”成为该公司业绩保持较快增长的原因之一。

杭州行记2

专访阿里云“ET 工业大脑”项目负责人

智造云时代如何掘金工业大数据

车间机器运转，它们产生的数据是一座金矿。脱胎自阿里巴巴集团内部数据事业部的阿里云计算有限公司（以下简称“阿里云”），就是工业数据的“掘金者”。

阿里云“掘金”背后，江浙一带的企业，正经历一场来自“工业智能云”的启蒙洗礼。

2017年出台的《浙江省“企业上云”行动计划（2017）》提出要让10万企业率先“上云”，促进经济转型升级。随后，江苏携手阿里云，宣布启动首批“1+30+300”工程，推进江苏省内30家“信息化、工业化”融合服务机构、300家制造企业高效利用云计算、人工智能。

在上述行动中，ET 工业大脑都扮演着举足轻重的角色。8月28日，南方日报跨省调研组走读杭州，专访阿里云 ET 工业大脑项目负责人王峰，寻找这里的数据“掘金”故事。

提升 1% 良品率节省上亿成本

光伏切片生产有着十分精密的工艺流程，包括来料检验、粘胶、切片、脱胶、清洗、检验等环节，一根仅 0.1 毫米粗细的钢线不断摩擦硅锭，最终切出一片片仅 0.2 毫米厚的硅片。在如此复杂的生产环境下，人工经验很难百分百保障产品质量。

生产过程同时伴随产生人力、机械、用料、方法、环保等各方面过程的数据。协鑫光伏五年以来通过在生产设备上加装传感器，收集了比较完整的生产数据。

这些数据就如同一座未经开采的矿藏，而阿里云的拳头工业大数据产品——ET 工业大脑在 2016 年 8 月入驻

阿里云设计开发的工业ET大脑项目，相当于一个“工业OS”系统，企业相当于智能手机的使用者，通过安装不同APP获得个性化服务

协鑫光伏的切片生产车间，则充分释放了这些工业数据背后的价值。

基于阿里云云计算和大数据平台及阿里云大数据算法专家资源，阿里云为协鑫光伏打造了一套智能工厂的解决方案，其核心是通过对历史生产过程中的大数据进行建模分析，并实时监控、指导生产过程，提升工厂的管理水平和效率，提升产品的良品率。

通过ET工业大脑的帮助，协鑫光伏的生产良品率已经提升1个百分点，这意味着企业每年可节省上亿元的生产成本。

为了几个百分点而做的努力，在杭州中策橡胶生产车间里同样进行着。对年生产5000多万条轮胎的全球橡胶生产巨头来说，引入ET工业大脑之后，一年可以增加千万元利润。“阿里云的人工智能ET工业大脑通过人工智能算法在短时间内处理分析每一块橡胶，匹配最优的合成方案，对所有关联参数进行深度学习计算，精准分析出与良品率最相关的60个关键参数，并搭建参数曲线，在生产过程中实时监测和控制变量。”阿里云ET工业大脑项目负责人王峰说。

“工业OS”系统的大数据体验

“我们做的就是一个‘工业OS’系统，企业相当于智能手机的使用者，通过安装不同的APP获得个性化的服务。”王峰说，“对不同企业来说，赋予不同的数据代码，ET工业大脑将为每家企业带来独特的大数据体验。”

从某种程度上来说，依托公有云服务，融大数据、云计算、人工智能服务于一体的ET工业大脑拉近了传统制造业与人工智能的距离。

王峰说，在向中国工程院做ET工业大脑汇报后，中国工程院对其“无须另外安装自动化生产设备”这一点表示了赞赏，认为这大大降低了企业“上云”的门槛。

“阿里巴巴集团是以自己最擅长的大数据和人工智能切入工业领域。在淘宝十多年的积累中，我们沉淀了最完备的人的数据体系、商品的类目体系。接着利用对数据的理解及机器学习，为企业在综合环境下解决效率、成本和质量问题。”王峰说，“只要企业原来能做到半自动生产或是有数据的积累，都可以应用ET工业大脑。”

但王峰也承认，阿里巴巴集团并非工业领域的专家，“因而需要与行业内的‘顶级玩家’进行合作，包括专业数据采集商、工业智能设备生产商等”。王峰说，目前ET工业大脑正在接触的合作伙伴，包括全球工业机器人四巨头之一的ABB集团、美国国家仪器、国内地铁综合监控系统最大集成商之一和利时等。

ET工业大脑已为合作伙伴预留了数据接口。如专为物联网领域开发人员推出的物联网套件，可搭建起方便传感器、

阿里巴巴集团以自己最擅长的大数据和人工智能切入工业领域，只要企业能做到半自动生产或是有数据的积累，都可应用ET工业大脑

嵌入式设备等终端和云端双向联通的数据通道。

阿里云看重华南市场

ET工业大脑目前主要应用于浙江、江苏一带企业，当问及是否考虑向佛山企业推广，王峰立刻发问："佛山地区生产总值多少，工业增加值多少？"听到答案后，他微微点头，紧接着又抛出连环问："佛山企业规模有多大，产值多少？"——这几乎是一种职业性的本能反应。

王峰解释，ET工业大脑一方面以推动企业"上云"实现某种程度上的普及，另一方面正发力打造一些标杆示范性项目，让业内看到ET工业大脑能做什么。而后者则对企业的体量及营收规模有一定的要求，"一般要求企业产值达到10亿元以上，如此能保证企业信息化系统的相对完整、存量历史数据的保存以及企业投入的力度"。

2017年佛山年主营业务收入超100亿元的企业约达16家，且大多为制造业企业，年产值超10亿元的制造企业则更多，放眼全国这一成绩也颇为亮眼。王峰说，阿里云十分看重工业基础雄厚的华南区域市场。

当下，阿里云重点布局的市场在浙江、江苏一带，当地政府也先后颁布相关政策，推动"企业上云"。在浙江、江苏两地政府部门的协调组织下，阿里云对企业进行了多场宣讲，不仅有企业中层的培训，还有面向企业董事长、CEO级别的宣讲。在王峰看来，ET工业大脑的运作逻辑，是通过生产状况的结果数据反推回生产参数是否存在优化空间，这与工业行业惯常的从设计、研发到生产的逻辑是相反的，恰好可形成互补。

杭州行记3

传统制造如何“换脑”，走进信息改造两大标杆企业

“老板”够智慧，“春风”很智能

围绕着1平方米大小的一块金属板材，几台六轴机器人在互相配合，相继完成冲压、焊接、钻孔等各项工序，把金属原料制作成规整的灶具底盘。配合无间，不曾间断。杭州老板电器股份有限公司（下称“老板电器”）的数字化智能制造基地当中，这样的生产场景已成为日常。

2017年8月31日，工信部指导举办的“制造业与互联网融合”的行业系统解决方案应用推广和现场交流会在此召开，来自学界、行业自动化龙头企业、智能制造方案设计公司等智造全链条产品提供者们齐聚于此，分享制造智能化升级模式及经验，探讨智造未来发展方向。

一边是企业车间里的变革，一边是高端会议在此举办，老板电器智造革新背后，有哪些值得关注的要点？8月30日，南方日报“十城演义”调研组走读杭州，与制造自动化与信息化改造标杆企业老板电器及浙江春风动力股份有限公司（下称“春风动力”）对话，走到企业“换脑”的一线揭秘“制造”变“智造”的最新趋势。

杭州智能制造显现示范效应

自动包装线上，四四方方的瓦楞纸箱包裹着一台台吸油烟机，沿着传送带支起的“高架桥”，途经数十米，直接进入物流仓储中心。在包装箱视觉检测系统“安检”过后，不同型号的产品前往特定的集结点，一台两三米高的多轴机器人正在此等候。只见它弯下身子，将纸箱稳稳吸住，然后转头、直立、平移至货架，轻轻放下。整个过程8秒完成。

8月31日，老板电器数字化智能

老板电器智能制造智慧中心大屏幕上，各条生产线的数据在此转换成清晰的图表

制造基地（下称“基地”）内，生产、组装、运输在机器人灵活的手臂下有条不紊地进行之时，一场由工信部指导举办的“制造业与互联网融合”的行业系统解决方案应用推广和现场交流会正在此召开。此次重点推介的内容，正是使得老板电器的产品从原材料到出货一气呵成、简单流畅的推动力量——老板电器针对离散制造业开发的信息物理融合系统、智能仓储解决方案、智能物流机器人解决方案等。

老板电器副总裁夏志明说，相比老板电器的传统工厂，基地在劳动力削减一半的同时生产效率反而提升了50%。现在，基地年产油烟机150万台，燃气灶230万台，洗碗机50万台，分别占老板电器总产量的60%、100%和100%。“研发出来的新产品也将全部放在基地生产。”夏志明说。

2015年建成投产，2016年基地入选工信部2016年智能制造试点示范单位，并成为杭州智能制造的标杆性项目，前来调研走访的人络绎不绝。

而在距基地1公里左右的春风动力，其数字化工厂也不断迎来“取经者”。2017年8月的最后一周，春风动力的接待日程就被安排得满满当当。春风动力行政管理部经理朱红芬说，经常是省、市经信部门带领当地企业一行前来调研参访，“四川、重庆、河南等地都曾组团前来考察”。

春风动力2013年即开始实施“工厂物联网”改造，实现160多个作业单元的生产协同及应急响应，保证制造资源的有效配置、制造过程实时监控、制造数据实时集成以分析利用。自2013年以来，原材料库存资金占用降低近1.2亿元，实现了设备使用效率提升25%，运营成本降低30%，产品生产周期缩短30%，不良品率降低30%。

2017年7月，“中国制造2025”城市试点示范考察评估组来杭州现场考察创建工作并召开评估会。老板电器、春风动力正是专家组实地考察的8个单位之一。

在杭州市经信委整理的评估会专家意见中，中国工程院原常务副院长潘云鹤说，关于一个古老城市怎么进行产业新的转化，产业怎么向新的阶段发展，杭州为“中国制造2025”提供了一个新的样板。

“以我为主”构建智能制造方案

基地对面，一块占地211亩的空地，现在还遍布杂草和沙砾。然而，夏志明桌面的一张图纸，预示着这片空地将会在不久的将来变成一座全新的智能化厂房和厨电产品体验展示厅。“新的厂房会在现有智能化生产基地的设计基础上进一步改造，在生产区域中将看不到堆放在地上的物料，而是通过传输带、AGV等设备进行运输，高效利用每一平方米的空间。”夏志明说。

为了实现进一步的智能升级改造，老板电器专门组成了工作小组，一方面每月与第三方伙伴开会跟进新工厂的设计进度，另一方面企业内部的决策层每周一次碰头把握方向。“这种工作状态

在老板电器的智能工厂中，大部分生产流程都无需人工参与

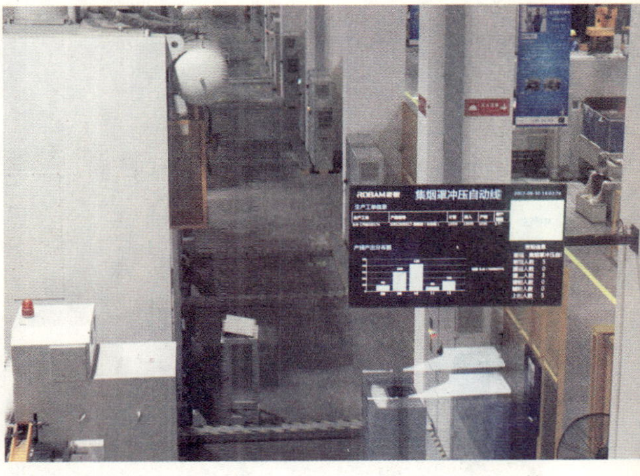

老板电器智能制造智慧中心大屏幕上，各条生产线的数据在此转换成清晰的图表

已经持续一年，目前新工厂的规划工作已经完成了95%。”夏志明说。

“在决定建设第一座智能制造工厂前，我们试图通过设备升级的路径，改变原来作坊式的加工作业形态，升级产品的品质和车间产能，但成效不显著。”夏志明说，“老厂房的设计按照劳动密集型的生产形态设计，在引进自动化设备之后还是需要很多人手，产品的质量也无法保证。”

在老板电器的管理层眼中，当时公司从研发设计到生产制造、供应链和仓库等前后各个环节，信息传递滞缓，严重影响了生产效率。抱着改造生产工艺的决心，老板电器走出国门，先后到德国、日本的宝马、奔驰、丰田等自动化水平领先的工厂中进行考察，决定从顶层设计入手，从上而下设计新的智造厂房。

这种清晰的思路使得老板电器在面对机器人合作伙伴时显得“相对强硬”。夏志明说，“我们会和清华大学、中国机械科学院、沈阳新松机器人等有关机构合作，探讨老板电器智能制造生产方法的可行性。”但公司对于引入“外脑”

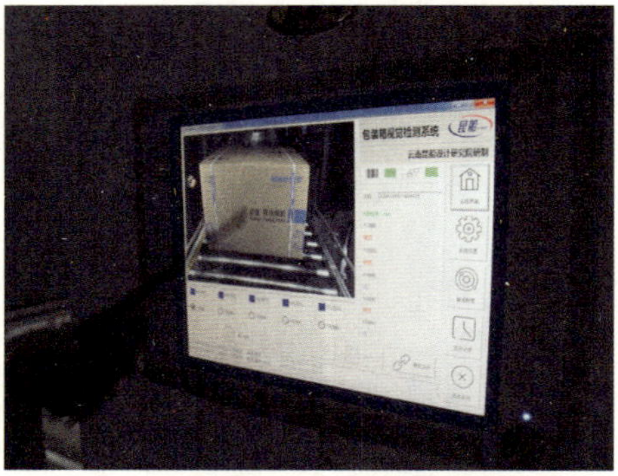

老板电器将继续投入，将工厂数据与线上销售端打通，届时用户可以实时追溯产品在工厂的生产状态

仍然保持“以我为主”的态度，“我们认为企业本身是最了解自己的，不能把全部方案设计都交给第三方”。

大数据勾勒智造未来图景

“本月油烟机实际产量100,866台，实际达成率95.34%。”在老板电器智能制造指挥中心的大屏幕上，类似的信息十分醒目。指挥中心工作人员说，各条生产线的生产进度都在这块屏幕上转换成了清晰的图表。

在“装配品质看板”板块，装配片区的检验合格率实时更新，各条生产线的使用材料配比也一目了然。该工作人员解释，这些信息使得一旦合格率出现异常，便可依据材料配比及时分析原因、采取措施，使生产回归常态。不仅如此，通过这一屏幕，设备的工作状态、库存量的变化、生产计划的完成情况等均可掌握。

春风动力也有这样一块大屏幕。一旦生产环节出现问题，系统的预警系统便会被激活，预警信息自动反馈到指挥中心的屏幕上，关联部门得以迅速反应，解决问题，恢复生产。

在上述两个工厂的智能制造指挥中心，由多个屏幕组成的屏幕墙是主角。屏幕墙上，一部分是由分布在厂区各个位置的摄像头采集的实时图像，还有一部分则是各种图表和数据，实时更新，监控生产情况。

从某种程度上来说，指挥中心正集中展示了上述两家企业智能工厂的核心——各个设备上的传感器互联，原材料供应、生产、库存等全产业链贯通，各环节的数据皆可收集，再辅以数据分析，企业原本隐蔽的问题便被暴露在阳光下。

在企业的规划中，目前的成果仅为初步。夏志明透露，老板电器将投入500万元进行基地信息化二期工程，预期打通客户端，使用户可以通过移动端直接下订单，并可实时追溯其产品在公司的生产状态。此外，基地能耗数据、污水数据等也将纳入数据库。

春风动力也从2016年开始构建大数据分析系统，未来还与阿里云计算有限公司合作，构建大数据管理云平台，集成并分析应用客户、产品、生产、服务等信息。

区域样本

天合光能：用人工智能“捕捉阳光”

2017年12月7日，天合光能有限公司（以下简称“天合光能”）在云栖大会·苏州峰会上宣布，通过与阿里云ET工业大脑合作，其4条试点产线上的电池片A品率已提升7%，营收增值已逾2000万元。下一步，天合光能计划将把阿里云ET工业大脑推广到全部产线上，预计可提高年利润数千万元。

阿里云一直在工业领域进行探索，伴随着ET工业大脑的正式发布，天合光能和阿里云的合作是其中一个“化学反应”。早在2017年4月，天合光能引入阿里云ET工业大脑，用于寻找更优生产工艺，以提升电池片光电转换效率。

天合光能希望通过工业大数据及人工智能来提升良品率，最终实现电池光电转换效率的提升，降低系统成本。光伏发电与燃煤发电相比，绿色、环保、无污染，但因为成本过高，一直没能在国内大规模应用，而提高光电转换效率可以降低光伏发电的应用成本。据测算，光电转换效率每提高1个百分点，每度电成本就可降低5%—7%。

天合光能引入阿里云ET工业大脑后，将车间设备、人员、工艺、质量等海量的数据上云，传入ET工业大脑，随后通过人工智能算法，对数千种关键数据进行深度学习计算，精准分析出与生产质量最相关的关键参数，并构建大数据模型，在生产过程中实时监测和调控变量，实现管理透明化、生产智能化，最终将试验线中的研发成果在大规模生产中精准落地，提升产品良品比率5%以上。

目前，通过阿里云的一站式数据采集接口，ET工业大脑已连接天合光能超过200台生产设备，海量数据通过网络实时上传至阿里云大数据平台进行实时计算，实现生产数据在线化。其次，工业大脑还提供生产管理透明化、生产预警自动化的功能，结合工艺参数分析模型，实现设备异常及工艺参数异常的提前预警，实现生产过程的主动管理。

天合光能创立于1997年，是全球领先的太阳能光伏发电整体解决方案提供商，光伏组件累计出货量全球第一。作为中国早期登陆美国纽交所上市的太阳能企业之一，天合光能在技术研发上投入巨大，在电池和组件效率方面已累计打破16次世界纪录。

天合光能并不是阿里云ET工业大脑首家落地实践的企业。在江苏，ET工业大脑最先落地到协鑫光伏，并帮助协鑫光伏成功提升1%良品率，每年节省上亿元生产成本。保利协鑫切片事业部副总裁刘建平在江苏省制造业创新发展论坛上指出，对于光伏行业而言，智能制造是推进光伏平价上网的关键因素，通过与阿里云不断深入合作，保利协鑫切片事业部人均月产出已提升506%，生产周期缩短50%，直接人力成本下降45%。

调研手记

以21世纪机器智能指挥20世纪的工业机器

在珠三角不少制造车间中，当老工人退休或者跳槽的时候，新工人要从头开始积累经验。而很多企业所面临的难题，却远不止车间的“经验”问题。阿里云的ET工业大脑项目，实际上就是以人工智能为切口，对解决制造问题，提升智造水平所进行的探索。

“我们希望用21世纪的机器智能，帮助人类更好地指挥20世纪的机器。”在2018年年初召开的云栖大会·深圳峰会（下称“峰会”）上，阿里云人工智能科学家闵万里称。围绕中国制造业的良品率问题，阿里云发布ET工业大脑，实现人工智能和大数据与工业制造的握手。

近年来，美的、小熊电器、林氏木业等广东名企纷纷引入大数据、自动化设备等探索智能化生产新模式。与传统工厂不同，在智能工厂的生产线流淌的，不仅仅是原材料、产品，还有许多数据，但是过去企业没有采集起这些数据并加以应用。阿里云将这些数据全部聚合到庞大的数据平台上，整合云大脑专家的经验、数据特征，从历史样本当中学习，用机器学习的方法挖掘数据，让数据说话，进而告诉我们哪种“配方”和参数最适合。

阿里云为中国企业“换脑”的野心，本质上是推动企业信息化的过程。但信息化绝不仅仅意味着支撑企业普通业务的运行，更需要支撑企业创新和业务转型，在企业内部展开之余，跟上工业新时代对资源的整合与协同的节奏。

这一思维引导阿里云进行更多的改革，阿里云的探索方向也值得许多广东企业借鉴思考。首先，作为制造业大省，广东制造业需要大数据和人工智能的帮助，实现产业转型和现代化升级。

目前，广东不少制造业企业缺乏工业数据应用的基本能力。此外，大多数制造企业也没有从客户导向出发调整企业生产，它们更多地以为把产品生产出来交给供应商，就算完成了企业的“任务”。

阿里云切入工业领域，也因为人工智能的发展离不开制造业。制造车间本身就是一个源源不断的数据库，制造业产生的产业升级、创新转型等需求刺激了人工智能持续发展。通过ET工业大脑，当工业数据上云之后，数据分析结果会形成智慧，反哺车间生产。另外，无论人工智能和大数据技术如何走在前沿，若没有应用场景落地，就只是“放空炮”。而广东能为优秀人工智能方案的落地提供无限的想象空间。

阿里云强调的“换脑”，在工业领域到底意味着什么呢？所谓的“大脑”，首先是一种解决工业制造全链条问题的模式和路径。“因为工业所遇到的问题极度分散，领域跨界，链条非常长，从工业传感器、通信协议、数据安全，最后传输到云端，云端环节还需要算法专家、业务专家等对数据进行处理。”在峰会上，闵万里说，ET工业大脑联合十几个技术供应商，把杭州所有的工业数据进行了统一标准，再以开放式的框架，推出相对通用的垂直解决方案，招纳合作伙伴，最后共同形成一个生态体系。

从苏州到广州，阿里云拟将人工智能从江浙带到华南地区。在2017年11月举办的云栖大会·广东分会上，阿里云宣布将在广东建设其工业互联网平台，总部设在广州，未来要以“ET工业大脑”持续与广东制造业融合。

不仅是广州，对佛山这个制造大市来说，这也是一个很好的契机。面临发展瓶颈的制造业，依托广佛同城的优势，如何把工业互联网和智能制造进一步具象化，以工业大数据作为承载，解决消费侧的客户精细化导向和生产侧的核心竞争力问题，或许能在阿里云的探索中找到答案。

人工智能为制造业发展注入新动能

NANJING

南京 “科教名城”迈向“科创名城”

2017年底，南京市正式下发《关于加快建设国家大众创业万众创新示范基地的实施意见》，明确规定每年专门安排1.5亿元扶持国家“双创”示范基地建设，同时提出多项举措推动科研人员、大学生创业。

南京，一座拥有53所普通高校的科教名城，也是全国唯一的科技体制综合改革试点城市。如何有效撬动科教资源，助力产业转型升级，是摆在其面前的一道重大课题。

为集聚人才、技术等创新资源，南京祭出“组合拳”：2011年推出“南京创业人才321计划”，成功集聚300余名国家“千人计划”专家；2012年推出“科技九条”，允许科技人员离岗创业保留身份职称，开国内先河；2017年出台人才安居办法，创新推出共有产权房等多项人才安居保障……

如今，有形的制度体系创新逐步转化为竞争优势。数据显示，南京2016年吸纳外来科技创新项目在本地转化后创造的价值达到500亿元，在副省级城市中排行第一。从“科教名城”迈向“科创名城”，南京正稳步前行。

三组数据
描绘蓬勃的创新图景

2017年末，凛冽的寒风吹过秦淮河畔。与低温天气形成鲜明对比的，是南京招商引资的火热态势。

总投资136亿元的晶能新能源智能汽车制造项目在南京破土动工；全球最大的芯片设计自动化企业美国新思科技区域总部宣布落户江北新区；首期投资100亿元的格力中央空调智能制造基地落户江宁高新区；阿里巴巴决定在宁打造江苏总部；科大讯飞决定在宁设区域中心……

接踵而至的大项目，成为南京经济蓬勃发展的生动写照。数据显示，2017年，南京完成全社会固定资产投资6215.2亿元，比上年增长12.3%。

受到众多行业龙头企业青睐，南京强劲的创新能力是重要原因。2017年11月，31个新型研发机构项目集中签约落地南京。“南京有众多的高校和科研机构为我们提供良好的人才支撑，对于未来发展，我很有信心。”德国国家微系统传感器研究院院长托马斯·奥特莱普说。

作为科教资源高地，南京聚集了53所高校、600多家科研院所，在校大学生80多万。最高峰时，江苏省内90%的院士都汇聚于此。

显然，多元化的人才结构及相对可观的人才数量，为南京注入了源源不断的创新动力。

一般而言，万人发明专利拥有量是衡量地区科研产出质量和市场应用水平的综合指标，也是反映科技创新水平的主要指标。南京市科技部门统计数据显示，2016年，南京万人发明专利拥有量达40.6件，比上年增加7.5件，继续稳居全省第一。同年，上海为35.2件，武汉为23件。

在发挥科教人才资源“先天优势”的同时，近年来，南京全市的研发投入强度持续增高。该市统计部门数据显示，2016年，南京全社会R&D（科学研究与试验发展）经费为320.34亿元，比上年增长3.7%，较2012年（209.07亿元）增长100多亿元。

其中，企业在科研创新工作中扮演了重要角色。数据显示，2016年，在南京规模以上工业科技研发中，有R&D活动的企业占比达39.95%，在同年我国12个地区生产总值超万亿城市中排名第二。

此外，一组针对南京企业家对创新认识的调查显示，有34.3%的受访者认为创新对企业生存和发展起了重要作用；另外，有64.7%的南京企业制定了未来创新的战略目标。

可以预见，在南京的创新版图上，企业的身影将日益活跃。

一字之差
从要素驱动到创新驱动

从“科教南京”到“科创南京”，一字之差的背后，是一座城市实现从要素驱动转为创新驱动的奋斗史。

在改革开放初期，南京工业化水平不高，改革力度不够大，处于“初步尝试创新”阶段。进入20世纪90年代，大量涌入的外资企业带来先进的技术与管理经验，南京由此迈入“跟随模仿创新”阶段。

时间迈入21世纪，科技创新能力成为区域竞争力的核心要素。南京抓住以“知识经济”为特征的历史机遇，大力推动并出台一系列政策，从此迈入“努力自主创新”阶段。

在此过程中，如何将“藏在深闺”的科教资源转化为“生产力”，是南京发展创新型经济的破题关键。

2009年，南京获批成为全国唯一的国家科技体制综合改革试点。2012年，该市推出“科技九条”，瞄准“科技创业者身份的后顾之忧”“科技人员与科研成果的市场价值最大化”等科技体制改革难题。“当中部分条款力度突破了当时的相关政策和规定，例如科技人员离岗创业，3年内保留其原有身份和职称等。”南京市科委科技成果与产学研合作处相关负责人介绍。

星乔威泰克公司内景。该公司于2008年开始“携手”南京工程学院材料工程学院进行产学研合作

此后，南京相继发布了《促进技术转移条例》《关于加快建设知识产权强市的意见》等一系列文件，当中涵盖不少创新举措。

例如，《促进技术转移条例》中提出，要建设区域性科技成果转化服务平台；要加快科技成果信息汇集与开放，形成一批“科技成果包”等多项任务；鼓励高校院所设置技术转移岗位等。“高校技术与企业需求之间似乎隔着一道鸿沟，政府必须在中间‘架桥’。”上述负责人说。

“产学研深度结合机制有待突破，这是南京科技体制综合改革面临的难点之一。”南京师范大学教授蒋伏心如是说。

2017年9月，南京启动实施“两落地一融合”，即科技成果项目落地、新型研发机构落地、校地融合发展工程。

“推动‘两落地、一融合’，关键是用好市场和政府‘两只手’，打造充满活力、更具竞争力的创新生态链，让创新创业在南京成本更低、效率更高、成功更容易。”南京市有关负责人说。

该项工程启动两个月后，首批31个新型研发机构项目正式落地。作为31个新型研发机构之一，在2017年12月的世界智能制造大会上，清华南京智能制造研究院便“闪亮登场”，成为南京制造业转型升级的全新平台。

校企共舞
催生城市发展新动能

如今，南京正着力实施“121”战略——建设一个名城，即具有全球影响力的创新名城；打造两个中心，即综合性国家科学中心和科技产业创新中心；构建一流创新生态体系，把南京建成“最鼓励创新、最适合创新、最具创新创业活力”的城市。

在此过程中，深化产学研合作、推动校企高效对接，成为重要一环。

2017年9月18日，国内首家面向高校的中高知识产权运营交易平台正式入驻南京江宁开发区。该平台由南京理工大学、国家知识产权出版社等多家单位共建。

“这是国内首家高校知识产权运营交易平台。马云通过平台卖商品，我们通过平台卖专利，为全国高校服务。”南京理工大学高新技术研究院院长、南京理工大学技术转移中心有限公司董事长王小绪说。

进入该平台首页，“专利超市”4个字十分醒目。按国民经济分类、LOC分类、IPC分类等方式，“超市”将各类专利分门别类摆放在相应“货架”上，供需求方筛选。

“我们扮演的就是‘红娘’的角色，让校企两端能快速、精准匹配。”王小绪说。截至2017年9月，已有20多所高校加入该平台，集聚高校专利超50万件，有意加入该平台的企业已达2万多家。

南京理工大学的探索，正是南京众多高校推动产学研合作的缩影。

2017年1月，东南大学启动“科技成果增值工程”。“简而言之，就是将实验室成果收集起来，发现其中的高价值成果，同时，引入风投资金，进行二次开发，实施进一步的专利保护。”东南大学科研院常务副院长孙岳明透露，目前被纳入“科技成果增值工程”的项目已超过10个。

当高校科研机构主动出击之时，在宁企业纷纷寻求产学研合作，以提升自身竞争力。

作为一家国家级高新技术企业，南京星乔威泰克汽车零部件有限公司便与南京工程学院成功“牵手”，实现多次技术跃迁。

星乔威泰克的主营业务是汽车车身及底盘等关键零部件的研发与生产，近3年实现累积销售逾20亿元。“最近，我们正着力研发生产强度级别达1900兆帕级产品，目前该项目处于小试阶段。”该公司技术与市场副总经理李琦说。

南京工程学院材料工程学院院长王章忠介绍，该项技术研发的主体仍是企业，而高校将在理论认证、模具设计、实验等方面提供支撑。“该产品一旦进入量产阶段，就可填补我国在这一技术领域的空白，达到世界顶尖水平。”他说。

南京行记1

有效发明专利每万人49.7件，居江苏第一

解密南京科创背后的“高校天团”

步入2017年9月，暑假接近尾声。在南京地铁上,高校学生身影明显增多。作为全国科教资源高地，南京有53所高校，数量位居全国前列。成千上万的高校学生，成为这座城市一项宝贵的创新资源。

数据显示，2017年，南京的每万人有效发明专利拥有量达49.7件，居江苏省之首。自然科学领域的权威杂志《自然》曾在2015年用WFC指数（加权分值计数法）来排序，在2014年中国科研产出最多的十大城市中，南京排行第三，仅次于北京、上海。在2017年2月由该杂志公布的自然指数中，南京大学位列全球高校第12名、亚太地区第3名。

高校的创新成果如何转化为生产力？带着上述疑问，笔者走进了南京大学、东南大学、南京理工大学这三家发明专利的“生产大户”，尝试梳理它们的科研成果转化模式。

当前，佛山正在建设高水平理工科大学，高水平理工科大学对地方发展进程的推动作用，从上述三者的探索中均可见一斑。

南京大学
双平台多主体联合推动
实现成果与人才的双要素转移

将一片薄薄的黑色金属材料置于海水表面，在太阳光的照射下，位于金属表层的海水迅速蒸发，获得可饮用级别的蒸馏水。这是南京大学现代工程与应用科学学院教授、博士生导师朱嘉的最新研究突破。

“在一次实验过程中，我们得到了一块黑色金属。它不仅能吸收可见光，还可以吸收红外线。波段在400纳米到

10微米的光，99%以上都可以吸收。”朱嘉介绍，从吸收带宽和吸收效率角度来讲，这块黑色金属是世界上吸收光能力最强的纳米金属材料，被称之为“纳米黑金”，在海水淡化、污水净化等领域有着广阔的应用前景。正因如此，这项技术也被美国《科学》杂志称为“可以为世界解渴”。

经过反复试验、改良，该项技术最终成功“走”出实验室，“走”上生产线。2017年8月，南京大学和江苏射阳经济开发区正式签约，朱嘉团队的“高效太阳能海水淡化”技术成功转化，将建成日产500吨纯净水的海水淡化生产线。

朱嘉团队的案例，正是南京大学加速科技成果转化的缩影。

作为首批入选国家双创示范基地的4所高校之一，南京大学采用校地共建“科技成果转化平台”与校企协同打造“文化创意产业平台”的模式，强化文理工多学科的创新、创意、创造和创业“四创”融合发展，力争实现科技成果与人才的双要素转移。

其中，依托校地共建“科技成果转化平台”，南京大学在项目培育、人员激励和队伍建设等方面进行了系统的探索，从资金管理、科技成果使用处置、资源开放等方面加大力度，积极筹划出台一系列政策。

以成果转化收益分配为例，南京大学将科研团队成果转化收益分配比例提

南京大学环境学院副院长李爱民所在的环保科技成果转化分平台

升至80%，加大股权激励力度，鼓励科研人员创业创新。

如今，在校地共建“科技成果转化平台”方面，南京大学正着力推进七大重点项目。除了朱嘉团队所在的光电器件科技成果转化分平台，南京大学环境学院副院长李爱民所在的环保科技成果转化分平台也是其中之一。

李爱民还是南京环保产业创新中心主任。其所在的创新中心通过鼓励科研人员将技术成果转化为产品，并孵化成企业。“目前已有数十个初创团队在该创新中心进行孵化。”李爱民说。

东南大学
以高校为第一推动主体
自发式培养高价值原创成果

随着新能源车保有量的持续增长，与规模庞大的动力锂电池需求伴生的，是锂电池回收和梯次利用的行业机遇。“我们正把相应的技术成果收集并保护起来，形成一个专利池，通过一系列手段为其增值，培养高价值原创科技成果。”东南大学科研院常务副院长孙岳明说。

东南大学是南京高校中的产学研合作“大户”。在2016年，该校的产学

南京大学现代工程与应用科学学院教授、博士生导师朱嘉研发的“纳米黑金”

研合作达到了1000多件，合同额超20亿元，占该校科研经费的55%。若以地域分，这些合作中有70%属于江苏省内的合作，这70%中又有70%落在苏南地区，其中又以南京市内的量为最。

2017年1月20日，东南大学发布《东南大学促进科技成果转移转化实施方案》。作为创新点之一，该方案计划启动“科技成果增值工程”，建立高价值科技成果库。

“简而言之，就是将实验室成果收集起来，发现其中的高价值成果，同时，引入风投资金，对这些种子进行二次开发，实施进一步的专利保护。”孙岳明说，“包括电池回收项目在内，目前被纳入‘科技成果增值工程’的项目已超过10个。”

据介绍，东南大学每年的发明专利“产量”超过2000项。“但其中有多

少专利具有市场价值呢？对于这一点，在过往我们缺乏评判依据。”孙岳明说。在此之外，科研成果的转化之路并不好走，它需要经过反复试验来提高工序质量，提高产品可靠性，并进行市场推广，而这些都不是高校教师所擅长的。

通过“科技成果增值工程”，东南大学希望破解上述难题。借力专利代理机构对成果进行全球检索，该校尝试找到专利要求和保护方向，并把相关的成果集纳起来形成“专利池”。同时，校内的资源被进一步打通，通过与该校经管学院合作，每个“专利池”项目都由专业的团队对其进行商业价值研判，继而形成一本本的商业计划书，推动其走向市场。

毫无疑问，瞄准技术前沿，东南大学正打造一个全新的“试验场”，引导高质量原创科技成果产出。在这场“试验”中，科技成果转移转化的方式正发生改变，它从简单的成果发布、与企业的对接，变为更专注于高新技术应用场景的创新设计和具体化，进而提升科技成果的应用价值。

据科研院的另一位相关负责人透露，在“科技成果增值工程”之外，该校一个全新的技术转移中心正在紧锣密鼓地筹建中。该中心以“为教师提供成果转化服务的专业机构”为定位，与目前国内大多数的高校技术转移中心不同，它将采取一种公司化的运作模式，通过搭建地方平台，破除科技成果转移转化的体制与机制障碍，推动教师绩效考核方式的转变，进一步强化该校技术、人才、服务等科技成果转移转化要素与资源的有机融合与优化配置。

南京理工
打造高校专利“淘宝”
实现供需双方精准对接

只须输入网址、点击鼠标，用户便可在线浏览各个高校发布的最新专利，并即时进行交易。

2017年4月，由南京理工大学技术转移中心有限公司、北京中献电子技术开发中心等5家机构共同发起成立的中高知识产权运营交易平台正式上线。

“这是国内首家高校知识产权运营交易平台。马云通过平台卖商品，我们通过平台卖专利，为全国高校服务。”南京理工大学高新技术研究院院长、南京理工大学技术转移中心有限公司董事长王小绪说。

进入中高知识产权运营交易平台首页，“专利超市”四个字赫然在目。按国民经济分类、LOC分类、IPC分类等方式，“超市”将各类专利分门别类摆放在相应“货架”上。点击进入某一特定分类后，一系列相关专利有序地罗列开来。用户还可根据专利定价、专利类型、专利所属高校等条件进行二次筛选。

我国高校科研每年申请专利20余万件，授权专利10余万件，但是专利转化率只有2.4%。“在庞大的高校专利海洋中，企业难以搜寻到自己所需的成果，并进行转化。我们扮演的就是红娘的角色，让校企两端能快速、精准匹配。”王小绪透露，目前已有20多所高校加入该平台，集聚高校专利超50万件，有意加入该平台的企业已达2万多家。

在他看来，要促使供需双方成功对接，“专利标引”是关键一步。“每当有新专利上线，平台都会给它贴上标签。”类似专利发明人、申请人、所属权等客观信息，平台可实现自动贴标。而对于专利技术的经济价值、技术应用等特征，则需要借助一些模型、工具甚至评估机构。“目前我们设定的标签有101个。”王小绪说。

科研团队在上传一项新的专利前，必须与平台签订处置权协议。该协议包括两部分：技术交底书与价格评估。王小绪称，所谓技术交底书主要是科研团队介绍该项专利的技术创新性及应用范围等内容，而价格评估则是科研团队自身对该项专利的期待价格。“关于价格的部分，平台会与科研团队进行沟通，最终协商确定。”

此外，该平台组建了一支职业技术经纪人团队，形成了7个懂技术、懂市场、懂法律的运营小组，探索出了基于技术经纪人为中介的专利转移转化模式。

南京行记2

打破校企鸿沟，政府做了什么？

汽车在南京市江宁区的公路上疾驰，行走轨迹串联起当地两家汽配企业。

6年前，33岁的李占江作为该市领军型科技创业人才，创办南京越博动力系统股份有限公司（以下简称“越博动力”）。2014年至2015年间，越博动力产值从近5000多万元跃迁至5亿元关口，而在2016年，“雪球”已滚大至近8亿元。

41公里外，南京星乔威泰克汽车零部件有限公司（以下简称“星乔威泰克”）通过与南京工程学院携手，从传统汽配行业中转身，快速挺进汽车轻量化市场。

南京是全国唯一的科技体制综合改革试点城市。2012年，该市出台“科技九条”，允许科技人员离岗创业保留身份职称。突破力度之大，开国内先河。

“在刚刚过去的2016年，南京吸引技术合同成交额达到544.67亿元，居全国同类城市第一位。”南京市科委成果转化处相关负责人说。

外来技术南京“开花”
一年诞生155项专利

越博动力的江宁滨江制造基地内，公司主管朱艳梅带领到访者走进省工程技术研究中心。高2米、宽3米有余的温湿度循环箱内正模拟动力系统产品的户外作业环境。这家企业的产品目前已在东风特汽、一汽、长安客车、南京金龙等国内多家新能源整车制造企业中批量应用。

越博动力是一家集电机、电控系统、自动变速箱、动力总成等于一体的国家高新技术企业，企业要迅速壮大，科创实力是关键。

该企业董事长李占江是吉林大学毕

业的工科博士,深知自主创新的重要性。在过去6年，他不断推动企业加大研发和技改投入，开展产学研对接，搭建多类型研发平台，加强国际技术合作。数据显示，截至2017年9月，该公司申请的国内外专利已达到155项，其中授权专利60项,4项PTC专利正在受理。

“这155项专利中，有138项是在2016年到2017年间产生的。”朱艳梅说，“这与企业在2016年初推出的员工参与专利发明的激励办法有关。按照激励办法，企业员工每申请一项发明专利，可获5000元奖励。我们本希望借此提升员工整体创新力，没料到迎来了企业的专利爆发期。”

浓厚的科创氛围为这家企业留住了人才。26岁的徐鹏便是其中一员。徐鹏在3年前本科毕业后加入越博动力，如今已成长为该企业内部省工程技术研究中心的一名副部长。而他的年龄和学历刚好也代表了这家企业的两个平均水平——员工平均年龄26岁，大部分是本科及以上学历。

正是借助这么一个年轻而富有创新精神的团队，越博动力成为国内纯电动商用车动力总成供应商梯队中的领头羊。同时，它也成为南京市推动科技成果实体化的一个典型案例。

本地校企“携手”10年
冲刺行业“世界顶尖”

星乔威泰克的生产车间，三层高的冲压机床均匀“吐”出车身底盘及配件。完成电泳等工序后，这些配件将成为福特锐界、马自达CX-5等轿车车架上的一部分。

作为一家国家级高新技术企业，星乔威泰克的主营业务是汽车车身及底盘等关键零部件的研发与生产，近3年实现累计销售逾20亿元。

近年来，人们对汽车轻量化和碰撞安全性需求不断攀升。如何有效提升车体金属材料性能，成为星乔威泰克亟待攻破的技术难题。

而南京工程学院在材料结构研发应用领域的专长，正好击中了星乔威泰克的痛点。

2008年，星乔威泰克开始“携手”南京工程学院材料工程学院，合作范围也从最初的技术指导，延伸到了如今的技术研发、人才培养、创新平台建设等多个领域。

“我们公司已有超过八成的产品门类应用了产学研合作成果，近年来投入产学研的经费约占公司研发投入的50%。”此外，该公司技术与市场副总经理李琦还透露，从2008年至今，公司技术实现了三次“跃迁”，其中“产学研”发挥了举足轻重的作用。最近，星乔威泰克正积极推进第四次技术“跃迁”：对标国际最高标准，研发和应用一种超高强度的产品以进军汽车轻量化市场。目前该项目处于尝试阶段。

“该产品一旦进入量产阶段，就可填补我国在这一技术领域的空白，达到世界顶尖水平。”南京工程学院材料工程学院院长王章忠介绍，该项技术研发的主体仍是企业，而高校将在理论认证、模具设计、实验等方面提供支撑。

长达10年的“携手合作”，成功的关键是什么？对此，李琦与王章忠不约而同地回应，“是技术对接高度一致”。

站在企业角度，李琦认为：“公司的技术需求与高校的技术专长能够精准对接，合作过程中能够瞄准同一目标发力，这很重要。”

汇集开放成果信息 选聘“技术专员”

2017年，南京启动了首批市科技成果转化专项计划项目申报，超过180家企业报名，最终20家企业成功入选，获得共计2000万元政府扶持资金。

“市级申报是江苏省科技成果转化专项资金项目的培育和有效延伸，越博动力与星乔威泰克就分别入选省级专项资金项目与市级专项资金项目。”南京市科委科技成果处相关人员介绍。

作为全国唯一的国家科技体制综合改革试点城市，近年来，南京在促进科研成果有效转化方面，进行了一系列机制探索、创新。

2011年，南京推出“科技九条”，瞄准“科技创业者身份的后顾之忧”“科技人员与科研成果的市场价值最大化”等科技体制改革难题。据悉，当中部分条款力度突破了当时的相关政策和规定。

近年来，南京还积极构建以企业为主体的产学研用协同创新体系，先后举办省大院大所对接会等系列产学研活动。通过系统对接、专题对接，一批产学研项目落户南京。在2017年的中国江苏大院大所合作对接会上，南京市有36个项目正式签约，意向投资总额近100亿元。签约合作对象既有国外著名高校院所、科研机构、诺贝尔奖获得者等知名专家团队，也有国内顶尖的高校院所、科研机构。

“高校技术与企业需求之间似乎隔着一道‘鸿沟’，政府必须在中间‘架桥’。”上述负责人介绍，继“科技九条”之后，南京在2016年出台了《促进科技成果转移转化行动方案》，明确了建设区域性科技成果转化服务平台；加快科技成果信息汇集与开放，形成一批“科技成果包”等16项任务。

该《方案》中一个亮点是鼓励高校院所设置技术转移岗位。2016年，南京从高校科技部门中选聘了一批人员担任“技术专员”。企业有何技术需求，可联系高校“技术专员”进行对接。

“我们希望借此打造一个互动性的网络对接平台。首先，将南京本地高校科研成果进行系统梳理，明确其技术门类、成果转化成熟度等，形成‘科技成果包’。然后将‘科技成果包’发给有需求的企业，让校企之间能精准对接。”南京市科委成果处相关人员说。

南京行记3

走进江苏唯一"国字号"新区，探寻龙头企业扎堆落户密码

南京江北新区有"三新"

江北新区产业技术研创园投入使用近两年后，已有3000多人在此办公，其中"90后"是主力军。

从南京城市中心——新街口出发，向北行驶约30分钟，穿过长江隧道后，便来到江北新区。

2015年6月27日，国务院正式批复设立南京江北新区，成为我国第十三个国家级新区，也是江苏唯一一个国家级新区。"努力成为全省未来创新的策源地、引领区、重要增长极。"这是江苏省委、省政府赋予江北新区的重任。

随着城市形态逐渐完善，集成电路、智能制造、大数据、云计算等新兴产业迅速在此聚集。2016年，全球芯片制造业龙头——台积电落户江北新区，首期投资30亿美元建造南京12英寸晶圆厂；2017年，国内半导体行业巨头——紫光集团落户于此，投资约2600亿元打造半导体产业基地等项目。

新兴产业发展壮大，吸引了一批批年轻人前来逐梦。"江北新区产业技术研创园（以下简称'研创园'）投入使用一年多，已有3000多人在此办公，其中'90后'是主力军。"来自研创园综管部的蔡汉青说，"看中年轻人的需求，一些迷你KTV、咖啡厅等消费场所也已进驻。"

新梦想
跃升"国字号"新区
人才技术加速聚集

观察南京地图不难发现，绵延的长江将这座城市划分作南、北两半。江面宽仅短短几公里，长江两岸发展状况却截然不同。

"过去，我们南京人大多在江南片区生活。大家不会想到要来江北工作、居住，这里都是大片农田。"一名正在江北新区工作的南京人坦言，在2010

年前，江南、江北之间来往只能依靠一条四车道的南京长江大桥，“过个桥花一个小时很常见”。

彼时，南京正着力实施“沿江开发”。然而，交通的不便一定程度上制约了江北片区的经济社会发展。

2010年5月28日，长约6042米的长江隧道正式通车。它改变了长江南京段唯一的桥梁过江方式，提升了城市的辐射功能，推进了两岸融合互动，促使南京加速迈入“跨江发展时代”。

从更深层面看，长江隧道成为江南江北人才、技术、资金等创新要素交互的管道。

2012年5月，南京提出“江北新区”概念。3年后，南京江北新区获批正式成为国家级新区，包括南京市浦口区、六合区和栖霞区八卦洲街道，规划面积788平方公里，战略定位为自主创新先导区、新型城镇化示范区、长三角地区现代产业集聚区、长江经济带对外开放合作平台。从此，江北新区拉开了高位迈进、高速发展的序幕。

一份最新科技创新数据指标显示，至2016年底，当地的高新技术产值已达到1561.66亿元，高新技术产值在规模以上工业产值中的占比从2015年的47.5%跃升至52.7%。同时，专利申请

南京江北新区园区外景

数为7970件，其中发明专利为4045件。

此外，近年来，江北新区每年新增就业人口占总就业人口比例超过10%，新增大学毕业生占新增就业人口比例超过45.89%，科技活动人员占比则超过30%。

新产业
瞄准“千亿级”产业集群
嫁接国际创新资源

多年的“招商储水”，让江北新区在2016年下半年迎来了产业集聚的爆发式增长。

江北新区一隅，台积电（南京）公司12英寸晶圆项目工地内，2017年7月启建的主体建筑正在施工，一期工程或于2018年竣工投产。它与2017年2月正式落户当地的紫光南京半导体基地项目共同描画了江北新区的“新梦想”——筹建全球智慧设计中心，将加快推进积体电路发展，打造第二个国家级集成电路产业中心，4年内建成千亿级产业基地。

“在这些行业龙头企业的带动下，一大批集成电路产业上下游企业正加速向新区聚集。”江北新区管委会科技创新局的李佳说，“江北新区正全力培育壮大集成电路、生命健康、新能源汽车三大千亿级产业集群。”

依托南京生物医药谷、南京国际健康城，超140家生物医药企业已经“赶”到了这里。“从营收看，新区生物医药集群的主营业务总收入近200亿元，在全市占比超过40%。”李佳说。

而在新能源汽车方面，总投资73亿元的上汽桥林依维柯项目也在2017年正式投产；高新区南汽项目正在实施产能提升工程，新车整车产能有望突破50万辆。

来自重大项目的“背书”，让南京作为土地价值“洼地”的优势进一步凸显。

据悉，英国剑桥大学在中国的首个共建平台或将落户江北新区，目前正处于密切的沟通中。在此之前，德国弗劳恩霍夫IPK研究所、伦敦国王大学、美国劳伦斯伯克利实验室、美国哈佛医学院Joslin糖尿病医学中心等一批国际顶尖机构已纷纷接过了江北新区的“绣球”。

在此之外，江北新区与南京大学、东南大学等本土大学在医学、大数据、智能交通等方面的全面战略合作已经启动；江北新区还积极引进了深圳清华大学研究院力合长江科创中心、上海交通大学材料学院新材料工程化研究中心等一批国内知名高校产学研合作平台。

新模式
创新产学研激励机制
核心团队占六成股份

江北新区核心区，孵鹰大厦B座4楼，江苏省产业技术研究院智能制造研究所内，一面照片墙被设置在进门显眼处。通过一种全新的产学研新模式，国家“千人计划”彭秀东博士等30人汇聚到了这里。

相比由政府投资建设的研究所，这家智能制造研究所的不同之处在于它的民营性质。这也意味着，这家企业需要找到自己的商业模式，实现盈利。

“它采取的是一种以‘小公司带动大公司’的全新模式。”园区负责人介绍，该研究所由江北新区产业技术研创园、核心团队、江苏省产业技术研究院共同发起建设，三方均出资入股。持股比例上，核心团队占60%。这种共同出资模式在国内并不少见，但其创新之处，在于核心团队持股平台的持股比例之高，以及核心团队的运营方式，“在其他地方，一般来说，核心团队的持股比例都在25%左右”。

核心团队实质上是一个持股平台。入驻的科研项目牵头人以项目经理的身份，带着他的团队组成小公司，这些小公司随后再与园区、科研院组建成一家大公司。在这个过程中，科研项目牵头人是需要自己掏钱入股的，而且5年内不得分红。

“传统的做法是你有技术，政府给你搭建平台载体，技术成果转化成功了，那你就赚钱，如果失败了那你也没亏。但在我们这里不一样，对于你来说，是有利润成本的。”李佳说。

换言之，核心团队以项目合作的方式集聚在一起。因为这种机制设计，其创新创业是具有利润成本的，这样的机制也将反过来最大限度地激发其积极性。

江苏省产业技术研究院智能制造研究所所长助理施晓霖介绍，该平台上以数字化工厂技术、智能化装备技术、可制造执行系统为三大研究方向，目前已集聚了国家“千人计划”、中科院“百人计划”以及海内外知名院校在内的30多名智能制造技术领域的高层次人才。成立刚满一年，已承接了两项国家级课题和多项省级课题，并成功孵化了两家企业。

区域样本

白下高新区：借力“军民融合”，塑造科创新优势

为“神威·太湖之光”超级计算机提供数据安全支撑的南京壹进制信息技术股份有限公司（以下简称“壹进制”）栖身于南京白下高新技术产业园区（以下简称“白下高新区”）。

白下高新区是坐落在南京主城唯一的省级高新区，位于紫金山麓、大学城旁，仅2.14平方公里大小，园区聚焦以云计算应用与服务、智能交通为重点的新一代信息技术作为产业主导方向，积极培育设计产业和电子商务为新的增长极，突出军民融合特色。已经“7岁”的壹进制正是园区内一家典型的“民参军”企业。

南京拥有多所军事院校、一大批知名军工企业。通过推动其与当地的电子信息、船舶海工、卫星通信等产业相结合，南京正全力争创国家军民融合创新示范区。借力“军民融合”机遇，南京正积极布局，进一步推动科研成果落地转化，探索打造科创新优势。

专利产品“首购首用”，壹进制走上“民参军”之路

“神威·太湖之光”曾一度是全球运算速度最快的超级计算机，在国家科技部“863”计划的支持下研制，其搭载的申威CPU由中国自主研发。“从2014年起，我们与江南计算技术研究所、上海高性能集成电路设计中心、苏州索力达达

成战略合作，基于申威平台进行深度开发。”壹进制营销中心副总裁孟刘翔说，“上述成果离不开园区及当地政府的支持。”

壹进制由2011年入选南京市首批科技创业家的张有成创办，开发有“黑方”“秒匣”等数据存储产品等。然而，彼时国内类似产品基本被美国企业垄断，壹进制产品虽然性能不差，但由于没有品牌知名度，几乎没有单位愿意采购。

不过这种困顿并未持续太久，为推进科技成果向企业转移转化，南京从2012年起试水企业专利产品“首购首用”。2013年，《关于推进科技成果向企业转移转化的实施意见》正式出台，“允许和鼓励以定制的方式对一定范围内的专利高新技术产品首购首用，建立‘首购首用’风险补偿机制”被写入意见。

2013年1月，来自当地一个政府部门的一张96万元的订单，成功打开了壹进制的困顿局面。此后，外地的订单纷至沓来。在此后短短6年间，壹进制通过了国家信息安全产品3C认证、国家保密局涉密产品认证、军用信息安全产品军B级认证和公安部信息系统安全专用产品认证，发展成为一家典型的“民参军”企业。

携手行业龙头，发力科技创新示范基地

“这种快速成长，离不开地方政府的产业导向和扶持，这也正是当初我们选择落户于此的重要原因。”孟刘翔说。在他印象中，园区内经常举办需求对接会。2017年9月8日，作为第十三届中国（南京）国际软件产品和信息服务交易博览会的重要专场活动之一，由秦淮区政府主办，白下高新区、秦淮区经信局承办的大数据的融合与创新高峰论坛举行。论坛上，紫光西部数据与壹进制签约合作意向书，商定共同推进在数据库性能加速、大数据管理、数据备灾、视频监控等领域的创新发展，进一步发挥龙头企业在资源整合产业带动上的优势。

白下高新区及其所在的秦淮区发挥了很强的政策导向作用。秦淮区内拥有南京航空航天大学、解放军理工大学等13所大专院校，以及28所、55所等37家科研机构。位于秦淮区东部的白下高新区是南京主城区内唯一的省级开发区，正在打造融高科技研发、科技企业孵化培育、成果转化、高新技术产业化以及军民两用功能为一体的科技创新示范基地。

通过整合拓展发展空间、打造创新载体、推动政研校企融合等努力，该园区的产业集聚效应正进一步凸显。2017年，园区累计建成载体近81万平方米，在建载体近120万平方米。清华紫光、杰迈视讯、莱斯信息、江苏省交通规划设计院等700余家高新技术企业集结于此，一大批科技创业家集聚，仅仅2.14平方公里的园区，引进了南京“321”人才项目139个，集聚院士、国家“千人计划”专家11人，培养江苏省“双创”人才8人、南京市科技创业家7人。

在“两落地一融合”和“军转民、民参军”的探索中，白下高新区走出了推进产业转型升级的新路子。

调研手记

科技供给飙升成就“创新之城”

约瑟夫·熊彼特在他的著作《经济发展概论》中提出，创新与企业家紧密相连，创新机制就在于经营者成为企业家，创新就是企业家推动的企业制度创新、产品创新、技术创新和市场创新。

在创新已超越资本、劳动力等有形生产要素逐渐成为推动经济增长的最关键要素的背景下，上述论点可视作南京人才战略的绝佳注解。

南京是全国唯一科技体制综合改革试点城市。其中南京江北新区，是江苏唯一的国家级新区。

南京是科教资源高地。然而，在周边城市人才虹吸效应下，一度每年留下的高校毕业生只有20%。石化、钢铁、建材是它的三大传统产业。提前5年在人才策略上谋篇布局，正让它焕发全新的面貌。

这种谋篇布局如果用一句话来概括，那便是聚焦“创业”。培育科技创业家，增强科技供给能力。南京不缺科技家，但在5年前，它的科技创业家寥寥无几，就正如它虽拥有丰富科教资源，却曾长期养在深闺一样。

一方面，一些科学研究停留于知识创新层面，科研成果转化的“最后一公里”没有走完，知识创新和技术创新的“一步之遥”难免令人唏嘘；另一方面，当地高校院所大多是国家和省部属单位，科研成果以纵向成果为主，需要通过改革创新撬动其资源潜力、推动横向合作。

在江苏乡镇企业异军突起、外资企业遍地开花的前两轮大发展中，科教资源相对短缺的无锡、苏州，借力“星期六工程师”力量快速崛起，南京的资源优势未能有效发挥。如今，

南京江北新区外景

通过聚焦“创业”，推动科研成果落地转化，这座科教名城正转身成为“科创之城”。

这种转变首先是从机制创新开始的。从“十二五”时期的重点人才工程，到“十三五”的“创业南京”，从极具延续性的机制创新中不难看出，通过推动“两落地一融合”（即科技成果项目落地、新型研发机构落地、校地融合发展），构建产学研合作新机制，南京正大力引进领军型科技创业人才，重点培养科技创业家，加快集聚国家“千人计划”创业人才，培育新动能，打造新引擎。

在此基础上，一连串促进科研成果有效转化的机制探索、创新随之展开。以2012年南京推出的“科技九条”为例，无论是明确“允许科技人员离岗创业保留身份职称”，还是“允许科技成果所得收益的60%至95%划归研发人”“知识产权按50%至70%作价入股企业”，其在理顺科教资源转化机制、畅通科研人员自由流动渠道上的探索突破力度之大，开国内先河。

一批科技创业家相继崛起。截至2017年4月，入选南京科技创业家培育计划的人数已达到254人。2016年，30家科技创业家企业销售收入过亿元。而从2015年起，这座城市的新兴产业产值首次超过传统产业产值，包括软件业在内，南京市的千亿产业已达到6个。

新一轮全球性科技革命和产业革命正加速发展。通过聚焦“创业”，增强科技供给能力，发挥科技创业家的“头雁效应”，进而构建开放型经济新体系，南京的产业结构正快速调整。

QINGDAO

青岛 对标欧洲的国际化新探索

从2017年8月以来，一辆辆高端的轿车从一汽—大众华东基地的生产线缓缓驶下，一大批高端大众车从青岛驶向全国。

这样的场景对2000公里外的佛山并不陌生。谈起中德合作的大项目，佛山人印象最深刻的是7年前一汽—大众佛山基地的落户。也是在佛山基地之后，一汽—大众才转战北方，在青岛布局。

青岛，是我国最早接触现代工业文明的城市之一，2017年地区生产总值达1.1万亿元。佛山也是中国改革开放的制造业重镇，2017年地区生产总值达9500多亿元，即将冲击万亿地区生产总值。

在通往国际化路途中，青岛与佛山都不约而同地选择了对标以德国为代表的欧洲。青岛三年规划、三年造城，高起点建设国家级新区中德生态园，打造成为中德合作示范项目；佛山则依托广东重大合作平台中德工业服务区，推动以德国为代表的国际产业资源带动本土制造业转型升级。

以对欧合作为基础，近年来，青岛加速推进国际城市战略，建设欧亚经贸合作产业园。而面对湾区经济时代的到来，青岛也提出要建设国际湾区都会。

这两座城市的做法，对于其他城市又有哪些启示?

作为全国最早一批沿海开放城市、山东对外开放的前沿，青岛也一直保持与以德国为代表的欧洲的密切关系。图为青岛中德生态园

一座北方工业城市掀起的“欧风德雨”

“由于历史的原因，青岛与德国的经贸交往一直处于稳步健康发展状态，以往以中小企业为主，但这些年一批德国的龙头大企业也开始纷纷落户。”作为青岛招商战线的“老人”，青岛市原市长助理、现任青岛市德国研究会会长的武铁军对此感触颇深。

而在青岛市商务局国际企业发展处副处长赵文渊看来，近年来青岛对德合作取得重大突破，一改过去利用外资对韩国和香港的依赖。

回顾青岛城市经济的发展史，德国元素是难以绕开的痕迹。早在19世纪后期，德国租借青岛具有鲜明的殖民地色彩，但其培育起机车、船坞、啤酒、电灯、汽水、火柴等产业，客观上也为这座城市注入了现代工业的基因。

改革开放以后，作为全国最早一批沿海开放城市、山东对外开放的前沿，青岛也一直保持与以德国为代表的欧洲的密切关系。早在1997年，青岛就曾赴德国法兰克福举行大型招商活动，这是青岛首次赴欧洲招商。此后，青岛对德经贸活动一直朝着纵深方向发展。

近两三年来，随着中德关系的密切，青岛对德合作又进入全新的快速发展阶段。一汽一大众、西门子、空客、大陆集团、德意志银行等一批世界500强德系企业相继在青岛投资布局。

亮眼的成绩单是青岛有的放矢“大招商、招大商”厚积薄发的结果。2016初，青岛专门发布了《深化与世界500强及全球行业领军企业（机构）合作三年行动计划》，向世界500强敞开怀抱。2017年初，《青岛市加快实施现代产业精准招商行动计划》公布，并创新招商引资奖励机制，对引荐世界500强企业外商直

中德生态园成为青岛对外开放的重要载体

接投资项目的引荐人，每个项目落户一次性给予100万元人民币引荐奖励资金。

一汽一大众（青岛）华东生产基地项目的落户是青岛对德合作的重大突破。2017年8月，随着第一辆车通过输送带缓缓驶下生产线，一汽一大众华东基地正式转入试生产阶段，高端大众车将从青岛即墨驶向全国。

这样的场景对于2000公里外的佛山来说，同样深有感触。谈起中德合作的大项目，佛山人印象最深刻的当数7年前的一汽一大众佛山基地。这个133亿元人民币投资的项目，带动接近2000亿元产值的配套产业链和多个世界500强项目落户。

时光流转。当一汽一大众以佛山为据点完成了华南市场的布局后，马上又转战北方在青岛布局。用德国大众汽车集团（中国）总裁兼首席执行官海兹曼的话来说，他们看好青岛的区位优势和富有活力的城市发展环境。

截至2017年6月，德国累计在青岛投资项目达320个，合同利用外资为23.99亿美元，实际利用外资19.14亿美元，历年直接投资按实际外资排名第八。

“改革开放以来，来自德国等欧洲国家的大型企业已相继完成其在中国南方的布局，而随着他们业务的进一步拓展，他们正逐步把战略性的环节放到北方，而青岛独特的区位和历史，成为吸引他们落子的重要一站。”青岛西海岸投资促进有限公司副总经理刘嵩说。

南北标杆园区的中德合作探索

2017年8月，位于青岛西海岸新区的中德生态园又迎来一批德国客人；而之前，在佛山的中德工业服务区才刚刚送走了德国著名管理学家、“隐形冠军之父”赫尔曼·西蒙的团队。

虽然相隔2000公里，但这一南一北两个园区同时受到了中德政商界的高度关注。

2010年7月，德国总理默克尔访华期间，中国商务部与德国经济和技术部签署了《关于共同支持建立中德生态园的谅解备忘录》，确定在青岛经济技术开发区建立中德生态园。这也成为由中德两国政府建设的首个可持续发展示范合作项目。

青岛中德生态园采用的被动房建筑独具“德国范”

3年后，位于佛山的中德工业服务区，被写入广东省第十一次党代会报告，成为广东六大重大合作平台之一。同年，又被写入中国商务部与德国经济和技术部签署的《关于进一步促进双向投资的联合声明》，由此也跻身国家级合作层面。

与珠三角“村村点火，户户冒烟”的发展模式不同，青岛建设中德生态园之初，着重突出生态、绿色的理念。“规划先行，有了好的规划才有后期好的绿色生态发展。”中德生态园管委会城建配套处处长王宝琪介绍，园区专门邀请德国专业规划设计公司，花了3年时间开展了大量规划编制。

除了规划，中德生态园采用的被动房建筑也独具“德国范”。被动房来源于德国，中德生态园引进消化吸收德国先进技术和标准，积极探索在全国大范围推广被动式建筑及装配式建筑。“没想到来中国也能见到被动房，德国企业和人才在这里能找到家乡的熟悉感。”青岛被动屋工程技术有限公司副总经理韩飞说。

在产业发展上，园区明确两大发展路径：一是“德国+”引进国外高端产业融入中国发展；二是“+德国”引进世界技术助推中国产业转型升级。目前，亚洲最大德国被动房及装配式建筑产业基地、西门子智能制造创新中心、海尔中央空调智能互联工厂、华大基因北方中心以及德国隐形冠军企业相继进驻……园区签约落地的项目已超150个，初步形成以被动房、工业4.0、生命基因和新能源应用为引领的四大产业体系。

在佛山，依托佛山乃至珠三角的制造业优势，中德工业服务区主打以会展、研发设计为核心的高端服务业，以及智能制造、生物医药等高新技术产业。

目前，在服务区落户注册的欧洲企业有近20家，其中德国企业或项目共14个。欧司朗、安联保险、瑞曼迪斯、汉诺威展览公司、汉诺威机器人学院、弗劳恩霍夫协会、亚琛工业大学等一批德国重点企业、机构、高等院校先后布局。

“与其他中德合作的园区不同，中德工业服务区主打引进的是龙头大项目，既能带动当地新产业的发展，也能填补本地工业服务的短板。”中德工业服务区管委会副主任朱锡雄介绍，在对欧招商模式上，服务区主要围绕龙头项目进行战略性铺排和规划，推动以德国为代表的世界先进工业制造的“质”与中国制造的“量”的握手。

对于南北中德园区的差异，刘嵩说，南方的园区由于建设较早，普遍在产业基础和政府服务上具有优势，而北方园区由于借鉴了南方先发的经验教训，往往注重规划先行，探索产城融合和可持续发展。

青岛良好的营商环境吸引众多世界500强企业落户

融入大湾区时代打造国际城市

湾区经济作为重要的滨海经济形态，是当今国际经济版图的突出亮点、世界一流滨海城市的显著标志。国际一流湾区如纽约湾区、旧金山湾区、东京湾区等，以开放性、创新性、宜居性和国际化为重要特征，已成为带动全球经济发展的重要增长极。

同样坐落在湾区之畔，青岛也将目标瞄准这些世界知名湾区都市，建设国际湾区都会。

如今，从青岛港发出的货物可以通往世界多个重要的贸易港口；从陆路出发，青岛可以与北京、上海、银川、海口、兰州、乌鲁木齐、呼和浩特等地的铁路和高速公路一并形成四通八达的交通网络；而在青岛国际机场，国内航线多达102条，国际和地区航线也有19条。

这是我国北方少有的海陆相连、空地一体的现代综合交通运输网络。作为国家“一带一路”新亚欧大陆桥经济走廊主要节点城市和海上合作战略支点城市，2016年，青岛正式启动国际城市战略，发布《青岛市推进“国际化+”行动计划（2016—2017年）》，以国际化的标准，推进城市规划、经济发展、国际交流、人才引进等相关领域工作。此阶段青岛对欧对德经贸合作以“搭建平台，继续拓展经济合作伙伴”为工作重点。

2015年8月，青岛市与上海经合组织实业家委员会签署《欧亚经贸合作产业园战略合作备忘录》，确定在上合组织经贸合作框架下，共同规划建设欧亚经贸合作产业园区。该园区是经商务部批准的我国唯一横跨欧亚大陆、境内外双向投资互动合作的园区，是我国园区发展的又一创新。

在中国境内，欧亚经贸合作产业园依托青岛胶州经济技术开发区的陆海空铁多式联运海关监管中心的功能优势，借助香港“一带一路”“超级联系人”作用，与中东欧国家和欧亚国家合作发展国际贸易和物流产业。

在境外，青岛将组织海尔、海信、澳柯玛等有实力的大企业，与中东欧和欧亚国家开展双向投资贸易合作，并计划在合适的国家境内合作建设境外加工装配基地和产业园区。

"到2018年，全市新引进世界500强企业20家；到2021年，基本建成具有国际影响力的区域性经济中心城市；到2049年，成为具有较强世界影响力的新型国际湾区都市……"青岛为其国际城市战略描绘了如此蓝图。

而在中国的南方，一个连接了珠三角9市和香港、澳门两个特别行政区的粤港澳大湾区也正在加速崛起，在面积、人口、地区生产总值规模上都已可与世界三大湾区等量齐观。

对于正在崛起的粤港澳大湾区，青岛也十分关注。不久前，青岛市商务局就专门赴深圳考察当地的电商及互联网企业。赵文渊透露，目前青岛驻香港的工商中心已正式启用，除瞄准香港外，还面向深圳乃至整个粤港澳大湾区。

身处粤港澳大湾区的腹地，佛山也提出要深度融入粤港澳大湾区发展战略。借助香港、澳门的国际平台，推动全球资本、高端人才、先进技术等创新要素在佛山汇聚，加快形成"世界科技+佛山智造+全球市场"的创新发展模式。

利用其"一带一路"双节点城市区位优势，青岛提出建设国际湾区都会

青岛行记 1

世界 500 强为何抢驻这座城

2017 年 9 月初的青岛，刚告别了每年的暑期旅游大军，又恢复了海滨城市的休闲清静。

青岛市招商引资的政府职能部门却更加忙碌。2017 年 1 月，国务院下发《关于扩大对外开放积极利用外资若干措施的通知》。3 个月后，青岛全市各个部门及下辖区市就掀起了声势浩大的“千企招商大走访”活动；7 月，青岛市委、市政府又发布了《青岛市加快实施现代产业精准招商行动计划》(以下简称《行动计划》)，重点突出利用外资促进供给侧结构性改革，加快新旧动能转换。

作为中国北方对外开放重要门户城市，近年来，青岛在招商引资尤其是引进外资项目方面，成绩十分抢眼。2016年全市新批外商投资项目680个，实际利用外资70.02亿美元，同比增长11.3%，德国大众、西门子、空客、大陆、庞巴迪等一批世界500强项目相继抢滩落户。

2017 年 8 月 30 日—9 月 4 日，南方日报“十城演义”调研组走进青岛，探寻这座北方开放型经济代表城市的发展路径。

外商青睐
2016 年在 15 个副省级城市中排第四

青岛市商务局提供的招商引资数据显示，2016 年，青岛新批外商投资项目 680 个，实际利用外资 70.02 亿美元，同比增长 11.3%。2017 年上半年，全市利用外资新批外商投资项目 326 个，实际到账外资 48.5 亿美元，占山东省比重 52.2%，同比增长 10%。

从 2016 年实际利用外资指标看，青岛在计划单列市中总额和增幅均名列第一，在 15 个副省级城市中排名第四，在北方城市中领跑（北京、天津两个直辖市除外）。

亮眼的成绩是青岛有的放矢“大招商、招大商”厚积薄发的结果。2016

年初，青岛专门发布了《深化与世界500强及全球行业领军企业（机构）合作三年行动计划》，向世界500强敞开怀抱，提出发展目标。2017年初，《青岛市加快实施现代产业精准招商行动计划》公布，突出“一个主题、两个转变”——由政策优惠型、政府招商型为主的传统模式向资本运作型、环境优化型新模式转变，突出引资金与引技术、引理念、引市场、引人才等相结合。

对青岛市政商界来说，最为深刻的还是2017年4月发起的全市“千企招商大走访”活动。

“几乎全市的各个部门都走出去了，按照促在手重点项目和抓招商信息线索去走访企业，成效非常显著。”青岛市商务局对外投资处相关负责人介绍，在两个月的时间里，青岛市各部门开展活动3385次，走访了3056家企业，促成新增签约项目448个，投资总额2100亿元。

对德合作
大企业争相抢驻成主力

对外引资持续增长的同时，项目的结构渐趋优化。“过去青岛一直以韩资、港资为主，但这几年对德国乃至欧美有比较大的突破。”青岛市商务局国际企业发展处副处长赵文渊介绍，近年来，青岛吸引和承接了德国大众、西门子、空客、大陆、庞巴迪、亚马逊等一批世界500强企业签约设立了28个项目。这是对传统投资模式和路径的创新。

作为全国最早一批沿海开放城市、山东对外开放的前沿，青岛一直以来都备受外资青睐。同时，由于历史上的联系，青岛与德国的经贸交往比较密切。

早在1997年，青岛就曾赴德国法兰克福举行大型招商活动，这是青岛首次赴欧洲招商。1999年6月，青岛市政府经贸代表团又在法兰克福举办了“青岛日”的大型招商活动。

赵文渊介绍，2004年以后，青岛与德国的贸易和投资一直保持稳步健康发展态势。主要以中小企业为主。最近的两三年来，随着中德关系的密切，青岛对德合作又进入新的快速发展阶段。一汽大众整车基地、西门子创新中心、空客直升机、大陆集团汽车流体技术研发及生产、德意志银行等一批重磅的德资项目纷至沓来。

截至2017年6月，德国累计在青岛投资项目达320个，合同利用外资23.99亿美元，实际利用外资19.14亿美元，历年直接投资按实际外资排名第八。

“因为青岛和德国的历史关系，青岛在德国人心目中的地位还有很大发展空间。”青岛市原市长助理、现任青岛市德国研究会会长武铁军说，“未来青岛与德国的引资合作，大企业项目将成为主力。”

远眺标杆
密切关注粤港澳大湾区发展机遇

在新一轮全国城市的招商角逐中，青岛坚持用大视野来审视自身的发展。赵文渊说，在出台《行动计划》及其配套政策之前，反复对比研究过其他重点城市的招商实力。

“在国务院促进利用外资的5号文出台以后，江苏、上海、广东、厦门都相继出台了地方版，基本上大同小异。”赵文渊说，“作为全国最早一批对外开放的城市，青岛的地缘条件、交通便利、政务环境以及开放程度在全国都具有一定优势。”

2016年底，世界银行发布了《2017年营商环境报告》，中国排名第78位。青岛市商务局根据其中的一些核心指标，对青岛的营商环境进行评估。“在山东是首屈一指了，但和深圳一比，就有差距。2017年，深圳的存量外资企业2.6万家，我们是别人的零头，这说明深圳的营商环境肯定比我们好。”赵文渊说。

在赵文渊看来，目前青岛在吸引外资方面，基本与其在全国的经济地位相匹配：长江以北排名第三，全国排名第十二。“我们肯定比不过北京、天津，除此以外，长江以北基本上也没有哪个城市可以与我们‘掰手腕’。”

尽管这样，青岛还是常怀危机感。近年来，南京、宁波、武汉、长沙在利用外资方面加紧发力，虽然体量还与青岛有差距，但增长势头较快，这都引起了青岛的重视。“20世纪90年代我们是学上海超大连，现在已经超过大连，但和前面城市差距在拉大，后面的追兵也越来越近。”赵文渊说。

对于正在崛起的粤港澳大湾区，青岛也十分关注。2017年，青岛市商务局就专门赴深圳考察当地的电商及互联网企业。在2017年“山东香港周”活动上，由市委副书记、市长孟凡利带队的青岛代表团与香港共签约项目45个，计划投资总额达1740亿元。

“我们去香港并不是只盯着香港的企业，还有部分驻港的央企，很多外国公司也会以香港为窗口，此外深圳也是我们工作的方向。”赵文渊透露，目前青岛驻香港的工商中心已正式启用，除瞄准香港外，还面向深圳乃至整个粤港澳大湾区。

青岛行记2

3年规划3年“造城”
这个标杆园区“很德国”

青岛，西海岸新区，沿着连栏杆都被刷成绿色的团结路一路深入，便可以直达中德生态园。

2017年8月31日下午4时，中德生态园又迎来了一拨德国客人。自2010年7月，中国商务部与德国经济和技术部签署了《关于共同支持建立中德生态园的谅解备忘录》后，园区邀请严谨的德国专业规划设计公司，花了3年时间做规划，又用了3年时间建设基础设施及引进产业项目。中德生态园已成为中德政商界大咖频频来访的热土。

如今，亚洲最大德国被动房及装配式建筑产业基地揭牌，西门子智能制造创新中心、海尔中央空调智能互联工厂、华大基因北方中心以及德国16家隐形冠军企业相继进驻……

在2000公里外，同为中德合作重要平台载体、位于广东佛山顺德的中德工业服务区也在加速崛起。中德生态园管委会的干部还记得，就在一年前，中德生态园与中德工业服务区同时被国家工信部评为“智能制造灯塔园区”。

3年规划3年“造城”，中德生态园如何打造成中外合作的园区标杆？对佛山中德工业服务区又有何启迪？

8月31日，南方日报“十城演义”调研组走进青岛中德生态园，探寻对德合作跨越式发展的奥秘。

几乎每月都有德国政商“大咖”来访

“中德生态园是中国经济由量的扩增向质的提升转变的典型案例。”2017年2月，德国前总理施罗德在访问中德生态园后如是感叹。

被中德生态园吸引的德国名流并非施罗德一人。3月，德国15个市的市长集体来访，举办了中德生态园与德国15城市市长圆桌会；4月，德国莱法州副州长兼经济部长来访；5月，德

中德生态园园区还仿照德国小镇建造了铺满欧式太阳能板的弗莱社区

国巴伐利亚州、下萨克森州州长代表团来访；6月，德国联邦经济和能源部、德国国家标准化机构及驻华使馆代表来访……几乎每个月都有来自德国的政商界大咖来访。

这种高度关注，源于园区的高起点。2010年7月，德国总理默克尔访华期间，中国商务部与德国经济和技术部签署了《关于共同支持建立中德生态园的谅解备忘录》，确定在青岛经济技术开发区建立中德生态园。2011年5月，中德生态园工作组第一次会议确定，将园区选址于青岛经济技术开发区国际生态智慧城内，规划面积约10平方公里，起步区面积约4平方公里。这也成为由中德两国政府建设的首个可持续发展示范合作项目。

除了中德两国高层的加持外，园区也积极走出去为自己"圈粉"。中德生态园已先后同德国巴伐利亚州、莱法州、下萨克森州、曼海姆市、奥尔登堡市、汉诺威市等州市建立长期合作关系。

根据政府引导、市场为主的理念，中德生态园的运营平台公司——中德联合集团以其在德国慕尼黑的全资子公司为主体与德国上市公司——German Brokers（GBAG）股份公司签署股份收购协议并顺利交割，成为我国首家在德国上市的国有园区发展商。这标志着中国园区正式进军德国资本市场。

"除了德国，芬兰农业与环境部、澳大利亚南澳州州长等政要也纷纷于近日来到园区，考察调研、寻求合作。"中德生态园管委会相关负责人介绍，目前园区已经与德、韩、芬、俄、英5个国家的14个州市（地区）签署合作协议。园区的国际“朋友圈”越来越大。

3年做生态规划的园区处处“德国范”

漫步在中德生态园，绿树环绕，草径通幽，低头即见绿地，抬头可看公园。从企业出来的德国工程师，或在林间小道漫步，或约上三五知己到园区酒店畅饮啤酒。

这或许正是中德生态园吸引中德政商界争相来访的一大亮点。与珠三角“村村点火，户户冒烟”的发展模式不同，青岛建设中德生态园之初，着重突出生态、绿色的理念，以规划引领园区特色化发展。

“规划先行，有了好的规划才有后期好的绿色生态发展。”中德生态园管委会城建配套处处长王宝琪介绍，从2011年到2013年园区开展了大量规划编制。园区的概念性规划专门委托了德国GMP建筑设计事务所编制，确定园区规划容积率0.65，规划总人口约6万人。其中，产业用地45%，道路及生态绿地30%，居住及公共设施用地25%。同时编制完成生态控制性指标体系，获得德国三大认证机构之一的德国T-V NORD公司认证。

园区还与多家德国规划设计公司合作，编制了交通布局、控制性详规、景观设计、城市设计等各类规划。“德国人非常严谨细致，每一处细节都力求尽善尽美。”王宝琪那三年间与德国人反复“磨”规划的场景印象深刻。

除了规划，园区所采用的被动房建筑也是独具“德国范”。被动房是在德国20世纪80年代低能耗建筑的基础上建立起来的。这种建筑采用密封结构，建筑材料上选用保温建筑构件。建筑不需要传统的暖气和制冷系统，是四季均能保持人体舒适温度的极低能耗建筑。

2017年2月，全国首个被动房及装配式建筑产业基地在中德生态园揭牌。该项目将开展被动房及装配式建筑研发培训、产品生产、材料检验检测及一体化装修，组建国内最大的被动房产业化基地。以中德生态园为载体，引进消化吸收德国先进技术和标准，积极探索在全国大范围推广被动式建筑及装配式建筑的新模式。

“德国企业和人才，有些人在德国就听说过被动房的理念，有些人本身就住在被动房里。他们来到园区以后都很高兴，没想到来中国也能见到被动房，有种家乡的熟悉感。”青岛被动屋工程技术有限公司副总经理韩飞说。

此外，园区还仿照德国小镇建造了铺满欧式太阳能板的弗莱社区；建设中德生态小学；引进了德国的四星级酒店Inner city……可以说处处都流露出德国元素、欧洲味道。

逾百个国内外顶尖技术项目抢滩进驻

高起点的园区、高标准的规划建设也吸引了众多高端的产业项目扎堆进驻。

2017年5月，西门子（青岛）创新中心在中德生态园揭牌，正式入驻园区办公。这是西门子在德国本土外投资设立的首家开展工业4.0应用的智能制造创新中心，也是西门子在中国唯一一家以“智能制造”为核心课题的研发创新中心，将开展涉及智能制造、机器人、现代物流、大数据应用、信息安全等方面的技术创新、开发和应用，为制造企业提供数字化解决方案。

本土龙头企业海尔集团也不甘落后，将全球首个磁悬浮中央空调智能互联工厂项目落子于此。目前，项目一期已经建成。此项目将搭建用户个性化定制的全流程智能互联系统，按照全球用户个性化定制产品的需求，率先在商用大型机组领域从大规模制造向大规模个性化定制转型，打造世界一流中央空调水机互联工厂，效率比传统的自动化工厂提升了50%，每月产出高达亿元。

在2016年由工信部主办的中国制造2025对话德国工业4.0大会上，中德生态园被工信部授予全国首批“智能制造灯塔园区”，成为全国仅有的两家获此殊荣的园区之一，另一家园区则是佛山的中德工业服务区。

未来，中德生态园还将诞生世界规模最大的海洋基因库——华大基因北方中心。该项目由来自深圳的全球基因测序领先企业华大基因投资，包括活体库、样本库、数据库、基因读取平台、编辑平台等“三库两平台”，届时将入驻科学家200人以上。

中德生态园管委会经济发展局副局长赵永辉介绍，目前园区已经形成两大发展路径：一是“德国+”引进国外高端产业融入中国发展；二是“+德国”引进世界技术助推中国产业转型升级。截至目前为止，园区签约落地的项目达121个，其中有7家世界500强企业，16家德国的隐形冠军企业。初步形成了以被动房、工业4.0、生命基因和新能源应用为引领的四大产业体系。

“目前所有引进的产业都已经形成了一种态势：每个产业都有核心研发机构和生产项目，研发机构有目标有市场，生产项目有基础有技术支撑，从而形成良性循环。”赵永辉说。

青岛行记3

走进海尔全球首个中央空调互联工厂
供应链大数据共享，工厂里人人是创客

点一点显示屏，输入简单的用户信息，来自浙江的客商温先生在青岛的海尔中央空调互联工厂的云数据中心，查看到自己千里之外的工厂的空调设备运转情况数据时，惊叹不已。

这是白色家电巨头海尔集团，设在青岛中德生态园的全球首个中央空调互联工厂。作为海尔目前智能制造工厂里的标杆，该厂的总体效率比海尔原来的第三代自动化工厂提高了50%，仅200多名工人，每月产值就高达近亿元。

在这个根据“工业4.0”的理念建设的智能互联工厂，尽管像中央空调这样的大型商用设备，也能实现大规模定制化生产；每一个员工都被鼓励创新，都可能成为工厂的创客明星。

约2000公里外，与青岛同为家电产业重镇的佛山，众多企业也在掀起一场智能制造的生产变革。

“大家伙”也能大规模定制

与其他智能制造样板工厂不同，到处可见的橙色ABB机械臂并非最抢眼的主角，伴随着机器运转声响而更新的数据更令人惊艳。

海尔的这个互联工厂并不是简单的“机器换人”，而是通过信息化RFID技术实现员工与设备之间、设备与产品之间、设备与用户之间互联互通，柔性生产。

在这座工厂里，安装有6万个探测器，每天记录大量的生产数据。通过这些数据，企业可以很快了解到制造过程中的具体问题，实现生产量的增加和不良率的下降。

大数据工厂破解的是大规模定制化生产的难题。对用户而言，大部分中央空调用户定制的需求痛点在于压力、控制、出水温度等方面，需要用户根据建筑情况、使用条件及运营管理等需求进行个性化定制，而海尔互联工厂则能通过智能互联制造，最快速度、最大限度地满足用户需求，降低生产成本，提高响应速度。

“在产品订制的平台上，用户可以搜索我们的中央空调，如果他们对我们的离心机组感兴趣的话，用户可以根据我们梳理出的11项常用的规格需求，就像点菜一样，选择完以后开始订制。根据用户信息，我们的后台人员就开始与用户确认，这些信息是否他想要的。”海尔互联工厂相关负责人介绍，从下单到发货，用户都可以实时监测和检索生产状态。

在距离生产线不远的一块电子屏幕上，滚动更新着供应商的数据。在这里，海尔与全球供应商的数据被打通，海尔所有工厂的数据都能实现共享。

海尔互联工厂相关负责人介绍，为使外界同步了解工厂的具体生产情况，海尔专门搭建了一个全球互联的实验云数据中心，可呈现检测、研发实验以及用户实际使用数据，从而有效提升研发效率和用户体验。此外，还装载了海尔自主研发的工业互联网平台——COSMOPlat，从而让工厂的人员、设备、用户、供应商信息都并联在一起，实现零距离交互。

“没想到我们公司设备的应用数据在这里都能看得到。”来自浙江的客商温先生在走访海尔互联工厂时感叹。

据悉，海尔中央空调互联工厂始建于2016年1月，当年10月建成。不到一年时间，这家工厂的工人数由550人减少到248人，年产量由10万台增加至28.5万台。预计在2018年初二期建成后，年产能扩大到33.8万台。

“人单合一”培育车间创客明星

创客工作室、创客道场、创客大道……这不是隐藏在写字楼里的创业孵化器，而是海尔的中央空调互联工厂。在海尔内部，每一个员工都可以创新，都可能成为创客明星。

在焊接工位，王勇作为创客明星，其照片及个人事迹摆放在显眼的位置。因为提出了一项优化建议，使储液器的焊缝从4道缩短为2道，成本直接降低一半，王勇被评为厂里的创客明星。而改进后的这个部件也用他的名字命名，叫作“王勇储液器”。

2000年，王勇进入海尔，经过多年的积累学习，从一名普通操作工成长为焊接班长。2016年至今，他带领团队进行课题攻关3个，实现个人创新成果6项。目前，他已经是青岛市的二级焊接技师，闲暇的时候，也会被邀请到外面讲课。

王勇说，在公司组织下，他每年都要外出学习，与专家交流。在此过程中，不断寻找最佳解决方案，从而实现积累式的创新。

这是海尔培育工厂创客的一个典型案例。像王勇这样的工人创客，会定期在创客工作室里碰撞不同的点子。每周，创客大道也都会更新展示创客们的创新改善案例，如果创意被采纳，会得到相应的激励。

让工厂里人人皆变创客，是海尔为应对互联网时代变革而提出的“人单合一”新商业模式的一个体现。其目的是调动员工的主观能动性，积极创造用户价值，并在为用户创造价值中实现自己的成长。

这样的理念已经在海尔的互联工厂得到充分的实践。海尔中央空调互联工厂相关负责人介绍，生产过程中一旦出现问题，工艺人员、物料人员、安全人员、技术人员可以在海尔内部的平台上进行呼叫，要求相关人员来解决。当呼叫超过5分钟没人响应时，部门主管将收到短信。如果再过10分钟问题还未被解决，则上级领导将收到短信。信息就这样一直往更高的管理者处传达，直到问题解决。

“我们每个月都会进行积分评比，创新是正积分，出了问题是负积分。”上述负责人说，“每个月底通过数据分析，对管理者进行评价并将其与工资挂钩。这样可以驱动全流程的人，来为员工解决问题和提供服务。”

8个示范工厂瞄准“工业4.0”

上述中央空调工厂是海尔互联工厂生态圈中的一员。在中央空调互联工厂为整个行业带来全新模式的同时，海尔的着眼点也从产品本身逐步转移到了生态圈的全产业链运营上。

早在德国学界刚刚提出“工业4.0”的2012年，海尔就已经开始了智能互联工厂的实践。短短几年间，海尔就建成了8家“工业4.0”的示范工厂，包括沈阳的冰箱、郑州和胶州的空调、佛山的滚筒洗衣机、青岛的热水器和中央空调等整机工厂，另外还有两家配件工厂。

面对互联网时代的变革，基于中国制造2025和德国“工业4.0”的理念，海尔规划了数字化互联企业的蓝图，并建立了家电行业在“工业4.0”时代的体系结构和规划标准。而个性化定制的规模化生产，正是海尔的转型探索。

海尔最早的沈阳互联工厂，一条柔性大规模定制生产线原本只支持20多个型号，如今已能支持500多个型号，生产节拍缩短到10秒一台，订单周期从15天缩短至7天，成为目前全球冰箱行业生产节拍最快、承接型号最多的工厂。

再往南看，海尔的佛山互联工厂，一台互联洗衣机从下单到下线，最快可在2个小时内完成。这样的定制速度是在整合上游供应链、让零部件实现模块化的基础上实现的，以模块配置完成迅速智造。

而在青岛中德生态园，中央空调互联工厂旁边，海尔“工业4.0”滚筒洗衣机项目正在如火如荼地建设当中。该项目由德国弗劳恩霍夫提供定制化的工厂解决方案，预计建成之后，海尔全球1/3的洗衣机将在此生产。

区域样本

“青岛制造”借力德国“工业4.0”加速产业升级

随着全球智能制造浪潮来袭，在青岛产业界，越来越多企业主动借力德国工业4.0，加快制造环节的工业化与信息化融合升级。

作为青岛制造的龙头，早在2012年德国学界刚刚提出“工业4.0”的时候，海尔集团就已经开始了智能互联工厂的实践。短短几年间，海尔就建成了8家“工业4.0”的示范工厂，包括沈阳的冰箱、郑州和胶州的空调、佛山的滚筒洗衣机、青岛的热水器和中央空调等整机工厂，另外还有两家配件工厂。

而在青岛中德生态园，中央空调互联工厂旁边，海尔“工业4.0”滚筒洗衣机项目正在如火如荼地建设当中。该项目由德国弗劳恩霍夫提供定制化的工厂解决方案，预计建成之后，海尔全球1/3的洗衣机将在此生产。

2017年初，德国前总理施罗德专门来到海尔中央空调互联工厂参观。在施罗德看来，“工业4.0”战略目前在德国的推广也还尚处于起步阶段，大部分企业正在探索的路上，而海尔在与“工业4.0”的对接上做得很出色。

青岛另一家老牌企业双星集团也在开展类似的探索。自2015年起，双星集团就携手德国“工业4.0”的标杆企业西门子，共同打造数字化工厂，通过应用数字化解决方案，降低生产成本，提高生产质量和灵活性，一举成为轮胎行业数字化浪潮中的领头羊。

“我们希望搭建一座会‘思考’的工厂，它既要对各生产线的状态了如指掌，又要动作敏捷，将每个订单的生产安排得井井有条。”双星集团有限责任公司副总经理刘宗良说。目前，双星“工业4.0”智能化工厂内劳动强度降低了60%以上，产品不良率降低80%以上，而劳动生产率则达到了过去的3倍以上。

2016年2月，西门子与青岛中德生态园签订合作协议，双方将在中德生态园合作建立西门子（青岛）创新中心，这是西门子在青岛设立的首家经营实体机构，也是目前西门子在德国本土外设立的首家开展“工业4.0”应用的智能制造创新中心。

西门子（中国）有限公司高级副总裁、西门子中国研究院院长朱骁洵说，该中心将为中国的智能制造引入全球前沿的数字化和自动化技术，联合青岛本土企业与西门子实现优势互补，最终实现与当地政府及本地合作伙伴的共同发展。

位于青岛中德生态园的海尔全球首个中央空调互联工厂，是青岛智能制造的标杆

短短几年间，海尔就在全国建成了8家“工业 4.0”的示范工厂

调研手记

树立国际城市视野，从欧洲走向世界

在北方城市中，青岛的经济体量不是最大，产业也并非最突出，但可以说是最开放、最具国际视野的城市之一。

青岛与佛山，一北一南，虽然相隔2000公里，却有不少交集。从经济规模来看，青岛于2016年地区生产总值突破万亿元大关，为国内“万亿城市”之一，近年来发展迅猛。而当下佛山也在发力冲刺万亿地区生产总值，青岛的经验值得佛山借鉴学习。

青岛与佛山产业结构有颇多相似之处，家电电子、食品饮料、机械、汽车等均为优势产业，并拥有“北海尔、南美的”这样具有全球影响力的家电巨头。相互之间企业的投资往来也比较密切，如海尔滚筒洗衣机在三水有生产基地，青岛啤酒2008年在三水投资设厂，海信集团2005年收购顺德科龙电器，一汽大众在青岛投资建设华东最大整车基地等。

更为关键的是，两座城市在通往

坐拥港口优势，青岛是我国北方重要外贸城市。图为青岛港

青岛港位于山东半岛南岸的胶州湾内，是中国第二个外贸亿吨吞吐大港，太平洋西海岸重要的国际贸易口岸和海上运输枢纽

国际化的路径中，都不约而同选择了以德国为代表的欧洲国家作为主要对标学习的对象，且两者都有对德合作的园区。青岛的中德生态园已经成为国内园区的标杆，而佛山的中德工业服务区也成为广东对欧合作的重大平台。

青岛与以德国为代表的欧洲国家的关系往来较为密切，青岛充分利用其区位条件、历史渊源，制定高起点的国际城市发展战略和大力度行动计划的叠加优势，对欧经贸合作逐步深入、有的放矢。无论是高起点、高规格建设的中德生态园的“德国范”，还是企业积极融入德国工业4.0潮流推进智能制造升级，都值得佛山借鉴学习。

在中国城市的对外开放发展进程中，青岛一直走在前列。

从20世纪初享誉全球的“广大上青天”五大通商城市之一，到中华人民共和国成立后重要的外贸港口城市，到改革开放首批沿海开放城市，再到跻身“国家沿海重要的中心城市”……如今，坐落在北纬36度的湾区之畔，青岛又主动将视野投向旧金山湾区、纽约湾区、东京湾区等国际一流的湾区高地，给自己确立了建设国际湾区城市的新目标。

这不禁让人想起地处粤港澳大湾区核心区腹地的佛山。未来，伴随粤港澳大湾区的崛起，佛山有更多的机会参与全球竞争与合作。因此，可以借鉴青岛经验，尽快成立专门机构，研究制定国际城市战略，出台培育开放型经济行动纲领，着力打造开放创新、特色鲜明的新型国际湾区都市。

WUXI

无锡 三种集聚背后的规模经济之路

江苏省无线电科学研究所为国内首个自动气象站研制单位，其负责人正向调研组介绍产品研发情况

李诣书是博雅控股集团董事、总裁，也是南京“双创”人才、海外归国人才。2008年，她受无锡市的邀请到当地发展。如今10年过去，博雅已成长为无锡知名企业，与药明康德、傲锐东源并称为国内生物医药界的三驾“马车”，并带动大批生物医药企业在无锡落户，形成一定规模的产业集聚。

在无锡，大量优秀人才与科研院所的集聚，不仅带动了“隐形冠军”企业群体的诞生，还加速了当地产业的转型发展。位于无锡滨湖区的“高校院所科研创新发展带”正是其中代表。

这条创新发展带将院所的科研、人才、产业、资金等优势与地方经济结合，从而让先进技术不断转化为本地产业转型升级的动力，同时也衍生出强大的“院所经济”，成为滨湖区经济发展的新增长点。

滨湖区的故事是无锡在创新时代探索规模经济发展新模式的一个缩影。未来，依托已有的资源汇聚“强磁场”，无锡将如何发力，走好规模经济之路？

发挥“院所经济”溢出效应
加快高校创新成果转化应用

滨湖区内，太湖湾畔一路经过，连片的垂柳背后，集聚了无锡市90%的科研院所，包括中船重工702研究所、中航工业614研究所等19家部、省属科研院所，并拥有31个市级以上的国内顶尖实验室，总数位于全国县区前列，滨湖区也因此被称为无锡的“最强大脑”。

近几年，滨湖区又引进了清华大学无锡应用技术研究院、复旦研究院等7家产学研合作重大研发机构，初步形成了“高校院所科研创新发展带”。

在这条产业带上，不仅有全国运行速度最快的超级计算机“神威·太湖之光”，还有国内首个自动气象站研制单位等处于行业前端的产品、机构。

其中，超级计算（无锡）中心自2016年建成投运后，截至2018年2月已三次蝉联世界最快超级计算机系统，两项应用成果入围“戈登贝尔奖”，在航空航天、先进制造等19个领域提供200多项专业服务。

“科研院所等创新平台不仅承担了高新技术企业孵化器的作用，还为无锡企业开展技术服务。”无锡市科技局副局长王浩说。

创新发展带将院所的科研、人才、产业、资金等优势与地方经济结合，从而让先进技术不断转化为本地产业转型升级的动力，同时也衍生出强大的“院所经济”，成为滨湖区经济发展的新增长点。

2016年全年，“院所经济”为滨湖区带来入库税收超过5亿元，同比增长25%，近三年院所入库税收平均年增幅超过30%。

将科研院所的高端平台、高端要素与本土企业、本土产业进行融合嫁接，是“高校院所科研创新产业带”持续发力的关键路径。

2017年8月底，无锡滨湖区启动建设“滨湖科技大市场”，搭建企业与科研院所技术对接平台。截至2017年年底，该平台已集聚了由各大科研院所提供的2000多项科研成果。

“构筑这条创新发展带，并不单纯追求技术的‘高精尖’，而是推动特色产业基地的发展，同时让更多‘深闺’中的先进技术转化为本地产业转型升级的动力。”滨湖区有关负责人说，“十三五”期间，该区将在原有产学研活动的基础上，重点建设该创新产业带。

根据规划，滨湖区将进一步发挥“院所经济”的“溢出效应”。一方面该区将加快高校院所创新成果的转化应用，另一方面也将发挥院所产业孵化集聚、关键技术突破、人才设备支撑等优势，打造工业设计、生物医药、智能交通、船艇以及航空发动机、燃气轮机“两机”等特色产业基地，构建区域创新创业高地。预计到2020年，滨湖区“院所经济产业带”年销售额将达到150亿元，入库税收超过8亿元。

高端人才集聚带动产业发展
研发已成为企业的自觉行动

随着“院所经济”创新之光在太湖之畔点亮，一群群高端人才在这里集聚，一家家优秀企业在这里成长，一个个新兴产业在这里壮大。

其中，在人才队伍建设方面，近年来，无锡尤为注重对领军人才、高端人才和团队的引进。除了启动“530”计划、实施“无锡千人计划”、出台升级版“太湖人才计划”，向全球发出“招贤令”外，无锡还给人留下了“重视人才”的印象。

从十年前开始，无锡市委、市政府主要领导就坚持每年走访各大高校科研院所。无锡滨湖区科学技术局局长华兆哲说，自己已经走遍了全国“985”“211”高校，现在每个月都会坚持出去一趟，走到高校里面找高端人才。

截至2017年年底，无锡拥有无锡籍以及在无锡长期工作的中国科学院、中国工程院院士70多人，国家“千人计划”专家241人，各类专业技术人员28.59万人，人才总量达152万人。这样的高端人才体量在全国地级市中名列前茅。

大量高端人才集聚所迸发出的创新力量，已注入无锡的企业发展当中。如

国家超级计算机无锡中心与清华大学等30多家科研单位建立了应用合作关系，带动集聚了一批高端科技资源

今，创新已经成为无锡本地企业的自觉行动。作为无锡的本土企业，法尔胜泓昇集团自建技术研发中心，不断提高企业研发水平。

目前该集团已创造了线缆强度级别和使用寿命两个世界纪录，获得有中国工业“奥斯卡”之称的“中国工业大奖”，其生产的“拳头产品”输送带用钢丝绳全球市场占有率超过70%。

在无锡，像法尔胜这样依靠创新闯市场的“隐形冠军”企业还有很多。无锡派克新材料科技股份有限公司研制的铝合金环锻件，世界直径最大，且一次性锻造成功，现已应用在国产火箭上；雄宇重工为港珠澳大桥量身定制的“超长桥梁专用吊篮”通过验收，已装在港珠澳大桥香港段……

为了不断激发企业的创新动力，无锡加大科技投入，推进创新成果向产业领域渗透扩散。截至2017年年底，无锡累计立项省、市重大科技成果转化项目分别为108项和222项，用相关部门8.23亿元的专项资金，“撬动”企业、社会近200亿元的研发投入，并带来了近500亿元的销售收入。

无锡企业的创新发展，让其在技术提升的道路上越走越远，不仅推动了企业的转型升级，还逐渐衍生出一批新兴产业，如生物医药、物联网、石墨烯等。

“比如无锡药明康德医药科技有限公司投资建设的研究生命园正在建设中，预计建成后能够产生40亿元的服务收入，新增2000个就业机会，并带动无锡生物医药产业的快速发展。”无锡市科技局有关负责人说。

以创新为中心的微型社会
吸引重大产业项目落户

在人才、“隐形冠军”企业和新兴产业集聚的背后，无锡正在探索创新时代规模经济发展新模式。

“这种模式就像是一个以创新为中心的微型社会，里面是由众多参与者构成的联系紧密的协作生态系统，如地方政府、拥有先进研究部分的企业、创业公司、研究机构等。”世界银行前经济学家、新兴市场管理公司主要创始人安东尼·范·阿格塔米尔曾如此解释。

正如他所说，这些不同类型的实体将彼此共享知识，相互影响，进行形成一个创新社区，不断壮大、完善，强强联合，最终形成新的智能红利。

在无锡，这样的场景已经出现。

无锡高新区作为国家传感网创新示范区核心区，如今正品尝着规模经济万物互联催生的甜美“果实”。数据显示，2016年无锡高新区物联网实现营业收入1150亿元，同比增长15%以上，全区新注册物联网企业636家，新增新三板物联网企业20家。

2017年8月，无锡上空飘来了一朵“阿里云”。无锡高新区与阿里云计算有限公司签订物联网战略合作。阿里云IoT事业部将为物联网核心示范区提供技术与服务，包括建设鸿山物联网基础平台（飞凤平台），赋能开发与交付环境，加速物联网应用成熟与商业化，共同打造世界级物联网示范项目。

汇聚物联网优质资源的“强磁场”，吸引了众多重大产业项目落户于此。随着阿里、华为、富士康等龙头企业的加入，高新区“验证通过”了一个又一个物联网领域的企业巨头“朋友”。

与此同时，研发技术的高度集聚以及关键技术的加速突破，也使得无锡高新区在物联网领域的创新引领能力越来越强。截至2017年年底，由高新区牵头和参与制定物联网国际标准多达11项，国家标准39项，行业标准25项，全区物联网企业累计申请专利5721件。

而入选首批江苏特色小镇创建名单的无锡鸿山物联网小镇，更是无锡高新区展现创新时代规模经济效应的最佳写照。

小镇规划实施“城市云脑计划”和“唤醒计划”，将打造一批具有首创意义的开创性智慧型城市应用示范，使城市综合资源得到最大程度的智能化开放，并利用互联网技术推动传统制造业升级。

无锡行记1

从无锡人才交流大会看招才引智新方向

一座城凭何吸引200多位“千人计划”专家

太湖之畔，秋风徐来。

2017年8月26日，无锡市内规模最大的一场人才交流活动——无锡高层次人才创新创业交流大会（以下简称“人才交流大会”）如期举行。200多位国家“千人计划”专家以及两院院士到场参加，与当地企业进行产学研项目对接。

无锡是长三角的经济重镇，在江苏省内，一度是仅次于苏州，超越省会南京的第二大城市，诞生了一大批名噪一时的国内品牌，是当之无愧的工业重镇，堪称“世界工厂”。

近年来，无锡确立了向高新产业转型的战略，尤为注重对领军人才、高端人才和团队的引进。从“530计划”到“无锡千人计划”，再到“太湖人才计划”，一系列政策大手笔支持人才到无锡发展。

截至2017年8月，无锡拥有无锡籍以及在无锡长期工作的中国科学院、中国工程院院士70多人，国家“千人计划”专家241人，这样的高端人才体量在全国地级市中名列前茅。

人才盛会前的“习以为常”

无锡太湖国际博览中心是人才交流大会的举办场地。在博览中心A馆正门前，摆放着“2017高层次人才创新创业无锡交流大会”字样的展板，除了偶尔几辆小车，这里几乎无人经过，也无任何与大会相关的宣传广告。

紧挨着博览中心的酒店一房难求。“周末的房间在一周前就已经预订满了，客人大概都是来参加人才交流大会的。”前台服务人员说。

华云数据专注于研发与运营商用云计算基础设施，是无锡“物联网”领域的领军企业

这场人才交流大会邀请了200多位国家“千人计划”专家以及两院院士到场。无锡希望通过展示、交流的方式，一方面吸引更多高层次人才到此发展，另一方面创造更多人才跨区域共享的机会。

相比其他人才交流活动，本次活动更加侧重企业的参与和产学研合作成果分享。在人才交流大会举办当天，无锡本地企业与全国知名高校进行产学研项目的现场签约仪式。“项目数量有近50个，比如无锡派克新材料就和武汉理工大学签约合作。”无锡市滨湖区科技局相关负责人说。

他还说：“已经数不清这是今年闪无锡举办的第几场人才交流会了，但这是人才层次最高的一场。”

不过，相比人才盛会的高规格，从政府到媒体再到市民，却少了其他一些城市表现出的“热情”。这并不代表无锡对高端人才不“感冒”，正相反，这表现出的是无锡人才吸引力的不断提升。“在我们看来，院士、高级科研专家到无锡来，是一件很正常的事。这些高端人才与无锡的沟通十分密切，不少企业里都有院士或高端人才牵头的科研项目。”无锡一家本地媒体负责人说。

人才计划再升级
向全球发出“招贤令”

吸引高端人才在无锡已是常态，但这种“常态”的形成得益于无锡近年来在人才政策领域的频频发力。

无锡被誉为“院士之乡”“教育之乡”，孕育了以国学大师钱穆、物理学家钱伟长为代表的“钱氏一门六院士”，以及经济学巨擘钱俊瑞等各界名家。

截至2017年8月，无锡市集聚高层次人才11.1万人、海归人才1.1万人、高技能人才26万人，人才总量达152万人。

“吸引科技人才实现科技创新，无锡从10年前就已经在布局。当时无锡在创新创业人才引进方面是江苏乃至全国做得最好的地区之一。”无锡市科技局副局长王浩说。

“从2006年开始，无锡市委、市政府主要领导就坚持每年走访各大高校科研院所。为了找到高端人才，科技部门走遍了全国‘985’‘211’高校。多年的坚持，给国内外人才留下了‘无锡非常重视人才’的印象。”无锡市滨湖区科学技术局局长华兆哲说。

有了重视人才的印象，还要有招引人才的政策，不然“印象”可能变成“叫好不叫座”。

2006年，无锡启动了“530”计划，即在5年内吸引30位海外科技创业领军人才到无锡创业。2009年，无锡实施“无锡千人计划”，引进海外高层次人才，对领军型人才，一次性给予100万元安家费。2017年6月初，无锡出台升级版“太湖人才计划”，向全球发出“招贤令”。除了将人才范围扩大至顶尖人才，还承诺对顶尖人才及团队带来的项目给予1万元—1亿元的支持。

“科研院所、研发机构的进驻为地区带来了大批科技成果和大量的高端人才。”华兆哲说，“要服务好高端人才，政府要放低姿态，多拜访，多与其交流。”

形成人才引进全链条

有了政策，还要让人才有施展空间。

“无锡对研发人员、科技创业团队的支持力度足，服务门类多。对于人才提出的需求，市区两级政府都能尽力解决。”清华大学无锡应用技术研究院院长郑永平评价，人才来到了无锡大有用武之地。

清华研究院所在的无锡市滨湖区，是本次人才交流大会的会场所在地。作为无锡市内有名的科创高地，滨湖区集聚了无锡市约 90% 的科研院所，总数处于全国区县前列。

数据显示，截至 2017 年 8 月，滨湖区拥有两院院士 4 人、“973 计划”首席科学家 1 人、国家“百千万人才工程”培养对象 6 人、享受国务院政府特殊津贴 81 人、省级有突出贡献中青年专家 38 人、获国家“千人计划”资助 8 人、海外留学归国人员 73 人。

正是政府完善的人才配套服务以及对人才的重视，让人才到无锡有了用武之地，并逐渐形成了无锡人才引进的全链条。因此，200 多名国家“千人计划”人才集聚无锡，也显得顺理成章。

无锡行记2

一条窄长湖岸线，集聚全市90%的科研院所

解密无锡"最强大脑"的"院所经济"

"院所经济"正成为地方产业发展的新赛道。2017年8月23日，南方日报"十城演义"调研组来到无锡滨湖区，寻找这里"院所经济"的秘密。

滨湖区位于太湖边上，其一半面积是水，另有四分之一是山。就是在这里，集聚了无锡市90%的科研院所，包括中船重工702研究所等19家部、省属科研院所，总数位于全国区县前列，滨湖区也因此被称为无锡的"最强大脑"。

正因为这些科研院所均围绕在太湖湖岸线上，这里逐渐发展成为"高校院所科研创新发展带"。在这条创新发展带上，科研院所所拥有的强大科研力量与地方产业得到了充分结合，从而衍生出"院所经济"。

2016年全年，"院所经济"为滨湖区带来入库税收超过5亿元，同比增长25%，近三年院所入库税收平均年增幅超过30%。

罕见的"深闺"竞争力

搭乘汽车沿太湖湾畔一路经过，葱郁的绿树背后，掩藏的正是无锡市内最强的科研力量。

"整个无锡市90%的科研院所都集中在这条窄长的湖岸线上。"无锡市滨湖区科学技术局局长华兆哲说，"截至2017年8月，这里已经积聚了中船重

工702研究所、中航工业614研究所、江南计算所等19家部、省属科研院所，并拥有31个市级以上的国内顶尖实验室。”

近几年，滨湖区又引进了清华大学无锡应用技术研究院、复旦研究院等7家产学研合作重大研发机构，初步形成了“高校院所科研创新发展带”。

在这条创新发展带上，不仅有全国运行速度最快的超级计算机“神威·太湖之光”，还有国内首个自动气象站研制单位等处于行业前端的产品及机构。

其中，“神威·太湖之光”运行速度超过10亿亿次每秒，一分钟的计算能力相当于全球72亿人同时用计算器不间断计算32年。其试运行期间，已与清华大学、北京大学、中科院软件所、国家计算流体力学实验室等30多家单位建立了应用合作关系，带动集聚了一批高端科技资源。

“构筑这条创新发展带，并不单纯追求技术的‘高精尖’，而是推动特色产业基地的发展，同时让更多‘深闺’中的先进技术转化为本地产业转型升级的动力。”无锡市滨湖区有关负责人说。

“十三五”期间，该区将在原有产学研活动的基础上，重点建设该创新产业带。

对于一个县区来说，能够高度集聚如此多的高等院所和研发机构，在江苏乃至全国来看，都很罕见。

“滨湖科研院所集聚的优势，是经过历史的积淀形成的。研究所涉及的军工产业较多，很多技术均处于国内领先水平。”华兆哲说。2012年前后，国家大力推进军民融合发展。研究所先进科技资源大量溢出，助推了当地企业的发展。

创新产业带，将院所的科研、人才、产业、资金等优势与地方经济结合，从而让先进技术不断转化为本地产业转型升级的动力。同时也衍生出强大的“院所经济”，成为滨湖区经济发展的新增长点。

研究院里制造“小巨人”

“院所经济”的实力，还体现在推动地区创新创业方面。

位于滨湖区蠡园开发区内的清华大学无锡应用技术研究院，其下属的“源清大创园”里正孵化着60多家企业，

博雅控股集团进入无锡后，率先为干细胞研发申请AABB标准，成为首家在国内推动干细胞获取国际认证的企业

2017年实现销售额近5亿元。其中，该研究院引进的卓胜电子，在本月中旬刚获评为“江苏省科技小巨人企业”。

“发挥清华大学的科技和人才优势，我们围绕无锡的先进制造和信息电子两大领域，孵化创新型企业。”清华大学无锡应用技术研究院院长郑永平说，研究院每星期都会考察地方重点企业，一方面寻找可孵化的项目，另一方面也希望能够帮助企业解决研发难题。

“院所经济”的能量，也在区域产业发展中渐渐释放。

博雅控股集团董事、总裁李诣书是南京“双创”人才。2008年，无锡市及滨湖区邀请其到当地发展。“当时政府提出了较好的优惠政策，我们也看好地区的科研院所资源，就落户在无锡。”李诣书说。

彼时，滨湖区内生物医药产业正处于从制造向研发转型的阶段。博雅进入后，率先为干细胞研发申请AABB标准及世界卫生组织NRL标准双重国际认证，成为首家在国内推动干细胞获取国际认证的企业。

“我们不仅主动进行产品认证，还推动行业从手工操作到应用自动化检测设备，提高了整个行业的质量标准。”李诣书说。不断的科技研发，有赖于科研院所的支持。多年来该公司与北京大学等滨湖区当地科研院所保持着密切的联系。

目前，博雅干细胞、药明康德、傲锐东源三驾国内生物医药界的“马车”，均集聚在滨湖区，由此带动该区形成了一定规模的产业集聚。

政府做“店小二” 促成大市场

通过不断提高对科研院所和企业的服务质量，政府承担起“店小二”的角色，推动“院所经济”发展。

“能帮助科研院所、科研人才解决的，我们都尽量解决到位；能为他们争取的利益，我们都会全力争取；能协调的，都尽量协调。”华兆哲说。目前滨湖区设有院所“联络员”制度，定期召开座谈会，协调解决院所在发展过程中遇到的问题。

“每年党政主要领导都会与驻区院所负责人开展交流互动，对科研院所的需求，如供地等采取一事一议方式。”滨湖区有关负责人说。

为了让科研人才有宾至如归的感觉，滨湖区在科技、教育、卫生等板块都设有人才领导小组，专门对接人才需求。“只要符合人才引进政策的，我们都会为其提供教育、医疗、住房等一站式服务。”该负责人说。

2017年滨湖区出台了“滨湖之光”人才计划，对在滨湖区创业的科研中心或在企业内部担任技术骨干参与技术创新的人员，给予相应的奖励。

在畅通科研院所与企业联系渠道方面，滨湖区提出建设“滨湖科技大市场”。“这是滨湖区科技综合服务平台，是企业与科研院所进行技术对接的平台。”华兆哲说。该平台已在2017年8月底上线。目前平台内有由各大科研院所提供的2000多项成果，届时滨湖区全区企业都可以在平台上进行成果对接。

与此同时，该区已经形成了固定的院所交流活动机制。如每季度举办院所开放日，由科研院所轮流做东，企业可自主报名参加。

“有兴趣的企业可以到现场了解院所研发内容，看是否可以帮助企业解决实际的科研问题，如何将最新技术产业化。”无锡市滨湖区科学技术局事业成果科科长刘兴海说。

“在发展‘院所经济’的过程中，政府应该把握好自己的角色，不缺位不越位，以引导合作为主，积极为科研院所和企业创造对接机会。”华兆哲说。

无锡行记3

知识走进企业，催生隐形冠军

无锡“隐形冠军”企业的产品，开始用在“大国重器”上。

派克新材料科技股份有限公司研制的铝合金环锻件，世界直径最大，且一次锻造成功，现已应用于国产火箭；雄宇重工为港珠澳大桥量身定制的“超长桥梁专用吊篮”通过验收，装在港珠澳大桥香港段……

2017年8月23日，南方日报“十城演义”调研组在走访无锡本土企业过程中，近距离观察“院所经济”背后的力量——“隐形冠军”企业集群。

企业是市场的细胞，由它来当“主角”，“院所经济”这出戏才能越唱越精彩。它们究竟如何承接科研院所与高校溢出的先进科技资源，使知识经济外溢呈现出规模效应？“院所经济”又是怎样转化为企业发展动力与效益，带动当地企业发展，形成“冠军企业”集群？

“镇厂之宝”的秘密

在派克的锻造生产车间里，直径达9.2米的铝合金环锻件是该企业的“镇厂之宝”。这是目前世界上直径最大且一次锻造成功的铝合金环锻件，用于国内重型火箭的预研。

“如果没有跟科研院所合作，你看不到现在这么大一个圆。”派克常务副总经理李姚君说。2013年以前，企业主要生产民用铸锻产品，之后与无锡市内航天领域的科研院所合作，突破了多项关键技术，才生产出这一环锻件，并由此一举转型跨入航天配套领域。

为了保持在行业中的领先地位，在3年多时间里，派克已经在技改上投入了5亿元，每年投入研发经费保持在1500万元左右，并与科研院所保持密切的项目合作关系。

正是对科技创新的坚持，派克已经成为中国航空发动机、燃气轮机等高端产业链的重要供应商之一。

2017 年，全球航空发动机三大巨头之一的英国劳斯莱斯到派克考察，它的到来，让派克对未来的发展充满了信心。“我们的目标是，到 2020 年，企业高端锻造产值达到 6 个亿。”李姚君说。

在无锡，像派克这样实现跨界发展的“隐形冠军”企业还有很多。

信捷电气是一家从事工业自动化产品开发应用的高新技术企业，目前瞄准了智能控制和智能机器人领域，已成功开发人机界面（HMI）、智能机器人、机器人专机、机器人生产线等工控全系列产品，打破了国际品牌在国内的垄断局面。

新版“三顾茅庐”

从传统制造走向高端制造，无锡上述两家企业发展的背后，依托的正是无锡市科研院所强劲的研发力量。

派克十分注重与科研院所、高校的产学研合作。“高校深厚的基础理论研究弥补了小型企业的短板，企业的实践经验又能更新教材的内容，高校也因此受益。”李姚君说。

他回忆，在派克遇到瓶颈的时候，企业多番上门寻求一位院士的技术支持，上演了一出新版“三顾茅庐”，“是企业强大的执行能力打动了她”。

目前，派克与中南大学、江苏大学等高校开展了长期的产学研合作，近三年在产学研合作中投入的经费就近 800 万元。“我们与科研院所、高校都有很深的合作感情，就像兄弟一样，一起努力提高产品技术含量。”李姚君说。

在企业竞争中，人才争夺日趋激烈。而与科研院所以及高校联合培养人才，正成为企业获取人才储备的新方式。

“我们邀请科研院所老师到企业讲课，提高技术人员理论水平，在工作中得到实践。”信捷电气校企合作部区域经理王正堂说，“信捷电气已在江南大学等国内外近 50 家高校、院所设立了研究生工作站。”

“每年我们会从院所里挑选 1—2 名学生到企业实习，实习期短则一个月，长则一年。”王正堂说，“企业根据研发项目和研究课题为学生量身定制实习计划，满足高层次人才的研究需要，让他们能够得到充分锻炼。”

王正堂认为，无锡对科研院所的重视，正潜移默化影响着当地的企业。与高校、科研院所合作共同进行技术创新、人才培养，成为企业创新发展的新潮流。

院企互动无缝对接

企业与科研院所的良性互动，让其在技术提升的道路上越走越远，不仅助推了企业的转型升级，还逐渐形成了无锡的“隐形冠军”企业集群。

一组数据可以说明无锡企业质量水平之高。2015年“中国制造业500强”中，无锡有22家企业入选。在2015年江苏省百强民营企业中，无锡有17家入选，冠绝江苏。

如今，借力科研院所，传统产业高端化已是无锡企业的自觉行为。江苏永翰联合西北工业大学等高校，组建高技术人才队伍，实现蒸汽轮机、内燃机涡轮叶片国产化，打破国际垄断；江苏省无线电科学研究所有限公司与中科院等合作，提升了中国大气探测产品的技术水平……

与此同时，政府也在为企业营造良好的创新氛围。以无锡高新区为例，该区正搭建“产学研众创空间在线平台”。

无锡高新区科技局局长桂涛说，该平台旨在引导高校专家的研究成果与

无锡被誉为“院士之乡”“教育之乡”，已集聚高层次人才超11.1万人

区内企业技术需求自主无缝对接。截至2017年8月，武汉大学等39家高校已发布技术成果2894项，高新区企业发布技术需求245项。对于达成合作的项目，高新区将给予企业10%—20%的资金补贴。

截至2017年8月，无锡高新区拥有国家传感网工程技术研究中心等国家级研发机构5家，省级研发机构124家，卡特彼勒等40家外资企业在区内设立全球或区域性研发中心，大中型工业企业和规模以上高新技术企业研发机构建有率，分别达到80%和100%。

良好的科技创新氛围，吸引了众多世界500强企业纷纷落户无锡。仅在无锡高新区就有53家，如三菱、松下、施耐德、西门子等。

区域样本

新产业是如何诞生的

在无锡高新区内，由药明生物投资建设的制剂生产基地正如火如荼建设中。该基地总投资超1.8亿美元，将生产全球创新药的片剂和胶囊制剂，项目达产后将新增2000个就业机会，预计年产值最高达到28亿元，进一步带动无锡生命科技产业的快速发展。

无锡高新区内，生命科技产业的强势崛起，有赖于创新力量的集聚。在这里，一批世界500强企业已进驻，几乎平均每天诞生一家科技型企业。科技创新使得无锡高新区内新产业、新模式、新业态不断涌现，助力其成为无锡市科技创新高地。

生命科技产业成高新区“台柱子”

药明康德是全球领先的制药、生物技术以及医疗器械研发能力和技术平台公司。在它的推动下，越来越多知名生物医药企业到无锡落户发展。

“生命科技产业投入大、回报周期长、风险高，但一旦成功投产，爆发力强，利润率高。”无锡高新区生命科技园有关负责人说，“生物科技行业在美国硅谷崛起，而在北京中关村内，生命科技企业的数量已超过园区企业总数的一半，像药明康德一样的自主创新‘小巨人’也将成为无锡高新区建设生物医药谷的主力军。”

事实正如该负责人所说。近年来，多家生命科技产业“巨子”的全产业链项目在无锡高新区启动。如阿斯利康新建新药研发基地及中国商业创新中心，通用电气医疗与无锡市人民医院开展本土化医疗服务合作，韩国科玛设立科玛化妆品中国总部……

其中，阿斯利康作为最早一批到无锡开拓生命科技产业的外资企业，自1999年投资建厂以来，已在高新区形成了阿斯利康亚太区的生产、销售、物流中心。

从“大科学”到“大产业”，生命科技产业逐渐成为支撑无锡高新区经济发展的“台柱子”。数据显示，无锡高新区现有生命科技企业200多家，包含生物

近年来，多家生命科技产业“巨子”的全产业链项目在无锡高新区启动

医药、医疗器械、医药物流、智慧医疗、康健服务等行业。

翻开无锡高新区“十三五”规划可以看到，一张千亿级生命科技产业蓝图已经绘就。未来五年，无锡高新区将力争获批药品进口口岸所、国家级生物医药创新中心、区域性体外诊断检测中心。到2020年，该区产业总收入目标突破1000亿元，聚集专业人才1万人，加快生命科技园研发区和大学科技园创新创业加速器载体建设，营造健康生态体系。

平均一天诞生一家科技型企业

生物科技产业的腾飞只是无锡高新区发展的一个缩影。作为无锡市科技创新高地，无锡高新区已建立起具有吸附力的创新创业生态圈。在这里，一批世界500强企业的进驻，推动了一批又一批科技型企业诞生。如今，高新区几乎平均每天就能诞生一家科技型企业。

“科技创新给无锡高新区带来的最大收获是新产业、新模式、新业态不断涌现，新兴产业增势迅猛，已成为无锡高新区发展蓝图中最稳定的中坚力量。”无锡高新区科技局有关负责人说，“物联网、集成电路、软件和生物医药成为该区战略性新兴产业的‘四大金刚’。”

除此以外，2016年以来，无锡高新区落实以环境吸附创新、以创新驱动发展战略，主推18项重点工作计划。其中，以建设物联网小镇、文化小镇、航空小镇等6个特色小镇为抓手，无锡高新区启动了“城市云脑计划”，推动产城融合，并完善科技政策，推进科技孵化、产业化、资本市场化。

与此同时，无锡高新区积极为企业搭建创新“朋友圈”。上述负责人说，该区的“产学研众创空间在线平台”正如火如荼运行中。该平台旨在引导高校专家的研究成果与区内企业技术需求自主无缝对接。截至2017年年底，武汉大学等39家高校已发布技术成果2894项，无锡高新区企业发布技术需求245项。对于达成合作的项目，高新区将给予企业10%—20%的资金补贴。

从5.45平方公里的“小圈”到220平方公里的“建制区”，从制造高地到科技新城，无锡高新区展现出强劲的经济实力。数据显示，2017年，与无锡高新区采取“区政合一”体制的无锡市新吴区地区生产总值增长8%左右，公共财政预算收入、税收收入增速均居无锡全市第一，到位外资在江苏全省县（市、区）和开发区中排名第一。

调研手记

吸引年轻人才要靠好环境

《智能转型：从锈带到智带的经济奇迹》中提到，“智带”是一个由全然不同的实体组成的生态系统，内部各实体相互信任，深谙合作之道。但智带又不仅限于此，它还具有独特的环境，这种环境能如磁铁一般吸引人才和有核心业务的企业，并且能为它们的合作项目提供支持。这类环境具备足以吸引人才的物质条件：科技园区、创业孵化器、公用工作设施、翻新后的工厂办公室。这样的环境可以吸引大量年轻并具有流动性和多样性的人才。

无锡正是对“智带”的最佳现实诠释之一。

无锡向来以“小上海”著称，被誉为“院士之乡”“教育之乡”，孕育了国学大师钱穆、物理学家钱伟长为代表的“钱氏一门六院士”，以及经济学巨擘钱俊瑞等各界名家。在推进人才工作方面，无锡一直不遗余力。

近年来，无锡不断加大引才力度，以政策和服务吸引留住人才。目前无锡在科技、教育、卫生等板块都设有人才领导小组，专门对接人才需求，提供一站式服务。

2017年8月，无锡正准备一场高层次人才创新创业交流大会，邀请了200多位国家“千人计划”专家以及两院院士参加。这么高规格的人才盛会，从无锡市政府到媒体到市民，都表现得很“淡定”，感觉已经习以为常，足以证明该地区与高端人才之间的沟通密切。

事实上，无锡是江苏乃至全国在创新创业人才引进方面做得最好的地区之一。早在2006年，无锡就开始了著名的“530”计划，即在5年内吸引30位海外科技创业领军人才到无锡创业。2017年6月初，无锡出台升级版“太湖人才计划”，向全球发出“招贤令”。

目前，国内不少二、三线城市也陆续推出人才政策，其中包括人才购房补贴等。虽说房子补贴有很大的吸引力，但从长远角度来看，要真正吸引和留住人才，当地就业环境、所从事产业在当地发展状况、经济结构调整能否适应现代化制造业需求等因素，包括公共产品等软环境都需要进行相应提升。在这些方面，无锡给了其他城市积极正面的参考。

CHANGSHA

长沙 智能制造：城市发展“新引擎”

“一个城市如何培育两大工程机械巨头？”每年，长沙市政府相关负责人都会收到这样的提问。

相比株洲市、湘潭市等重工业老区，长沙工业基础并不算强，却孕育了三一重工、中联重科等龙头企业。数据显示，2005年，长沙全部工业总产值为1300.62亿元；至2015年，长沙工业产值已达万亿规模。十年间，长沙工业增长了530%。

站在新的发展风口，长沙正借力“互联网+”，以智能制造推动装备制造业的发展，加速打造“国家智能制造中心”。

龙头企业带动 促当地及周边产业链完善

随着工程机械行业持续回暖，春节假期还未过完，三一重工即复工生产，开足马力赶订单；新年开工日，中联重科总价值逾亿元的明星产品从各大工业园出发，交付到海内外客户手中，其中大多为新一代智能化产品。

积极拥抱智能制造，龙头企业的快速发展，正加速推动长沙装备制造业的转型升级。2017年3月初，湖南省主要领导赴三一重工调研项目建设工作，就众智新城项目推进问题现场办公。作为三一重工推动智能制造的重要抓手，三一众智新城智造创新旗舰项目拟投资300亿元，在长沙产业园引入“现代工业家+”体系，建设工程机械主题的现代工业经济综合体。

在龙头企业的带动下，长沙装备制造业快速发展，并带动完善当地及周边城市的上下游产业链配套。长沙市经信委相关负责人说，三一重工等龙头企业通过发展租赁业务，带动了融资租赁市场的发展。与此同时，长沙轨道交通装备产业发展，特别是长沙磁悬浮工程和长株潭城际铁路工程建设，带动了交通、物流等产业的发展，促进长株潭区域经济的发展。

实施区域优化布局亦成为龙头企业加速产业发展的重要做法。山河智能装备集团是长沙装备制造业的佼佼者，其将航空产业布局在株洲，充分利用株洲的人才和优势，实现企业的横向扩展；长沙制造业龙头企业蓝思科技则在湘潭投资30亿元建设高端消费电子防护屏新生产基地，实现产业规模进一步扩大。

三一重工的十八号智能生产车间，图中生产的是三一核心产品泵车的臂架

园区的错位规划联动也在加速推动长沙装备制造业的发展。围绕“高端制造研发转化基地和创新创意产业集聚区”的战略定位，湖南湘江新区重点发展高端制造业，新区所辖的3个国家级园区和2个省级园区，在智能制造产业定位和布局上实现了差异化竞争和特色化发展。例如，长沙高新区重点发展智能装备制造业、新一代电子信息技术产业、节能环保和新能源产业以及生物医药产业；宁乡经开区重点发展智能家电产业、新材料产业和食品精深加工产业；望城经开区重点发展有色金属精深加工及先进制造业和食品精深加工产业；宁乡高新区重点发展工程机械等先进装备产业和先进储能新材料产业。

跨越“低谷”
智能制造引领快速发展

据中国工程机械工业协会挖掘机械分会行业统计数据，2017年1—12月纳入统计的25家主机制造企业合计销售各类挖掘机械产品140,303台，超过2015年、2016年销量之和，创下自2012年以来最高销量，意味着工程机械行业加速复苏。其中，三一重工实现销售近3万台，超过2011年历史顶峰销量。

作为装备制造业的核心产业，工程机械2005年起进入发展加速期，并在2010年成为长沙第一个千亿级产业集群。“十二五”规划初期，其增速最高曾达40%以上，工业总产值最高超过1900亿元。

受国内基建步伐放缓、外部环境和宏观政策等影响，2012年下半年起，长沙工程机械产业发展增速放缓，甚至出现了负增长。“全行业企业数减少了75%，客户也减少了。”三一重工总裁办主任陈静回忆。

面对“低谷期”，三一重工通过“开源节流”，对企业制度流程进行重新梳理，与IBM、华为合作开发新系统，持续推进智能制造，大幅提升企业流程效率。

无独有偶，中联重科亦通过重视智能制造的发展，推进“产品4.0”工程，对生产线进行升级改造，同时加快“走出去”，在海外市场闯出一片天地。

在湖南省政协经济科技委员会主任、九三学社湖南省副主委吴金明看来，目前，众多发展中国家城市化建设工程对工程机械产业发展将起到极大的促进作用。“预计这些国家的发展将带给中国工程机械二三十年的黄金发展期。”吴金明说，“国内建设正从地表大规模转向地下，地铁盾构机和一些特种设备的市场增长可能接近甚至超过100%。”

随着工程机械行业的“复苏”，长沙工程机械龙头企业正积极对接“一带一路”、布局全球市场，加大产品结构调整，通过大力实施智能化制造，助推产业的转型升级。

湖南大学科学技术研究院院长孙炜说，“这也为智能制造提供核心力量的机器人产业带来新机遇。如今国内机器人产业以集成应用为主，而凭借中国学术研究及产业基础，未来机器人企业可抓住核心部件这一突破口，打造国内龙头企业。”

装备制造业的新趋势
搭建平台促工业“上云”

除了来自企业的创新力量，系列扶持政策的有力支撑，亦加速推动长沙装备制造业实现新发展。

2017年12月，在第二届中国（长沙）智能制造峰会暨长沙国际智能制造技术与装备博览会高峰论坛上，湖南省经信委与长沙智能制造研究总院（以下简称“研究总院”）签订长沙工业云平台向全省推广服务合作协议，拟将长沙工业云平台打造成为符合湖南省产业特色的省级工业互联网平台，为企业、政府提供专业服务。这意味着，长沙工业云平台将在服务长沙的基础上，为湖南省企业进行转型升级服务。

这是长沙装备制造业借力“互联网+”实现快速发展的新成果。早在2015

三一重工展厅内，摆放着其生产的世界泵王模型

年，研究总院挂牌，成为长沙推动智能制造的顶层设计机构。2016年，长沙工业云平台正式发布，透过线上线下的资源整合，帮助企业通过智能制造实现转型升级。

长沙全力推动工业经济发展的探索早已开始。2008年，长沙就提出要打造“中国工程机械之都”，在2011年又提出打造“全世界最大的装备制造基地。”2014年9月，长沙发布《工业机器人产业发展三年行动计划》。与《行动计划》一起公布的，还有长沙智能制造第一批30个试点示范项目和一系列配套政策。2015年，长沙发布了《长沙智能制造三年（2015—2018年）行动计划》，并配套出台新材料、工业机器人、北斗、虚拟现实等产业三年行动计划。

“智能制造三年行动计划”出台三年来，长沙入选全国首批“中国制造2025”试点示范城市，230家企业先后入选市级智能制造试点示范企业，其中20个企业、项目获批国家级智能制造试点示范，企业和项目数量居中部省会第一。

2017年6月，长沙市委、市政府出台《关于振兴长沙工业实体经济的若干意见》，围绕降低企业运营成本、推进产业转型升级、帮助企业开拓市场、加大人才培育力度、优化实体经济发展环境5个方面，用30条具体措施，激发产业活力，振兴长沙工业实体经济。目前，“工业30条”的首批74个配套细则（方案）已出台。

三一重工相关负责人说，“工业30条”为企业带来“真金白银”的福利，可在一定程度上减少企业的建设成本、运营成本、技改成本。“这是国内目前干货最多、可操作性最强、综合力度最大、含金量最高的振兴工业实体经济的政策文件，足以载入长沙工业发展史册。”《经济日报》如是评价。

2017年7月，长沙出台《长沙建设国家智能制造中心三年行动计划（2018—2020）》，提出分三个阶段，构建长沙“产业智能化先行区”、东部及中西部集群式培育“智能产业化引领区”和“高端智能装备知名品牌聚集区”。《行动计划》提出，将力推智能制造技术与装备实现突破并形成产业集聚，助推智能技术及装备形成千亿级产业规模。

长沙行记 1

两年半汇聚 4000 家企业
“移动互联网第五城”如何激活智能制造

2017 年 8 月末的一天下午，湖南长沙国家高新技术开发区(以下简称“长沙高新区”)，远大住宅工业集团股份有限公司（以下简称“远大住工”）生产车间里，庞大的 PC 构件在装架前被贴上象征“身份证”的二维码。不远处，远大住工全球数据运营控制中心大屏幕上，远大遍布全国的各工厂生产、采购、销售等信息不断更新。

二维码跟踪、大数据监测，远大住工的这一幕在很多长沙制造业企业中正成为一种常态。

2016 年底，长沙提出打造“国家智能制造中心”的目标，移动互联网产业的高速发展为这一目标提供了更坚实的底气。

截至 2017 年上半年，长沙高新区已经聚集了腾讯、阿里巴巴、御家汇等超过 4000 家移动互联网企业，长沙被称为“中国移动互联网产业第五城”。而两年半前，长沙全市才有不到 200 家互联网企业。

“互联网 + 制造”加快了长沙装备制造从“制造”到“智造”的步伐，“移动互联网第五城”激活了全市的“智能制造”。

数量倍增
崛起移动互联网第五城

驱车行驶在宽阔的岳麓大道上，富有现代化气息的大楼栉比鳞次。一座靠近主干道的玻璃高楼上，“御家汇”三个大字分外显眼。这个旗下拥有御泥坊、师夷家等护肤品牌的互联网科技企业从长沙起步。500 米开外，是手机直播平台映客直播的总部所在，腾讯、阿里巴巴的创新研发中心也云集于长沙高新区。

长沙高新区管委会经济发展局（知识产权局）副局长陈北说，截至2017年6月底，该区移动互联网企业总数已达4009家。在其带动下，“长沙移动互联网企业数已排名全国第五”。

相比存量，增量更令人惊叹。2017年上半年，长沙高新区新引进移动互联网企业754家。陈北预计，到2017年底，辖区移动互联网企业有望超过4500家。

企业的集聚，也迅速拉动产值的攀升。长沙高新区位于湖南湘江新区内，湘江新区统计数据显示，2017年，新区以移动互联网为主的电子信息产业实现产值600亿元。

至此，一个新的移动互联网之城已矗立于前。

陈北说，腾讯、阿里巴巴分别在长沙高新区内设立了创新研发中心，为新企业的裂变提供孵化。与此同时，更多创新企业选择把总部搬往长沙。2017年5月刚获得1亿元A轮融资的大数据金融科技公司福米科技正是其中一个代表。

长沙也拥有自己的互联网品牌盛会。每年4月初，长沙岳麓山脚下都将迎来移动互联网岳麓峰会，至今已成功举办四届。在2018年的峰会上，IDG资本全球董事长熊晓鸽、陌陌创始人兼CEO唐岩、滴滴出行创始人程维、著名天使投资人王刚、58集团董事长兼CEO姚劲波等“大咖”齐集，共商长沙互联网发展。

整合“干货”“政策一定会兑现”

把目光回溯到两三年前，长沙的移动互联网产业并不引人注目。“2014年，长沙的互联网企业只有一两百家。”陈北回忆说。从全市互联网企业不足200家，到现在仅高新区就有超过4000家移动互联网企业，这背后的关键“推手”是省、市、区三级资源整合。

2014年，湖南省提出要加快移动互联网发展。当年10月，长沙就成立了移动互联网产业联盟。11月，长沙市移动互联网产业发展联席会议制度建立。12月，《长沙市人民政府关于加快推进移动互联网产业发展2014—2016年行动计划》也得以出台。

“在几个月时间内，省、市、区密集出台各类政策，扶持移动互联网产业发展。”长沙高新区管委会经济发展局（知识产权局）工作人员说。

各级的政策并非简单复制，而是各有侧重。经济发展局工作人员举例，如省层面会加强对大项目的一次性资金扶持，市级层面予以人才政策扶持，高新区则做好最后一公里落地服务，提供房租、税收等优惠。高新区在原有的“1+x”产业发展政策体系中，还单列移动互联网产业专项政策，并由此延伸出“柳枝行动”。

“柳枝行动”对企业的支持都是“干货”——截至2017年7月，该计划累计扶持逾4000人，300多个项目受益；同时，帮助各创业团队对接200余家投融资机构，42个团队获得天使轮或A轮融资，融资达2亿元。

“政策是干货，一定会兑现。”经济发展局工作人员说这就是长沙高新区出台政策的承诺。

在陈北看来，这些政策“一切都为企业服务，想企业所想”。

对于移动互联网的发展中，长沙的目标并不止于其单个产业的发展，“要让‘互联网+’渗透到更多行业当中”。

浏阳市有一门即将失传的古法造纸术，通过长沙本地研发的“非遗宝”APP推动，重新焕发新生；传统的苗绣，在互联网带动下，成为深受年轻人欢迎的时髦品；“互联网+家纺”，则让发展受局限的家纺企业，实现从单纯家纺设计制造到涵盖整个家居领域的高端产品定制化生产的蝶变……

“‘互联网+’的发展，能带来销售渠道的改变，加强云计算能力，以及通过局部智能制造带动全行业提升。”长沙高新区管委会经济发展局（知识产权局）相关产业负责人说。

动力激活
装备制造业的新“窗口”

长沙的移动互联网产业正扮演智能制造“激活者”的角色。

在三一重工股份有限公司（下称“三一重工”）车间内，每个泵车车身上都安装着一个“黑匣子”。公司相关负责人说，这是三一重工独有的记录系统，与飞机的黑匣子类似，可记录运行轨迹，并将数据传输至三一数据中心。

“通过这一数据传输，坐在调控室的工程师能预判汽车行驶情况。一旦接到故障报告，可以通过数据分析进行远程指挥，大约60%的问题可即时解决。”这位负责人说。

在离三一重工50公里的长沙格力暖通制冷设备有限公司内，“互联网+”正支持全流程协同的智能制造工厂打造。在这里，计算机仿真、机器人、物联网等技术，打通了信息在横向各系统模块之间的壁垒。

在威胜电子，其产品能将电表、水

表和充电桩等个人或企业的能源计量单位，以智能化方式显示出来，改变企业的信息流程。

企业之外，“互联网+”也正渗透至有关的智能制造规划中。

2017年7月，长沙出台《长沙建设国家智能制造中心三年行动计划（2018—2020）》，成为实现“国家智能制造中心”这一目标的“施工图”。该计划提出，长沙到2020年形成530家（个）市级智能制造示范企业（示范车间）。这被许多业内人士认为是2015年出台的《长沙智能制造三年（2015—2018年）行动计划》的升级版。

从此前制定“国家智能制造中心”目标，到相关规划的“无缝衔接”，可见长沙发展智能制造的决心。上述规划还提出，将开展以网络协同制造为代表的智能制造新业态新模式试点示范，以工业云平台等为依托，推动企业间研发系统、信息系统、运营管理系统的横向集成，信息数据资源在企业内外的交互共享。

可见在长沙，互联网产业不仅自身形成了巨大的产业增量，更通过“互联网+”与制造业协同发展，成为长沙智能制造发展中不可或缺的重要力量。

在三一重工的车间内，每个泵车车身上都安装着一个“黑匣子”。图为几名工人正在进行泵车部件安装

长沙行记2

经济总量10年增长460%，不靠地产靠“知产”

2017年8月23日，长沙市召开科技创新大会。会上，该市发布了科技创新“1+4”政策体系，成立了长沙市首届科技创新专家咨询委员会。长沙市委主要领导还在会上发出了“创新，创新，再创新”的号召。

2005—2015年的10年里，长沙经济总量增长了460%，增速在全国33个重点城市中居首位，被认为是全球城市竞争力提升速度最快的城市之一。近5年，长沙的科技创新对经济增长的贡献率超过60%。

铁建重工车间里，一台超大直径盾构机正在进行组装

向“国家中心城市”目标迈进的长沙，正在着力打造国家智能制造中心、国家创新创意中心、国家交通物流中心，科技创新在未来10年将扮演更加重要的角色。

一道数学题 科创新政“1+4”支撑打造“国家科技创新中心”

2017年8月23日成立的长沙首届科技创新专家咨询委员会，为进一步推动长沙科技成果创新转化奠定了基础。委员会下设电子信息、生物与新医药、航空航天、新材料、高技术服务、新能源与节能、资源与环境、先进制造与自动化、现代农业、科技管理10个专业委员会，均与长沙产业密切相关。

“这两年，我们多次到深圳、广州、

铁建重工制造的盾构机会出现在北京新机场线工地上

成都、南京、武汉、上海等地，学习对标当地的科技创新政策。”长沙市科技局副局长宋新和说，“按照长沙市委要求部署，长沙首届科技创新专家咨询委员会将对标深圳。”

科技创新大会上发布的“1+4”政策体系让长沙打造国家科技创新中心更有底气。“1+4”是指长沙发布的《中共长沙市委长沙市人民政府关于建设国家科技创新中心的意见》以及4项相关配套措施，瞄准扶持企业自主创新、促进科技成果转化、加快科技平台建设、深化科技金融结合4个关键点发力。

在2016年底召开的长沙市第十三次党代会上，长沙明确提出要创建国家中心城市。

科技对长沙经济的引领带动作用越来越明显。数据显示，近5年，长沙市高新技术产值年均增长18%，科技创新对经济增长的贡献率超过60%。2005—2015年，长沙经济总量增长460%，领跑全国。“这与科技创新密切相关，依靠的不是地产而是‘知产’。”宋新和说。

2016年，长沙在全国省会城市中唯一获评全国创新驱动示范市。目前，长沙市高新技术产业增加值占地区生产总值比重提升到30%以上，每万人有效发明专利拥有量居全国省会城市第四位。

长沙还建立了科技型中小微企业备案制度，梳理摸清市内科技型企业发展情况，形成科技型企业、科技创新“小巨人”企业和高新技术企业的发展梯队。对科技创新“小巨人”企业予以每年最高10万元研发经费补贴，高新技术企业持续予以每年最高20万元研发经费补贴。

10年3次更名
产学研合作深度提升覆盖面扩大

水滴石穿，非一日之功。

作为拥有3所“985”高校、工科专业设置完善的城市，长沙在十多年前就已开始布局深化产学研合作。

长沙市科技局楼层里，有一个名为“科技成果与技术市场处”的处室。该处主要负责拟订全市科技成果转化、产学研合作、技术市场发展的规划和政策措施，并组织开展科技成果转化和推广工作。

2006年，长沙市科技局设立“市校合作处”，主要承担市政府与市内高校的联络工作。

单纯的联络工作难以适应产学研合作的需求。2009年，“市校合作处”整合更名为“产学研合作处”，2011年，又更名为“产学研合作与对外交流处”。在与更多高校与科研院所建立联系的基础上，产业对接成为该处的主要工作内容之一。

2016年，“产学研合作与对外交流处”又更名为“科技成果与技术市场处”。从原来市政府与高校合作的联络部门，转变为以市场为主体，融入产业要素，推动科技创新的职能部门，这在宋新和看来意义深远，“10年间名字的3次变更，体现出长沙产学研合作覆盖面的进一步扩大与合作深度的提升”。

近年来长沙则更聚焦于科技成果转化这一新命题。2017年7月中旬，来自中南大学、湖南大学的教授，带着自己的最新科研成果，与企业面对面进行成果对接。这样的对接会在长沙每年有数十场。

长沙还设立了“产学研合作资金”和“科技成果转化资金”。2011—2015年，上述两项资金共支持项目

2425 项，支持金额达 4.57 亿元。

长沙市科技局内还设有"国际与区域科技合作处"。包括德国、俄罗斯、意大利、美国、澳大利亚等地的高校或科研机构在长沙设立了技术转移中心。

长沙还推动成立了跨地区高校技术转移联盟。宋新和说，当年长沙曾邀请了全国许多"211"的高校负责人来长沙，最终长沙与其中 65 所高校签订了合作框架协议，目前已有 21 所高校在长沙建立了技术转移机构，推动科技成果转化。

"科交会"10 年
每三天就有两个签约项目落户

2007 年，首届中国（长沙）科技成果转化交易会（以下简称"科交会"）举行，到 2016 年已经举行了 10 届。在宋新和看来，北有中国（北京）国际科技产业博览会，南有中国（深圳）国际高新技术成果交易会，中部有科交会。

这是由国家科技部、教育部、中国科学院和湖南省人民政府共同举办的高规格科技盛会。截至 2016 年，科交会签约项目超过 3000 项，签约金额 2500 多亿元，其中 80% 的项目最终落地成为长沙产业发展的重要力量。这意味着，10 年来，科交会签约项目平均每三天就有两个项目落户。

自举办以来，科交会逐渐发生了重要转变：从集中办会向全年活动拓展。自 2016 年 3 月开始，长沙几乎每个月都有科交会活动。宋新和说，目前全年平均有超过 20 场的企业和技术项目对接活动，"科交会已经成为不开幕、不落幕的常态化科技服务平台"。

以科交会为代表的科技创新能力提升，直观体现在企业发展之中。

2017 年 8 月 25 日下午，铁建重工掘进机制造总厂车间前，一列长达 100 余米的盾构机分段封装即将运输发货。在周边车间里面，有北京新机场地铁线盾构机、广州地铁盾构机，还有出口到中东地区的 TBM（岩石隧道掘进机）。

这家 2007 年才成立、2009 年落户长沙的企业，在曾是国外设备"一统天下"的国内盾构机应用领域杀出一条"血路"——自主研发的盾构机连续四年占

铁建重工厂房外，正在吊装的盾构机分段

据国产市场的一半，先后销售400台套；TBM和大直径盾构机占据国内85%的市场份额，成为国产第一品牌；实现国内首次向发达国家和地区出口盾构机……铁建重工10年来填补了30多项国内和世界掘进机及地下施工装备产品领域的空白。

铁建重工宣传品牌部部长麻成标说，铁建重工在技术上有三条“铁律”：一是专注于非标、个性化、定制化，且与施工工法密切关联的高端装备；二是只开发能够填补国内空白的产品，甚至全球空白的产品；三是产品上市后其市场占有率和科技水平必须处于国内行业前三名，否则纳入淘汰范畴。

麻成标说，市场自信来自技术自信。铁建重工研发人员占员工总数的20%以上，拥有6个技术创新平台和10个核心创新团队，拥有20多名博士，40%的员工为硕士，研发投入强度一直保持在5%以上。

麻成标说，长沙扶持重点产业发展，出台振兴实体经济30条优惠政策，公司契合的条件有20多条。长沙市科技和产业扶持政策是企业发展的重要支撑。

长沙行记3

智能制造有个"总管家"，企业升级就像逛"淘宝"

从古法酿造酱油到高能量密度锂电池，从数字化车间总体设计到智能制造设备攻关，多元化的企业，多样化的需求，都能在长沙"工业云平台"上找到适合自己的解决方案模块。这就和在网上逛"淘宝"买衣服一样。

设计管理这个"工业云平台"的长沙智能制造研究总院，就像是长沙智能制造企业改造升级的"总管家"。

合纵连横
超越空间的"1+1+N"合作

2015年7月，《长沙智能制造三年（2015—2018年）行动计划》吹响了进军智能制造的号角。

1个月后，长沙智能制造研究总院（以下简称"研究总院"）挂牌，成为长沙推动智能制造的顶层设计机构，是央企与地方政府在智能制造领域深度合作共建的第一次尝试。建院之初，长沙就借鉴深圳、武汉等地的成功经验，结合本地实际，将长沙智能制造研究总院定位为企业运作、政府采购服务的模式，更能激发研究总院自身的活力。

研究总院副院长贺军说，总院的目标是探索并打造"1+1+N"智能制造产业生态模式。

"1+1"指的是央企中国电子信息产业集团有限公司（以下简称"中国电子"）与长沙市人民政府合作共建，"N"则包括国内外企业、高校、科研院所等。

根据行动计划，研究总院瞄准智能制造先进及适用技术，为全市制造企业提供共性关键技术对接，引进、培养人才和核心团队服务，引领智能制造协同创新体系建设。

研究总院还引入海外企业资源，让长沙智能制造可以与国际一流企业对标。依托中国电子，研究总院与IBM共建联合创新实验室，与西门子共建智能制造应用服务中心。

纵览研究总院的运作模式，它利用市场化手段为长沙智能制造提供了从顶层设计到具体方案的解决路径，并借助国际资源实现了产业层次的提升。目前，研究总院正为长沙市230家智能制造示范企业提供免费咨询等服务，2017年起至2019年每年再增加100家。而远期目标是为全市2600多家规模以上企业提供智能化改造服务。

研究总院正在成为长沙智能制造企业发展的“总管家”。

工业云平台 智造解决方案的“淘宝店”

点击研究总院官方网站，有一个名为“长沙工业云平台”（以下简称“工业云”）的链接。它是研究总院的核心竞争力所在。

2016年9月6日，2016中国（长沙）智能制造峰会开幕式上，“长沙工业云平台”正式发布。长沙市主要领导在会上说，长沙工业云平台在云服务层集成部署多款在线应用和服务工具，有效地盘活长沙企业存量资源，形成智造产业平台，可实现资源的集成共享、技术的协同攻关、市场的合力开拓、成本的明显降低。

在工业云上，企业可以发布供给和需求信息。涉及行业涵盖食品、生物医药、电子信息、工程机械、汽车与零部件、新材料等长沙支柱产业，服务类型包括研发设计、生产制造、仓储物流、销售服务等全流程。

“一家有智能改造需求的企业，可以在工业云上寻找到解决方案、数据采集分析、实验检测服务、关键专机设备，就像逛‘淘宝’一样。”贺军说。

湖南兴邦重工有限公司负责人说，利用工业云平台，企业减少了一次性建设投入，仅须在使用过程中适当付费，就能获得产品的远程监控能力。

研究总院2025智造工场负责人说，创业团队可以利用云平台，实现创投项目资源的精准对接与快速获取。类似的案例在研究总院比比皆是。

作为研究总院的“大股东”，中国电子也获益匪浅。中国电子负责人说，工业云提供了很好的研发设计工具和企业管理应用服务，帮助企业降低了约三成的信息化成本。

在长沙，无论是2015年的智能制造三年行动计划，还是2017年的智能制造中心三年行动计划，工业云都在其中占有一席之地。

2015年，长沙提出，要以市场换

产业，引进、培育、聚集一批云计算与大数据服务平台，逐步形成智能装备产业集群，同时在流程制造、离散制造、智能装备和产品、智能制造新业态新模式、智能化管理和智能服务等方向推进一批传统企业开展智能制造试点示范。

未来工业云将成为长沙建设智能制造公共服务平台的重点之一。长沙将依托研究总院和各园区力量,完善工业云，并打造成省级“云平台”。同时，将打造5个以上基于长沙工业云平台的行业云，并加强与华为“软件云”、三一“根云”的合作，发挥工业云共享、服务、创新平台作用，使工业云服务于制造业研发、生产、管理、营销、物流、服务等全流程，推动制造业研发创新体系、生产组织方式和经营管理模式的持续变革与创新。

中国工程院院士、国内自动化领域专家桂卫华评价说，长沙工业云平台的建设对于打造创新、开放、共享的智能制造业生态具有里程碑的作用。

双创动力
佛山能否借鉴“长沙模式”

研究总院不仅是长沙企业智能制造的“总管家”，也是创新创业者的“娘家”。

走进长沙市高新技术开发区中电软件园9号楼——智能制造大厦，第一层是研究总院的展览馆。自成立以来，研究总院2025智造工场已进驻孵化项目29个，其中部分已基本完成孵化，即将走向市场竞争。

在孵化服务展示区，苏科智能科技有限公司的3D购物模拟平台常有参观者驻足。

苏科智能开发的“面向智能制造的实景逛街购物平台”不但采用立体化试穿效果展示，还实现了消费者下单到生产的全流程控制。

进入平台后，消费者用手机APP拍摄正面、侧面和背面三张照片，照片传输至系统后，自动分析生成消费者身体数据，并据此构建3D人体模式。消费者不但可选择衣服、裤子、鞋帽等产品，还可选择在现实背景中观看试穿效果。确定下单后，工厂即可开始生产，而且全程监控。

这只是苏科智能开发的智能网服务平台中最简单的应用。这一平台还可应用于智能制造、智慧城市、智慧农业、智能家居和军工等领域。

长沙衡开智能科技有限公司主要致力于智能化产线整体解决方案，通过研究总院导入产业资源，在短短的一年时间里实现产值过千万元。

研究总院双创服务部部长曾伟说，目前研究总院打造的2025智造工场孵化器，重点培育高端制造装备、AI技术、无人机研发及应用、AR/VR技术、工业大数据服务、智能穿戴设备、3D打印、智能消费产品等产业。

研究总院拥有一支堪称“豪华版”的创业导师队伍，包括多位中国工程院院士，国防科技大学、中南大学等高校的教授，中国电子、西门子和IBM等知名企业的高管等。这成为研究总院培育企业的强大智库支撑。

研究总院展示馆显现出长沙智能制造的雄心壮志——打造“中国制造2025”的“一三二六”长沙模式：“一”是聚焦打造一个智能制造产业生态系统核心目标；“三”是按照“央地协同、市场主导、军民融合”三大原则；“二”是“实体研究院＋线上工业云”双轮驱动；“六”是打造智能制造工业云平台运营中心、解决方案供给中心、产业服务核心智库、创新创业培育基地、金融资本助推平台、产业资源整合平台等六大业务体系。

曾伟曾在佛山顺德国资平台工作过。在他看来，“长沙模式”也有适宜佛山的因素存在。“佛山制造业基础配套完善，产业聚集和自动化程度较高，物理空间载体足。关键是要消除企业对工业互联网等智能制造前沿技术的观望情绪，通过政府引导、市场推动，树立佛山智能制造的标杆企业或者行业，打造智能制造生态圈。”

区域样本

山河智能：以“先导式创新”走出装备制造业“谷底”

2017年3月底，在长沙市首届市长质量奖颁奖大会上，山河智能装备股份有限公司（以下简称“山河智能”）副总经理黄志雄获长沙市首届市长质量奖，成为长沙经济技术开发区唯一获此殊荣的企业个人。

在长沙，提起装备制造龙头企业，除了中联重科和三一重工外，山河智能亦是其中的佼佼者。2017年三季报显示，公司净利润1.14亿元，同比增长231.52%。

与多数装备制造企业一样，山河智能也曾经历过行业低谷期，但正是依靠“先导式创新”模式，这家民营装备制造企业走出了一条差异化竞争之路，目前已跻身于全球工程机械企业50强，世界挖掘机企业20强，在聚焦装备制造基础上，其工程装备、特种装备、航空装备也迎来快速发展。

从技术到管理贯穿的“创新因子”

2017年12月，中国科协公布了2017示范院士专家工作站评选，山河智能院士专家工作站从全国4000多家院士工作站中脱颖而出。这一成立于2013年的院士专家工作站，正是山河智能“先导式创新”体系的一部分。

“所谓先导式创新，就是在市场没有这一技术时，从基础开始进行研究创新。”山河智能董事长何清华给出这一解释。在他看来，先导式创新是包括从基础研究开始，到理论设计、人才培养等全过程，“正因此，先导式创新需要付出很大代价，不免走很多弯路，是一种积淀的创新”。

而从1990年成立起，山河智能就选择了靠发明专利“白手起家”。何清华举了个例子，2001年时，小型挖掘机在市场上还是新鲜事物，“在市场上没有可借鉴的技术，我们花了很长的时间和成本才研发出来，可以说在中国挖掘机方面，山河智能是先导者”。

也正是这一“先导式创新”理念，使山河智能在装备制造这一领域形成差异化发展方向。“我们以技术为基础，因此对企业的发展有着相对理性和客观的认识。”何清华承认在前几年企业发展较快时，山河智能也曾走过弯路，但随着企业技术根基越深，山河智能已越有定力。

敢于“大胆”进行创新，背后离不开山河智能长年构建的强大的产学研团队的支撑。作为创始人，何清华是中南大学博士生导师、机械电子工程学科带头人、中南大学智能机械研究所所长。在山河智能长长的产学研合作名单上，中南大学、上海交大、浙江大学、澳大利亚联邦大学均列于其中。

如今，除了在技术方面，山河智能推行的“大运营模式”同样是以先导式为主，根据企业实际情况和资源条件进行创新，通过管理改革进一步释放企业的“创新因子”。

低迷时做好沉淀，企业发展迎来最好时刻

在长沙，装备制造业的发展曾走过一个“V”字形，2012年前产值一路高歌猛进，从2013年起装备企业遭遇订单下降、利润下滑、裁员过半。“那段低谷期，也有行业本身自律不足的原因，从而导致恶性竞争，产能严重过剩。山河智能在经营方面比较务实，我们一直坚持理性发展。”何清华说。

对于这段五至六年的低谷期，何清华把其看成是挑战亦是机会，“人心没有那么浮躁，更容易做有积淀型的工作，从而更好进行管理模式和技术上的创新”。这段时间，也是山河智能加快“一点三线”业务布局期。

其中，“一点”即“立足装备制造”不动摇，“三线”则包括工程装备、特种装备及航空装备。彼时，工程装备板块在低迷期难以转型，山河智能就进行经营模式调整，把效益优先放在第一位，在坚持“先导式创新”理念下，通过节能挖掘机等系列产品推出，突破了国外市场。

而航空装备领域，则是山河智能早在2002年市场还无关注时已开始涉足，通过低迷期的技术积累和调整，目前山河智能在国内已成功首创了用复合材料打作的轻型飞机，并于2016年收购加拿大AVMAX公司。

随着近两年行业的逐步复苏，山河智能这一布局将为其迎来跨越式增长。“可以说，现在是山河智能成立18年来最好的发展时刻。”何清华充满信心。

2017年9月，被誉为工程机械行业发展风向标的2017第十四届中国工程机械、建材机械及矿山机械展览与技术交流会（BICES 2017）上，凭借着创新型的产品，山河智能所有展品在展会首日销售一空，签约订单金额达3亿元。

调研手记

装备制造引领创新的长沙探索

2005—2015年的十年里，长沙经济总量增长了460%，增速在全国33个重点城市中居首位，被认为是全球城市竞争力提升速度最快的城市之一。近五年，其科技创新对经济增长的贡献率超过60%。

长沙与佛山有不少相似之处，尤以装备制造业发展这一点上更为显著。

纵观长沙装备制造业的发展，有三个显著特征。

一是城市产业以装备制造业为龙头，市内产业带动力度和市外产业协作程度都比较高。近年来，长沙全力推动工业经济发展，用自主创新驱动传统产业大步转型。早在2008年，长沙就提出了要打造“中国工程机械之都”，在2011年又提出打造“全世界最大的装备制造基地。在《中国制造2025》公布的半年多前的2014年9月，长沙就发布了《工业机器人产业发展三年行动计划》。目前，长沙国家智能制造试点示范企业、项目位居中部第一。同时，长株潭产业协作程度高——长沙主要以新材料、工程机械和电子信息为主；株洲以轨道交通、航空航天为主；湘潭则以纺机、矿机、军工产业为主。以长沙为核心的长株潭地区的先进轨道交通产业、工程机械制造产业、新材料产业成为湖南的新名片，同时辐射带动了益阳、衡阳、娄底、郴州、岳阳等地区发展。

二是“互联网+”与工业深度融合。目前，长沙高新区移动互联网企业总数达到数千家，全市移动互联网企业数已排名全国第五。而在三四年前，长沙全市只有不到200家互联网企业。“互联网+”反哺了装备制造业的发展。移动互联网产业、北斗产业、智能制造和装备制造业产业协同效益较为明显。

三是14个园区定位清晰，错位明显。长沙有“五区九园”共14个工业园区，包括5个国家开发区、9个省级开发区产业，“五区九园”工业增加值占比超过60%。长沙明确，国家级园区定位发展两个主导产业加一个特色产业，省级园区定位发展一个主导产业加一个特色产业，避免重复发展。

中南大学教授、博导吴金明说，当前是装备制造业发展的新黄金期。发展该产业的城市要抓住这一新黄金期，瞄准市场需求特别是海外市场，加大成熟装备制造企业引进力度，乘势而上，奠定新的产业发展基础。同时，长沙“互联网+”推动传统制造业转型升级，也给了各地新的借鉴。有志于装备制造业的城市可以引进、培育更多专业企业，并加大与现有产业融合程度，最大程度发挥“互联网+”的积极效应。此外，长沙全市各园区统筹规划发展的经验也可供佛山借鉴。在尊重已有产业格局基础上，佛山可以对引进的新兴产业统筹考虑布局，并建立合理的引资方与落地方的绩效考核、财税分成等机制，实现区域协调发展。

NINGBO

宁波 湾区时代的“城变”

2018年1月，“湾区经济”被写入宁波市两会政府工作报告：宁波要打造大湾区中心城市，编制湾区经济发展规划和实施方案，整合宁波杭州湾新区、慈溪产业新城、余姚工业园等平台，建设环湾智能经济新区。

2017年底，浙江发布了其大湾区建设路径，并向外透露了大湾区建设的十大建设平台，其中有两个来自宁波。

早在2017年6月，湾区战略便在浙江上升到一个全新高度。彼时，浙江省党代会提出要谋划实施大湾区建设行动纲要，重点建设杭州湾经济区，发展湾区经济。

从湾区战略提出到建设路径发布，处于杭州湾核心位置的宁波，迎来了一个全新的发展窗口期。

拥有强大港口和制造业的宁波，此前在长江经济带中以交通物流枢纽地位而闻名；在大湾区时代，宁波则立志“要做湾区极核城市之一，形成上海、杭州、宁波‘三城鼎立’之势，打造大湾区南翼中心城市”。

从长江经济带枢纽到湾区极核，战略地位的改变让宁波面临着全新的区位优势与竞争态势。而为了在大湾区占据更有利地形，宁波开启了一场制造体系的再造与产业结构的重塑，并推动了一次迈向“国际港口名城”的城市品质飞跃。

在大湾区风口下，港产皆优的宁波还将迎来哪些蝶变？南方日报调研组走进宁波，一探其湾区经济发展密码。

一次区位的重构 杭州湾极核成就市场资源汇聚红利

“大湾区时代，宁波杭州湾新区的机遇来了！”

宁波制造业重镇慈溪最核心的一大产业集群所在地，是宁波杭州湾新区。在位于该区的沪甬合作示范区管委会大楼内，办公室主任张伟东开门见山地说：“当打破行政边界去看杭州湾地图，曾经既是宁波边缘也是浙江省‘交通末梢’的杭州湾新区，恰巧处在湾区地理空间的‘最中心’。”

湾区战略重构了地区的区位优势，这一特点不仅适用于宁波杭州湾新区，更适用于整个宁波。

2017年7月，在宁波慈溪举行的首届杭州湾湾区论坛上，专家认为，目前杭州湾形成了“1+2+3+X”空间格局，“1”即上海湾区龙头，“2”即杭州和宁波两大极核，“3”即舟山、嘉兴、绍兴三大协同空间，“X”即所有可辐射的沿海和腹地空间；2017年9月浙江公布的《浙江省长江经济带发展实施规划》则明确，宁波都市区作为“两核”之一，要成为长江经济带龙头龙眼和“一带一路”倡议的战略支点。

此前在长江经济带中，宁波更常被提及的是交通物流中心的定位。从物流中心到杭州湾的极核与长江经济带的龙眼，湾区建设让宁波战略地位与空间地位得到了双重上升。而区位的叠加优势进一步反映到市场层面，则体现为宁波市场资源配置的优化和新产业要素的加速集聚。

2017年5月，总部位于杭州的浙江吉利控股集团正式启动了其位于宁波杭州湾新区的吉利汽车（杭州湾）研发中心。吉利向该中心投入了一流的创新配套：其

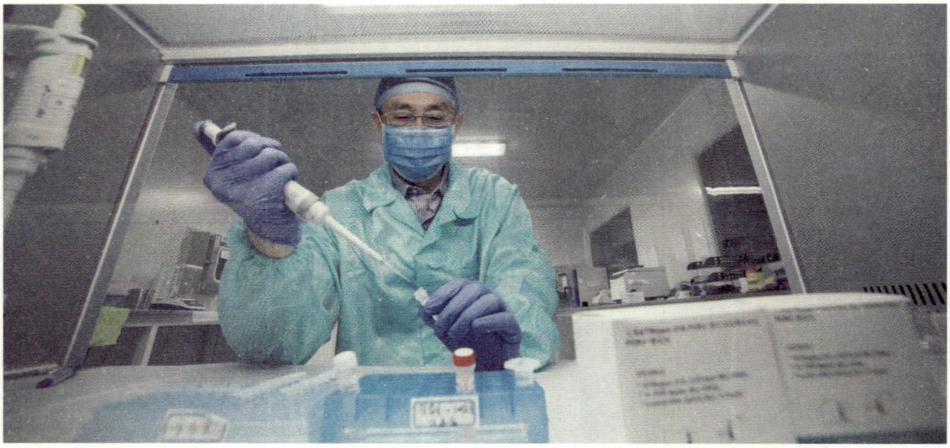

宁波海尔施生物医药股份有限公司研究室

设有国内最大、最先进的整车试制中心，集设计研发、试验试制、质量控制、供应商协同开发于一体，成为吉利在全球的4大研发支点之一。

不仅如此，吉利更多的创新资源与规划将在宁波落地。在建的吉利研究院二期工程，将打造国内综合性最强的无人驾驶试验场，2019年将全部投用。

“宁波处于杭州湾中心，且是‘成本洼地’，拥有土地空间优势。随着湾区的建设推进，越过36公里长的杭州湾跨海大桥，上海、杭州先进的科研教育资源正加速向此涌来。研究院的打造也是看中其在杭州湾的区位优势。”吉利汽车研究院（宁波）有限公司院长助理尹腾辉说。

深挖湾区战略中，享受宁波区位红利的不只是吉利。

2016年4月，方特东方神画主题乐园在宁波杭州湾新区启动营业。作为深圳华强集团旗下的一大文旅项目，东方神画从开业到2018年4月客流量超过530万人次，单个景区门票收入创宁波第一。

“客流量大大超乎我们预期，这与主题乐园的好区位密不可分。这里离上海、杭州等城市都不远，目前80%的游客来自周边300公里范围内的城市。”华强方特（宁波）文化旅游发展有限公司总经理易伟林说，“今后湾区交通基础设施的完善将带动宁波空间结构的优化，尤其是依托正在规划的杭州湾跨海铁路、沿海北线高速公路等，东方神画市场前景将进一步升级。”

一次产业的重塑
促制造业与服务业“双轮驱动”

放眼世界三大湾区，先进高端的产业生态是其最大特点。湾区经济作为一种高级的产业经济形态，同样倒逼宁波展开了一场产业的重塑。

2017年11月，浙江首次发布大湾区建设路线图，透露了大湾区建设的十大任务，其中包括培育世界级创新型产业集群。

这已不是宁波首次从顶层设计上探索产业变革。2016年8月，“中国制造2025”首个试点示范城市花落宁波。彼时，宁波已开始推进制造业体系再造，构建“3511”产业体系，即聚焦新材料、高端装备和新一代信息技术为代表的“三”大战略性产业，提升发展以汽车制造、家用电器等为代表的“五”大优势产业，加快发展“一”批新兴产业和“一”批生产性服务业。

作为杭州湾的核心产业集聚区，宁波杭州湾新区则提出要打造若干个千亿产业集群。目前该区汽车产值已占浙江全省20%，逼近千亿元。“我们还在利用环境与产业优势，打造通用航空、智能终端、生物医药、家电等多个千亿产业群。”张伟东说。

在制造业新体系发力下，传统产业焕发新技术生机，新兴产业不断成长壮大，成为宁波发展的真实写照。

在宁波的临港工业重镇北仑，海尔施生物医药股份有限公司呼吸道病原体多重检测技术可一次性检测11种病毒和肺炎支原体及衣原体，满足临床的急迫需求，成为业内技术领头羊；生产规模、销量均占全球注塑机行业第一的老牌企业海天塑机集团成为全国首批制造业单项冠军示范企业，获得500万元资金扶持，并进军产业价值链上游，自主研发推出注塑机智能化系统。

不仅是优化制造业体系与质量，宁波还不断推进第二、三产业的协同与联动发展。在首届杭州湾湾区论坛上，宁波市发改委副主任、市发规院院长杨馥源说，宁波发展湾区经济要构建先进制造业和现代服务业“双轮驱动”的现代产业体系。

对标三产服务业比重均超过80%的世界三大湾区，2017年服务业增加值占地区生产总值比重为46.8%的宁波着力强化其服务业分量，尤其是依托其强大的港口经济，释放港口服务业优势。

“依托与中欧东欧重点港口乃至其他‘一带一路’沿线国家与地区的港口合作，宁波舟山港将推动宁波打造海上新丝路运输大通道。”宁波舟山港股份有限公司董事会秘书蒋伟说。

他说，2017年前三季度货物吞吐量稳居世界第一的宁波舟山港，正在大力发展由港口经济衍生出来的航运保险、物流、金融业，并进一步加强港口服务业对制造业的促进作用。“我们打造综合物流体系，完善港口信息智慧化建设，并为港口周边企业提供一对一上门服务，降低企业物流成本，更好实现制造产品的位移。”

一次城市的再升级
城建对标国际迈向“名城名都”

芦花千顷，鹭鸟齐飞，麋鹿悠悠。

这片景象，不是荒无人烟的世外桃源，而是宁波杭州湾新区一隅。这个2017年六大先进制造业产值达1198.4亿元的新区，在西北角上，保留着一座国家级湿地公园——这里还是陈凯歌电影《搜索》的取景地之一。

夏季，这里是一望无际的芦苇“大草原”，只有芦苇荡边上那座宏伟的杭州湾跨海大桥，能让人想起这里是宁波，是宁波经济增长的新极核。

“生态生产生活　宜居宜业宜游”，杭州湾新区将它的发展理念演绎得深入人心。数据显示，2017年国庆中秋假期，新区旅游业接待游客37.7万人次，实现旅游收入5317万元，同比分别增长50.5%和35%。

这是宁波全方位提升的注脚之一。

驶入全球竞争的湾区城市，不仅要经济实力的再增强，更要生产生活环境品质的再提升。

宁波早已意识到了这一点。

2017年2月，宁波市第十三次党代会提出了“名城名都”的新目标，“加快建设国际港口名城，努力打造东方文明之都”，着力提升城市品质。

这是实现宁波跨越发展的必由之路，是全面建成现代化国际港口城市、跻身全国大城市第一方队的战略路径。

宁波市发改委原主任、现长三角城市经济协调会专家委员陈飞龙说，要更好地发展湾区经济，提升城市品质，首先要做好基础设施建设，交通路网、城市形态、建设标准都要对标国际一流。

而这也成为宁波发力的重点方向。2012年起，宁波市开始实施三江六岸滨江休闲带提升工程。该工程以三江口为起点，全长约36公里，绿地休闲带总面积约90公顷。2015年，为提升三江口核心滨水区的功能和品质，宁波市面向国际征集三江口公园改造方案，旨在提升外滩公园和老外滩。

如今，每一个宁波人和外地游客都能从“三江六岸”的旖旎风光中，感受宁波的现代化都市氛围。其中的老外滩更已成为宁波的“城市客厅”和“时尚商圈”，也是外国人看宁波的窗口和平台。数据显示，2017年1月至7月，老外滩街区客流量达82.03万人次，其中境外游客24.71万人次，占比30%。

陈飞龙认为，“三江时代”的宁波港口，是内河港口；城市品质升级让宁波经历从内河港到河口港再到现在的国际性海洋大港的“三级跳”，推动宁波不断走向世界，融入世界体系。

从曾经的“国际港口城市”到如今的“国际港口名城”，两者虽只有一字之异，但它代表着不同的发展水平和城市等级。

陈飞龙说，为更好地发展湾区经济，未来宁波还需要从强化基础设施、提升城市功能、创新体制机制上继续做好“城市升级”的文章。“提升城市品质，应当被视为宁波提升其城市首位度的一个抓手，进而辐射整个宁波都市圈。”

宁波行记1

探寻湾区创新密码

企业研究院：新区里的“知识心脏”

《清明上河图》，27米，针织，一次成型。

一幅挂在宁波慈星股份有限公司展厅内的针织画卷，细节生动。“这是慈星电脑横机能做出来的最简单的产品。”慈星互联科技有限公司技术研发部主管熊超说。这一电脑横机，堪称针织界的“3D打印机”，由慈星研究院研制而成。

在湾区，研究院是风头最盛的创新主角。

地处长三角城市群几何中心的杭州湾新区，是宁波打造湾区经济的重要支点之一。在这里，一批企业研究院群已成为强大的创新引擎，包括“浙江省重点企业研究院”的慈星研究院、吉利汽车（杭州湾）研发中心，以及拥有创新研究院、技术研究院、国家级实验室“三驾马车”的方太研发体系……

2017年8月28日至31日，南方日报“十城演义”调研组走读宁波，探访这里的实验室群，寻找湾区里的创新密码。

企业研究院 这里诞生“世界首创”

只要将衣服外形花色等程序输入电脑，按下开关，一台电脑横机配合着有序的节奏自动运转、数卷纱线交错编织。一小时后，一件成型线衫诞生。免去后续人工缝合工序，线衫可以直接穿戴销售。

一件缺领子的上衣在机械臂的挥舞下，自动对准布满细密针头的圆盘机，被缝上领子，比人工缝合快2/3的时间，且解放工人的双眼、双手。

两台机器均来自慈星股份位于杭州

湾新区的生产基地。前者是世界首例比3D打印机还牛的全成型织可穿电脑横机，由慈星与其位于瑞士的研发中心联合研发；后者为自动对目系统，是针织行业机器人先锋之作，由荣获“浙江省重点企业研究院”的慈星研究院打造。作为电脑针织横机全球市场保有量行业第一的企业，慈星多款龙头产品的发源地均为其内部研究院。

2016年，杭州湾新区经济增速居宁波各区县（市）和功能区第一位。新区内龙头企业的创新效益功不可没。而企业背后，充当“知识心脏”的企业研究院群，恰是湾区风头最盛的创新主角。

白色基调的大楼内，开放式设计让人几乎能眺望到每层楼咖啡间、研发室一隅。杭州湾新区唯一一家星巴克潜藏于此，目送着中外工程师手捧提神的咖啡陆续离开。现代化、精英氛围在细节处弥漫。

这里是吉利汽车（杭州湾）研发中心。2017年5月，吉利汽车（杭州湾）研发中心正式启用。整车研究院、汽车动力总成研究院、新能源汽车研究院、汽车创意设计中心等支撑起吉利阵容强大、逐层深入的研发体系。

“这里有国内目前最先进的研发技术中心、整车试验中心、动力总成试验中心、整车试制中心及其生活配套措施，能够进行汽车关键零部件试验和总成试验，新能源电机的性能试验等。”吉利汽车研究院（宁波）有限公司院长助理尹腾辉说。以整车试制中心为例，该中心引进了沃尔沃技术标准，是国内最大、最先进的试制中心。

创新不衰
“全生命周期”研发管理

研究院里的创新如何长盛不衰？开放的创新协作机制与灵活的创新激励机制，是调研组在湾区企业中找到的共同答案。

“浙江省重点企业研究院”的牌子，就摆放在慈星企业展馆墙中间。熊超介绍，这个研究院包含此前收购的瑞士与意大利的两大研究中心，以及国内的研究团队。

借助研究院，慈星早已形成了“全球创新+中国应用”的典型模式，即国内工厂提出电脑横机产品的改进需求，瑞士或意大利中心提供技术解决方案。

“当然，这两个中心侧重点不同”，熊超解释，“瑞士研发中心更重视硬软件一体化的核心技术研发，意大利的则主攻电控系统。瑞士军工业发达，瑞士事坦格拥有60余年历史积淀，因此负责机器精密部件的研发。”

距离慈星5分钟车程的吉利汽车研发中心，总投资近60亿元。在这里，近万名研发人员为不同的项目忙碌。

资料显示，吉利以14,000余件申请专利位列国内主机厂前三名。尹腾辉认为，这与研发中心的创新激励机制密不可分。他介绍，吉利研发团队强调“全生命周期”管理，即保留产品研发团队直至产品生命周期结束以保证更新迭代，同时在产品的“生命周期”内，以产品市场表现为基准，持续给予研发人员对应激励。

在吉利，智能驾驶技术、人本安全技术等新产品技术层出不穷。“我们的项目团队划分细致、组建灵活，有以未来需求为核心建立的研发团队，也有以技术为核心搭建的团队，保证研发的多样性与覆盖面。”尹腾辉说。

在这样重视内部创新效益和可持续性的机制环境下，位于杭州湾新区的吉利汽车研发中心，已经承接了吉利汽车绝大部分的研发业务。

政府搭台
要做创新成本最洼地

“我们要打造长三角创新成本最低

吉利汽车（杭州湾）研发中心试制中心——总装车间

宁波慈星股份有限公司研发的自动对目系统

的地方。”沪甬合作示范区办公室主任张伟东说。

2016年，沪甬合作示范区成为杭州湾新区的重点建设方向，目标是使杭州湾新区成为宁波市乃至整个浙江省承接上海先进要素资源的先行示范区。

2017年前7月，杭州湾新区规模以上工业新产品产值达453亿元，新产品产值率更是高达61%，几乎两倍于2016年宁波32%的全市均值。如此高的创新效益，令人咋舌。

张伟东说：“其实各地关于企业、个人的政策都差不多，所以我们非常重视引进平台，单个创新主体的集聚，就交由平台进行市场化处理。”而驱车行驶在杭州湾新区内，映入眼帘确实是研究院、产业园等各类平台。

此外，创新集聚也与政府服务密不可分。“对一个新区而言，‘引进创新’尤为重要，所以我们要做的，就是提供最好的服务。”张伟东说。

复旦大学宁波研究院获得了3亿元启动资金资助；面对吉利研发中心高级人才的居住、子女教育等诉求，杭州湾西新区管委会迅速响应并解决；而打动康龙化成董事长楼柏良的，是“新区领导对生命健康产业的激情和远见”。

“依靠创新，发展高端服务业是我们未来的重点之一。”张伟东说，“但这还需要一个过程。”

宁波行记2

探访全球货物吞吐量第一大港，看“港产互动”之道

以港口“看家本领”带产品通达世界

“大湾区”的风口正影响着更多城市。坐拥全球货物吞吐量第一大港的宁波，无疑是站在风口上的城市。

宁波舟山港码头装卸区，集装箱吊装昼夜不息，最快15秒吊起一个箱子，创世界纪录。巴西矿石在此登陆，浙江轻纺制品、海天注塑机、方太厨电等在此出境。全球物资交汇，罕见的巨型货轮停靠，一切都被打上开放的烙印。

湾区经济的首要特征是“开放”：对内打破行政边界优化资源配置，对外联通世界塑造大空间格局。而港口作为区域开放的重要节点，意义不言而喻。

同时，开放的港口有效服务于制造业发展，是保持湾区经济活跃度的重要基础。

2017年，宁波舟山港货物吞吐量达10.1亿吨，成为全球首个货物吞吐量超10亿吨的大港，连续9年排名全球首位。此外，集装箱吞吐量增长14.1%，居全球第四位。同时期，宁波第二产业实现增加值5105.5亿元，占比51.8%，制造业仍是这座城市的支柱产业。

国际化港口枢纽与制造腹地如何经济互动？2017年8月28日至31日，南方日报“十城演义”跨省调研组走进宁波舟山港，探寻大湾区中的港产联动发展秘籍。

港口“发动机”
区域经济辐射“三级跳”

港口是湾区经济的根本。2017年，宁波舟山港实现货物吞吐量超10亿吨，连续9年领跑全球港口。绝佳的港口条件，让宁波舟山港成为宁波发展湾区经济的最大资本之一；长江经济带南翼龙眼的重要战略地位，更让宁波舟山港承

担了优化宁波在杭州湾城市群分工的经济使命。

2015年，宁波港、舟山港两港开启实质性一体化。2016年随着相关机构的改革，这一酝酿了十多年的一体化战略完美收官。

“一体化可以满足港口发展的资源共享需求。宁波港口的深水资源大部分已被开发完成了，舟山港口恰有丰富的深水资源。依托宁波的产业优势，宁波港口也可以对舟山港口实现经济辐射。”宁波舟山港股份有限公司董事会秘书蒋伟认为，这种打破制度和行政区划制约的资源整合，可让宁波港口经济实现“1+1>2”的效果。“这是宁波发展湾区经济的一个重要前提。”

资源的整合，让宁波成为长三角城市群最重要的货物储运基地。宁波舟山港对华东地区开通了8条海铁联运线，其运量占港口所有铁路运量的六成，宁波—华东地区集装箱海铁联运“黄金通道”加速形成。

独特的区位，进一步赋予宁波舟山港更大的辐射带动作用——宁波舟山港坐落在长江经济带与中国沿海运输大通道“T”形交汇点上。从海外运来的铁矿石等大宗商品，在这一国内最大的铁矿石中转基地和原油转运基地集散，其中一大部分货物都通过“海进江”、海铁联运挺进长江经济带。

“宁波本地钢厂不多，进来的铁矿石一部分通过铁路运到江西，一部分走水路至江苏、湖南。此外，安徽、福建等周边城市也受我们的物流辐射。”宁波舟山港股份有限公司业务部散杂货（油化）中心主任刘金武说。

宁波舟山港全景

从港口延伸的物流干支线顺着长江继续深入内陆。依着华东—长江经济带—内陆的路径，宁波港口经济的辐射实现“三级跳”。“海铁联运还延伸到了新疆、西藏，甚至远至匈牙利。”蒋伟说。

多指标“傲视群雄”更多全球竞争的筹码

码头装卸区，集装箱吊装昼夜不息，最快的效率是15秒吊起一个箱子，创下世界纪录。散货进，商品出，同时大量大宗商品在此周转后继续物流旅程。全球物资交汇，罕见的巨型货轮停靠，这一切为宁波舟山港打上国际化的烙印。

2017年8月初，全球最大超巨型油轮“泰欧”轮近满载抵达宁波舟山港，创下单艘挂靠油轮最大实载量、接卸量两项全国纪录。“泰欧”载重量为42万吨，比世界上最大的现役航空母舰还大好几倍。“能挂靠这样的巨型油轮，是对宁波舟山港港口实力最有力的证明。”蒋伟说。

2017年8月8日，全球最大的42万吨超大型油轮“泰欧”轮成功靠泊宁波舟山港大榭港区实华二期原油码头。在他看来，以宁波舟山港一流的航道、水深等条件，全球几乎所有船型都能在此挂靠。

多项港口物流经济指标“傲视群雄”，让宁波舟山港跻身全球产业经济链条中的黄金枢纽点，更成为宁波乃至浙江抢占全球分工有利位置的最佳筹码。

“随着产业转型升级，装备业出海越来越频繁。一些重型装备必须由特种船舶运输，而这些船对码头吊装能力有很高要求，不少码头不具备这一条件。宁波舟山港则完全不存在这一问题。”刘金武介绍，在优良航道、泊位条件和码头配套影响下，“重器”等产品的出海运输有望成为宁波舟山港的新王牌。

此外，浙江的优势产品轻纺、休闲用品等也主要通过宁波舟山港走向世界。

不仅是构筑通达世界的物流大通道，宁波舟山港还通过主动“走出去”增强在全球港口经济圈中的话语权。“我们在输出港口管理上已经取得了一些成功经验，比如向中东输出无水港的管理。”蒋伟说。

他还透露，宁波舟山港计划与招商局港口合作，推动国内港口抱团走出去。“具体形式还在商议，但目的是实现港口在全球的盈利，增强中国港口影响力。”蒋伟说。

制造腹地利好
港口辐射国内外两大市场

港口的发展不只取决于自身的优良条件，更依赖“足够多的货量”。宁波制造业力量不可或缺。

“目前，工业仍然是宁波最重要的经济形态”，宁波大学商学院教授孙建红介绍，2016 年，宁波市以制造业为主的第二产业占地区生产总值比重近半，其中，“临港工业占到了制造业的65% 左右”。

纵观世界级湾区，东京湾、纽约湾、旧金山湾的湾区经济发展，都离不开港口枢纽与制造腹地的紧密结合。

在调研组走访的企业中，大部分宁波制造产品的“出海”都依靠宁波舟山港。方太集团 · 宁波方太厨具有限公司是宁波家电巨头，其海外市场推广中心经理陈程说，方太的批量产品出海均通过宁波舟山港，因为“宁波舟山港有着密集的海外航线，可以满足我们的需求”。

2015 年，宁波市外贸进出口总额连续三年超千亿美元。孙建红说：“全国只有 8 个城市位列外贸‘千亿美金俱乐部’，这折射出宁波制造业的强大。”

在孙建红看来，作为全球货运量第一的宁波舟山港，是宁波制造进入全球货物供应链的重要节点。“宁波舟山港作为一个内外沟通的平台，是产品、人文、科技等各类要素的集散地。最主要的是，不管互联网、科技怎样改变了交易方式，比如电商的兴起，港口仍是实现货品贸易的最终手段。”

截至 2017 年 8 月 31 日 15 时，宁波保税区跨境电商进口交易额累计突破 100 亿元大关，居国家跨境电子商务首批试点园区前列。这正是港口与制造腹地共同发展的成果之一。

孙建红认为，在本地制造产品“出海”上，宁波舟山港有着直接的推动作用。未来，它应当更好地发挥国际与国内两种市场的结合功能，从而为港口辐射圈内的制造业服务。

对此，宁波舟山港已有布局。蒋伟介绍：“宁波舟山港将继续发挥‘看家本领’，一是搭建通向世界的平台，帮助制造业及其产品走向世界；二是继续打造综合物流体系，降低企业物流成本。”

宁波舟山港海天联运

宁波行记3

走进“中国制造2025”首个试点示范城市

宁波如何做好“制造立市”新功课？

2017年8月中旬，中国知名厨电品牌方太的新品发布会备受瞩目。开启厨房“无人驾驶”时代的智能油烟机等产品，引发了外界对于未来智能化家庭生活的无限想象。

高端智能厨电领航者方太，全球市场占有量第一的海天塑机集团，第一家把DNA案件检测试剂盒销往国际市场的海尔施医药，研发出世界首例全成型电脑横机的慈星股份……

这些主打创新、高端、智能化制造产品的代表性企业，均成长于杭州湾南岸的宁波市。

2016年8月，宁波成为首个“中国制造2025”试点示范城市。2017年2月，宁波市举行的首个重点工作抓落实推进会，焦点是推进“中国制造2025”试点示范城市建设。会上释放出重要信号：宁波要切实抓住打造“中国制造2025”试点示范城市的重大历史机遇，实现制造业涅槃重生、跨越发展，助推该市早日跻身全国大城市第一方队。

向制造再借力，成为宁波的口号与行动。

2017年8月28日至31日，南方日报“十城演义”跨省调研组走进宁波方太集团、海尔施医药与海天塑机集团，探寻宁波制造的现在与未来。

策略聚焦

构建“3511”制造新体系

2017年8月16日，方太新品发布会在上海世博中心揭幕。智能升降油烟机EM7T.S、水槽洗碗机Q7以及天际套系等多款新品亮相。而这些新品最受关注的是其不断优化的“智能化”性能。

以号称“方太革命性创新产品”的智能升降油烟机为例，其“彻底改变吸油烟操控方式，油烟机会根据油烟量大小自动选档，蝶翼板会自动升降捕捉油烟，全程智能吸排。由此，油烟机带入‘无人驾驶’时代。”在方太集团·宁波方太厨具有限公司的研发中心，技术中心产品经理房林解密方太的智能产品精髓。

方太集团等企业不断抢占智能制造风口的同时，宁波已立在了“中国制造2025”潮头。2016年8月，“中国制造2025”试点示范城市工作正式启动，宁波成为首个入选城市。业内人士分析，宁波脱颖而出的原因之一是其策略聚焦。

2015年，宁波已有电子信息制造、汽车制造等多个超千亿优势产业集群。根据《宁波市人民政府关于宁波市推进“中国制造2025”试点示范城市建设的若干意见》（下称《意见》），宁波构建“3511”产业体系，聚焦新材料、高端装备和新一代信息技术为代表的“三”大战略性产业，提升发展以汽车制造、家用电器等为代表的“五”大优势产业，加快发展“一”批新兴产业和“一”批生产性服务业。

这一新型产业体系，不仅巩固了宁波装备、家电、轻纺等优势产业地位，更加速了一批制造新生力量的壮大。

宁波本土企业海尔施所处的生物医药产业，正是宁波“3511”产业体系中加快发展的“一”批新兴产业。这家集诊断产品和药品研发、生产、销售、流通及服务于一体的医疗服务提供商，产品覆盖个体识别、公共安全和精准医疗等高精尖技术应用领域，是业内技术创新领跑者。

“以呼吸道病原体核酸检测为例，普通技术一次只能检测1—2个病原体，须多次检测才能确定感染病毒，而海尔施的呼吸道病原体多重检测技术却可一次性检测11种病毒和肺炎支原体及衣原体。这种技术飞跃让医疗检测更高效，更能对症下药。这是一项临床上急迫需要的技术。”海尔施基因科技技术总监吴勇说。

智变“双王牌”
智能产品+智能生产服务

智能化改造是“中国制造2025”的核心之一。宁波能够成为“中国制造2025”“第一城”的关键，在于其“智造”变革步伐的快速有力。

在以“制造立市”的宁波，调研组发现不少传统制造企业拥有超前而周到的智能化产品思维。宁波民企龙头方太集团董事长兼总裁茅忠群曾在媒体上公开表示，早在1999年方太就用传感技术做出了能自动检测煤气泄漏并报警排气的油烟机。

房林说，在开发与改进智能产品过程中，为更好地了解用户需求和使用习惯，方太集团建立了 living lab 来研究用户在厨房的活动轨迹及厨电的使用状况，让用户也参与到改进产品性能中，优化用户体验。

除此之外，传统制造企业向全链条式智能制造服务方案解决商的转型，是宁波“智变”的又一张“王牌”。

生产规模、销量均占全球塑机行业第一的海天塑机集团，近两年来技改投入约4亿元，用来完善海天工业4.0技术基础平台布局。海天塑机集团不仅加大智能改造力度，本身也从软件、硬件层面全方位切入智能化设备系统的开发生产。

海天塑机集团此前推出了一套智能化注塑机设备，“可将汽车行业配套制品的生产前处理、生产过程控制以及制品后处理等成型工序，交由这一台机器完成，实现不同材料、尺寸的制品加工。如此智能化的机器目前全球只有两家企业能制造”。该公司技术中心副总监高世权说。

同样跨界智能装备生产的还有宁波企业慈星股份。这家针织电脑横机生产商的策略，是为中小企业提供高性价比的工业机器人应用解决方案。“慈星股份专注做机器人应用系统集成，我们还与香港科技大学合作研发6轴机器人控制系统，掌握了机器人生产的核心技

方太集团

术。”慈星股份技术研发部主管熊超说。

此外，慈星股份还进入了服务型机器人领域，当前已推出了服务儿童机器人，未来还将涉足服务老人、助残等机器人生产。

制造攻坚
顶层谋划 + 政策扶持

在市场力量之外，政府已为宁波“中国制造 2025”转型编织了一张政策扶持的网。自 2016 年 10 月起，宁波市陆续出台《“中国制造 2025”宁波行动纲要》《宁波市建设“中国制造 2025”试点示范城市实施方案》等多项政策。

在宁波，以国家文件《中国制造 2025》为引领，宁波出台的几份落地文件为指导，15 个三年攻坚行动和各地配套实施文件为支撑的顶层设计已经形成。这意味着宁波试点示范城市建设工作将全面转向抓落实。

宁波市经信委相关负责人说，与以往的政策相比，2015 年 3 月出台的《意见》创新点多、含金量高、契合度高、操作性强，力度之大前所未有。

《意见》支持的方向非常明确，重点发展“3511”产业、八大细分行业和八大重点工程；突出产业链培育，以及细分行业千亿级特色产业示范园和千亿级龙头企业的培育。

细看《意见》，大项目、大企业、大平台成为宁波打造“中国制造 2025”的重中之重。

根据政策内容，在大项目方面，重点支持 1 亿元以上新引进项目和 1000 万元以上技改项目等；在大企业方面，重点支持千亿级龙头企业、百家行业骨干企业、百家高成长企业和一批单项冠军企业等；在大平台方面，重点支持制造业创新中心、千亿级特色工业园区、有集成功能的制造云平台。

人才引进方面，对入选人才团队给予 50 万—2000 万元资助，对新引进的海内外顶尖人才领衔的重大项目给予最高 1 亿元资助。

在调研组的走访中，包括慈星股份、方太集团、海天塑机集团、海尔施等制造业企业均表示获得了政府的政策支持。其中，海尔施相关负责人称，海尔施申报了多个宁波市科技项目及人才项目，获得了资金补助。

顶层谋划增大了制造业提质增效的合力。宁波市已有 10 多家金融机构设立制造部，全力支持宁波建设“中国制造 2025”试点示范城市中的重点园区、重点项目及企业发展。

区域样本

宁波杭州湾新区：
汽车产业高地引领湾区建设发展

2017年12月，上汽大众宁波分公司二期项目建成暨首辆新车型汽车斯柯达SUV柯珞克下线仪式在宁波杭州湾新区举行。

2017年11月，吉利旗下高端汽车品牌LYNK&CO的首款车型领克01准量产车首次亮相。这款耗时3年，由来自全球20多个国家的2000余名顶尖工程师研发而成的吉利高端车型，其试验、试制以及最终定型，都在宁波杭州湾新区。

预计到2020年，杭州湾新区汽车全产业链总产值将达到2000亿元，带动新区产业形态升级。

纵览世界著名湾区，如东京湾区、旧金山湾区、纽约湾区等，产业创新与高端化发展已成为湾区经济发展源动力。

意识到这一点，杭州湾新区发展湾区经济也设立了高起点和目标定位，注重产业引领，加快传统产业转型升级，做大做强高新技术产业。

目前，杭州湾新区已经引进了上汽大众、吉利汽车、世纪金源、康龙化成、东方神画、方太厨具等一大批大企业大项目大平台，逐步规划形成了以先进制造业为支柱、以现代服务业为支撑、以现代农业为基础的“6+4”（即六大先进制造业和四大现代服务业）产业新体系。

“大平台、大产业、大项目、大企业”，推动杭州湾新区成为浙江省首个产业集聚区，短短7年间，新区交出了财政收入破百亿元、工业总产值超千亿元的漂亮答卷。

“就如同曾经‘上海的发展看浦东，浦东的发展看陆家嘴’一样，我们要争做环杭州湾大湾区建设引领者、核心区、‘陆家嘴’。”宁波杭州湾新区党工委负责人说。

此外，推动与其他城市的产业协同也是宁波杭州湾新区发展湾区经济的一大支点。

复旦大学在浙江唯一的政产学研机构——复旦大学宁波研究院在此落户；新区企业慈星、方太等都在上海设立了研究院；吉利汽车（杭州湾）研发中心更有不少来自杭州、上海的高级研发人员。

资源的跨区域流动，在这里不断上演。

“要真正发展湾区经济，必须实现湾两岸的互动与融合，对杭州湾湾区而言，即深化沪甬合作示范区建设。”宁波市政协相关负责人说，应积极、科学、有效地承接上海外溢资源和要素，创新引领杭州湾湾区经济发展。

而与产业发展同样可贵的，是新区对生态环境的重视与珍视。

湾区经济作为重要的滨海经济形态，是世界一流滨海城市的显著标志，优美宜人的生活环境与经济发展同等重要。

2017年8月8日，全球最大的42万吨超大型油轮“泰欧”成功靠泊宁波舟山港大榭港区实华二期原油码头

调研手记

同为大湾区制造业腹地，佛山可以向宁波学什么

当下，湾区经济成为一股发展热潮。而在国内，粤港澳大湾区和杭州湾成为最具发展潜力的两大湾区城市群。2017年初粤港澳大湾区建设被写入政府工作报告，上升为国家战略；2017年6月浙江省党代会报告提到重点建设杭州湾经济区，发展湾区经济。自此，两大湾区均从国家或区域战略高度得到规划。

杭州湾主要包括上海和沿海沿湾的杭州、宁波、嘉兴、绍兴、温州、台州等浙江6市。这些城市绝大多数都属于长三角城市群。这一城市群与珠三角同属中国三大城市群，在过去的几十年间得到快速发展，各城市的经济实力以及城市群的整体协作与互动都有显著飞跃。

考察这一湾区的发展密码，既可探寻到长三角城市群一直延续下来的区域发展经验，又可挖掘其在湾区坐标中进行的跨行政区划、重塑产业与空间的城市合作新探索。这对于同样在打造世界级城市群的粤港澳大湾区来说具有很大的参考价值。

在长三角城市群中，宁波又是个值得重点观察的城市。这个经济体量与佛山相近，且同样拥有发达民营经济和制造产业的城市，在杭州湾扮演着产业腹地和出海窗口的双重角色。

通过调研，笔者发现，正如一位专家所言，宁波将发展湾区经济的重点放在了处理好保护与开发、产业增量与存量、湾区战略与对接上海、经济一体化与制度一体化、交通先行与湾区经济发展5大关系上。

宁波的做法，对同样在粤港澳大

湾区中充当制造业腹地的佛山来说，具有启发意义。

交通在湾区具有至关重要的地位。将重大交通基础设施港口打造成区域物流枢纽，构建内联外通、水铁空联运的立体物流体系，并以港口经济带动相关服务业发展，是宁波发展湾区经济的一大重要砝码。

宁波舟山港码头

顶层设计对于产业的重塑来说十分关键。宁波是首个“中国制造2025”试点示范城市。在产业转型升级方面，尤其是智能制造变革层面，宁波走在前列的一个重要原因是顶层设计聚焦且落地性强；同时政策对智能改造、制造业创新中心设立、人才培育、单项冠军企业等进行了重点扶持。

同为大湾区制造业腹地的佛山可以借鉴以上思路，一方面要打造物流大通道，另一方面从顶层规划上聚焦新材料、高端装备和新一代信息技术为代表的战略性新兴产业，培育契合湾区发展的新产业动能。

ZHENGZHOU

郑州 抢抓"天机" 打造临空产业集群

每逢飞机起降，机场周边的村民听到轰鸣声后都会急忙跑出来看热闹，有眼力的村民还在自家屋顶支起了临时摆卖点，给那些来串门寻找最佳观望位置的左邻右舍卖点饮料零食。

这是郑州航空港区经济实验区（以下简称"郑州航空港区"）滴滴司机王勋对家门口的郑州机场在20世纪末建成时最初的记忆。20年过去了，如今的郑州机场每5分钟就起降一架航班，几乎24小时不停歇。除了每年让全球"果粉"翘首以盼的苹果智能手机从这里发往全世界，还有澳洲活牛、加拿大海参、智利车厘子等更多全球进口商品从这里落地分拨。

当前，郑州正成为全国内陆最大的进出口货物集散地和分拨中心。但作为全国首个上升为国家战略的航空港经济发展先行区，郑州航空港区从2011年到2016年六年间实现地区生产总值年均增速达38.8%，依靠的不只是单一的航空物流业，而是八大临空产业集群形成的经济合力。

危与机
迫切的转型需求叠加政策红利

从20世纪80年代的经济技术开发区、90年代的高新区，再到21世纪前十年的城市新区，回望中国对外开放的历程，可以看到每一个一年都会产生一种特殊经济区作为开放和撬动发展的引擎。

近十年来，随着“速度经济”时代的到来，传统意义上的机场从航空运输网络的“节点”演变为现代意义上的多功能综合性“空港”，进而催生了空港经济区。不同于传统的开发区和产业集聚区，空港经济区以机场为中心向外发散扩

2013年3月7日，国务院批准《郑州航空港经济综合实验区发展规划（2013—2025年）》，标志着全国首个航空港经济发展先行区正式起航

张，其产业集群也往往是具有临空指向性的航空运输、航空物流、航空高端制造业、现代服务业等。

航空被美国北卡罗来纳大学卡萨达教授称为“第五冲击波”。而对郑州来说，发展空港经济也源于遭遇国际金融危机冲击后的危与机。

郑州机场于1997年建成，但在很长一段时间，这里只是一个普通的区域性机场，直到2011年，近14年时间仅发展了90条航线，未有一条全货运的国际航线，每年客运量不足1000万人次。机场周边则是连绵的枣园和黄沙岗，工业基础薄弱。

河南大学中原发展研究院院长耿明斋表示，20世纪90年代，河南依托煤炭、电解铝、农副产品加工等资源型产业实现快速发展，但在2008年国际金融危机之后，资源粗放型的经济增长模式受到冲击。

“资源优势难以为继，新时期能利用的只有区位优势。”耿明斋说，河南提出放大交通优势，利用“高铁+机场”发展枢纽经济，培育经济新增长极和开放发展新门户。

依托郑州新郑国际机场，郑州航空港经济综合实验区打造国际航空物流中心

这也踩准了国家中部崛起战略以及对外开放从沿海城市扩展到内陆的鼓点。郑州具有发展航空运输的独特优势。从区位上看，郑州是全国铁路的“心脏”以及“米”字形高铁枢纽城市。

同时，郑州机场拥有良好的空域条件，以其为圆心，能把全国2/3的主要城市和3/5的人口、3/4的GDP覆盖在一个半小时的航程内。

兼具天时地利，2010年郑州把握住全球产业价值链的转移方向，以及中国东部产业向中西部转移的时机，利用相对廉价的土地、优惠政策、劳动力资源等，争取到了富士康的落户，开启了“苹果手机郑州造”的时期。

手机体积小、附加值高，具有典型的航空指向性。而对于富士康这样面向全球的大型加工产业，综合保税区的政策优惠至关重要。因此，郑州航空港区于当年7月份申建综合保税区，10月获得国务院批准，前后历时仅3个月时间。这被称为“郑州速度”。

富士康落户第一年，就撑起了河南外贸的半边天，带动河南外贸出口成倍增长，带动了大批河南农民工的回流，数十万工人的聚集激发了郑州东南板块的城镇化想象空间。

更重要的是，郑州航空港实验区以富士康为龙头，通过产业延链、补链、强链定向招商，从无到有打造出一条完整的智能终端产业链，形成了首个临空产业集群。

在这样的背景下，2013年，郑州航空港区获得国务院批复，成为全国首个以航空经济为引领的国家级新区。

点与链
从单一手机制造到八大产业集群

围绕航空经济定位，郑州航空港区确定了智能终端、电子信息、生物医药、精密机械、航空制造维修、电子商务、航空物流、现代服务作为主导的八大产业集群，持续锁定长三角、珠三角、环渤海以及日韩、欧美等重点招商地区，全方位开展精准招商。5年来，已相继引进友嘉、UPS、普洛斯、中兴、合晶、朝虹、和讯方舟等一批世界500强企业和行业领军企业。

根据经济学的“雁阵效应”，领头雁飞得越高越快，旁边的群雁也会跟着飞得越高越快。对郑州来说，富士康的进驻推动智能终端产业集群爆发式增长，一棵苹果树长成了一片百果园。

如今酷派、中兴、正威、天宇等182家智能终端整机及配套企业已签约入驻港区。在手机产业带动下，2017年，郑州航空港区进出口总额514.1亿美元，占河南省的66.3%；而2016年，郑州航空港区电子信息业产值2899亿元，占河南省的73%。

“在这当中很多企业都是‘墙内开花墙外香’，主营出口业务，产品远销海外。”郑州航空港区管委会宣传处相关负责人说。2017年5月，港区一家手机企业研发的电子产品曾让前来考察的马来西亚公主费思华“一见倾心”，签下30亿元人民币的“大单”。

作为港区培育的又一个千亿产业集群产业，生物医药产业的聚集借鉴了智能终端产业筑巢引凤的经验。郑州临空生物医药园由政府主导建设，占地2000亩，投资20亿元，是河南省在建的最大规模生命科学与生物技术研发生产创新创业基地。

该园区负责人钟南表示，园区将专注生产性服务，主要解决医药创新型项目的产业化问题，跟一线城市形成差异化发展。

2017年，郑州航空港实验区已引进生物医药类项目超过70个，80%的项目可在2019年投产，年产值将超过100亿元。

在耿明斋看来，郑州的航空经济已超越了港区415平方公里的范围，如部分跨境电商等产业虽然不在航空港区域，但也是由航空运输所带动产生的经济活动，从这个角度看航空经济产生的动能和覆盖的产业与空间越来越大。

事实上，依托菜鸟智能骨干网、唯品会中部区域枢纽等骨干企业，以及中兴供应链、大连京猫等出口平台型企业，2017年，郑州航空港区已聚集跨境电商相关企业300多家，完成跨境出口业务1589.58万单，货值11.09亿元，且跨境电商出口货值首次超过进口货值。

放眼整个郑州，由航空港、米字形高铁、中欧班列（郑州）等构筑的多式联运体系，推动跨境电商在郑州短短4年就实现“单量破亿、税款破十亿、交易额破百亿”的突破。

从单兵突进到产业生态圈形成，郑州航空港区将争取到2018年企业主营业务收入达到5100亿元，其中主营业务收入超过500亿元的产业集群达到2个，百亿级企业超过10家。

郑州航空港经济综合实验区跨境电商产业发展迅速

进与出
成为人口净流入城市，经济辐射中原城市群

从数据上看，2011年到2016年间，郑州航空港区发展速度惊人：地区生产总值年均增速38.8%，规模以上工业增加值年均增速52.4%，固定资产投资年均增速60.4%，进出口总额年均增速288.3%……

航空港已成为郑州经济结构转型升级的新平台。近5年郑州实现经济规模连跨3个千亿台阶，靠的是高新技术企业的爆发式增长。2016年，郑州七大主导产业完成增加值2294.9亿元，其中汽车及装备制造、电子信息、新材料、生物医药等战略新兴产业首次超越高耗能产业，占工业增加值比值达49%。

在航空港区的带动下，“十二五”期间郑州对外贸易实现了跨越式发展。2015年，郑州进出口总额达到570亿美元，同比增长22.9%，是“十一五”末的13倍和“十二五”目标（138亿美元）的4倍，总量跃居全国省会城市第4位，稳居中部省会城市第一，外贸依存度由5年前的8.6%提高到51%。

“空港经济对郑州乃至河南发展具有划时代的重大意义。”河南社科院原副院长刘道兴认为，过往人们对河南的印象停留在“人口大省、农业大省”中，但航空港的设立让郑州摸准了经济全球化的脉门，从而褪去了火车拉来的城市标签，树立起国家、国际航空综合枢纽的“高大上”城市形象，也是郑州入选国家中心城市的重要基础。

随着产业转移的落地、发展，郑州的产业就业支撑能力增强，农村富余劳动力转移加速向本地“回流”。“十二五”期间，河南省只有郑州是净流入地区，外省流入河南人口的37%和省内流动人口的60%均流入郑州。

在百度地图发布的《2017年第三季度中国城市研究报告》中，郑州城市吸引力排名全国第十，除了成都和郑州，前十城市均集中于珠三角、长三角、京津冀城市群。

大量的人口流入，意味着经济产值、城市活力等都将更强劲地被激活。截至2017年8月底，郑州航空港实验区建成区已达70平方公里，常住人口近70万人。根

据规划，“十三五”期间，这里将实现建成区面积翻一番，超过100平方公里；建成区人口翻一番，超过100万人。

以航空经济为引领，郑州在河南省首位度稳步提高。目前为郑州航空港区进行产业配套的项目，已布局到郑州经开区、高新区、郑东新区、新郑市等多个县区，以及济源、焦作、洛阳、兰考等地，产业链横向配套、纵向延伸作用凸显，带动郑州成长为引领中原城市群发展的龙头。

郑州行记 1

要当中原城市群“领头羊”

空港新城的崛起之道

2017年8月30日上午，郑州航空港实验区园博园A区主展区里，大气厚重的河南建筑、西域风情的新疆园林、轻盈精致的广州园林、气势磅礴的北京园林等94个展园已初露芳容。

同年9月29日，第十一届中国（郑州）国际园林博览会开幕，为期8个月的展会结束后，这将为港区留下占地约6000亩的永久性园林精品和城市会客厅。而在此前一年多，这里还是一片农田和荒地。

从郑州南郊一个小镇到引领中原城市群发展的空港新城，郑州航空港实验区实现了“产港城”的一体化发展。

从村民到市民
这里只要几年

“十多年前机场刚建成时，一架飞机飞过，左邻右舍都会跑出去看新鲜，现在搭乘飞机都是寻常事。”作为郑州航空港实验区的“土著”，滴滴司机王勋还记得，以前出门都是土路，买东西得到几公里外的集市上，村里连个像样的幼儿园都没有。

2013年，在获批全国首个国家级航空港经济发展先行区后，郑州航空港实验区将完善港区基础设施功能作为重点工程，全面推进港区内安置房、商场、地铁、物流、国际仓等建设，并提出“全域城镇化”的目标，快速推进415平方公里全域合村并城。

按照一个城市的发展规律，村民变市民得一二十年，但在这里，这个时间可能只是短短几年。郑州航空港实验区管委会负责人介绍，该区在万三公路以西区域规划13个居民安置区，总建筑面积1819万平方米，总投资约769亿元，可安置涉及的118个行政村23.8

万名居民。目前，270万平方米安置房已投用，累计安置回迁村民超过5万人。

按照标准，王勋一家五口每人分到了60平方米的住房和10平方米的商业用房，如今他们住的安置小区，有电梯、花园、配套幼儿园，出门就是大马路，购物直接去超市，这让几十年来以务农为生的王勋一家深感舒心。

"港区还新增了电影院、购物中心、餐饮店等许多休闲娱乐设施，朋友过来，我可以带他们吃喝玩乐一条龙服务。"王勋说以前一个村里有一辆车已属难得，现在平均每户至少有一辆车，因此他还开了一家汽车用品店，生意也逐年好起来。

事实上，安置房、商铺只是回迁农民的基本收入来源，郑州航空港实验区还通过提供免费培训、教育等，引导、帮助村民变成产业工人、个体老板等。对于愿意当工人的本地年轻人，管委会出钱对其进行培训，人力资源部门推荐其就业。不愿意当工人的，同样可以参加管委会办的自主创业培训班，根据个人意愿个性化培训，可以选择在工厂旁边开小吃店、服装店等。

"港区的绿化、保洁、保安、调解、交通维护等多种基础性岗位会优先考虑上了年纪的村民，每个月1000多元的工资，甚至是他们以前务农半年的收入。"郑州航空港实验区管委会负责人说。

"国际范"渐浓
航空大都市初具规模

2011年，美国北卡罗来纳大学教授约翰·卡萨达提出，机场已经成为全球生产和商业活动的重要节点。随着越来越多的商业、企业在机场以及交通走廊周围集聚，一种新型的城市即"航空大都市"出现了。

两年后，距国务院正式批复《郑州航空港经济综合实验区发展规划》尚不足两个月，约翰·卡萨达就满怀信心地表示郑州将成为中国的航空大都市。后来，他更出任郑州航空港实验区管委会首席顾问、郑州航空大都市研究院院长。如今，他认为郑州航空港实验区已经初具航空大都市的维形。

作为一个先有产业后有城市的港区，郑州航空港实验区以枢纽、物流、产业、都市四维发展为开发思维，以"绿色智慧、生态宜居"现代航空都市为目标，以空港、古城、会展物流、双鹤湖"四大片区"为载体，以点的突破带动港区的全面发展。

位于港区南部"双鹤湖片区"的园

郑州航空港经济综合实验区建成的村民安置房

博会园区就是其中一个突破点。园区空间结构为“一园三区”，A区为主展区，C区为苑陵故城遗址公园，B区靠南，为双鹤湖中央公园，总占地面积近6000亩。

根据规划，双鹤湖中央公园周边分布有高端商务区，重点招引总部经济、科技研发、供应链金融、大数据、商业酒店等产业。截至目前，这一商务区已签约的项目有绿地双塔商务综合体、阿里云中部创新基地、中科院云计算中心、新希望航空港总部、浙江中小企业总部、奇酷360等。

郑州航空港实验区管委会相关负责人介绍，未来将以园博园为核心区，推进周边城市配套设施建设，聚合科技研发、商务商业、居住和公共服务等城市功能，不断提高城市品位。

这也是郑州航空港实验区从空港向航空大都市迈进的一个缩影。过去5年，该区城市功能不断完善，通车道路里程超过360公里，首个三甲级医院省立医院正式开诊，郑州第一人民医院港区医院即将投用，全区初步形成“15分钟就医服务圈”，建成各类学校超过90所。

郑州航空大都市研究院副院长孙天尧认为，发挥高端人才在产业发展和区域建设中的核心作用对航空经济来说至关重要，这需要郑州航空港实验区着重打造宜居的生态环境与社会环境，为吸引人才营造高品质的环境。

作为全国第三个引智试验区，郑州航空港实验区正在谋划建设国际科教创新区。孙天尧介绍，该创新区初步规划面积21.5平方公里，将引进国内外一流高等院校来区开设教学和科研分支机构，同时引导国内外优质企业、研发机构、创新创业团队进驻，打造航空港实验区的知识核心。

辐射周边
带动中原城市群崛起

“航空经济的辐射范围已远远超过415平方公里。”河南大学中原发展研究院院长耿明斋说，“郑州航空港实验区的发展引领了郑州经济的发展，助推了郑州入选国家中心城市。港区正在成为河南乃至中原城市新的发展龙头，对郑州以及周边城市的建设具有带动作用。”

河南省“十三五”规划中明确提出建设“开港经济带”。开港经济带主要是加强开封市及开港大道沿线县区与郑州航空港经济综合实验区、郑州国际陆港的经济联系，带动产业发展，形成一条新的经济带。

开封是郑州之外离航空港实验区最近的城市，2015年开封直达郑州航空港经济综合实验区的快速通道——开港大道正式开工建设。这条总投资19.4亿元、全长57.3公里的一级公路，将加速郑汴一体化升级版的打造，让开封通过郑州航空港实验区搭建与世界对话的新平台。

和开封类似，许昌、焦作、新乡也都提出与郑州一体化的建设。2017年1月，国家发改委公布《中原城市群发展规划》（以下简称《规划》），明确郑州、开封、焦作、许昌、新乡五座城市要融城发展，建设郑州大都市区。

在“1+4”的融城发展模式下，郑州为这些城市的发展带来了活力。新乡的平原新区、焦作华夏幸福新城片区承接了郑州部分工业项目的转移，在许昌到航空港实验区的快速通道边集聚了一批产业。

按照《规划》，中原城市群包括以郑州为中心的14个核心发展城市和16个联动辐射城市。随着2016年国务院批准设立中国（河南）自由贸易试验区，下辖郑州、开封、洛阳三个片区，郑州入选国家中心城市建设，郑汴区域逐步成长为引领中原城市群发展的核心区域。

郑州行记2

直击全国首个航空经济引领的国家级新区
“新郑州速度”再造一个郑州

航空被称为继海运、内河航运、铁路、公路之后，经济发展的“第五冲击波”。当前，全国有近百个大大小小的临空（空港）经济区，但获批为国家级示范区的只有10座城市，分别是郑州、北京、青岛、重庆、广州、上海、成都、长沙、贵阳和杭州。

郑州航空港经济综合实验区（以下简称“郑州航空港实验区”）是全国首个以航空经济为引领的国家级新区，如今已成为郑州乃至河南的经济新增长极。从2010年富士康决定进驻到同年获批中部首个综合保税区，到2013年跻身全国首个以航空经济为引领的国家级新区，再到2017年临空产业超越北上广，郑州航空港实验区居全国27个大型空港经济区第一，短短数年就完成一次次能级跃迁。

空港起飞
河南从这里连接世界

郑州航空港实验区距离郑州市中心约25公里，1997年郑州新郑国际机场刚建成时，周边是连绵的枣园和黄沙

岗。如今走在港区街头，从“护航路”“远航路”“翱翔路”等路名就可以看出这里无处不在的“临空”特色。

郑州航空港实验区在2013年3月正式获批成全国首个空港经济实验区，经过4年多的建设规模已初步完成。以郑州新郑国际机场为例，该机场已从区域性机场发展成为全球重要的航空物流枢纽。

2012年底郑州机场扩建启动。面对8373亩的建设面积，郑州动用两万名工人日以继夜，不到三年就完成机场二期扩建。工程包括新建一个航站楼、一条3600米×60米4F级跑道，以及继上海虹桥机场后，全国第二个汇集地铁、城铁、出租车等多种换乘方式的综合交通换乘中心。

毗邻机场的新郑综合保税区里，货如轮转，这里被海关总署称为“小区推动大省的典范”，已连续5年占河南省进出口总额的60%以上。2016年更是完成进出口总额3161.1亿元，居全国综保区第一。

从新郑综合保税区机场货站往外望，每天下午4点半，数以万计的年轻员工下班后从富士康郑州科技园各个大门涌出。手机产业因产品体积小，附加值高，对运输速度要求高，成为临空经济的典型代表。以富士康为龙头，2017年郑州航空港实验区的全球智能终端基地智能手机产量2.99亿部，占全球手机产量1/7。

郑州航空港实验区管委会相关负责人介绍，2017年1—7月，郑州机场完成客运量1353.5万人次，完成货邮量24.8万吨，一举超越长沙和武汉，首次夺得中部机场客、货运量双料冠军。

2017年8月，复旦大学国际空港城市研究中心以全国27个在2016年客流吞吐量超过1000万的空港经济区为样本，发布全国首个空港经济区排行榜。榜单上，郑州航空港实验区综合竞争力排名全国第六，位于北上广、成都和重庆之后，但在临空经济这一项目的排名却超越北上广，列居全国第一。

郑州新郑国际机场客运和货运量在全国20个大型机场中位居前列

人口大省
“高铁 + 航空”撑起发展引擎

“航空经济是河南经济发展的必然逻辑。”河南大学中原发展研究院院长耿明斋说。2008年国际金融危机后，河南更加深刻地意识到资源粗放型经济增长难以为继，转向发挥区位交通优势，利用“高铁 + 机场”发展枢纽经济，打造经济新增长极和开放发展新门户。

郑州不靠海、不临江，但拥有完善的陆路交通体系。河南是中国第一人口大省，2012年户籍人口达到1.05亿人，为航空经济发展提供庞大的人力资源和客源支撑。

机遇在2010年到来。这一年富士康正式落户郑州。为了筑巢引凤，郑州展示了前所未有的郑州速度：郑州航空港实验区仅用3个月就获批综合保税区，仅用7个月就为富士康建好200万平方米的标准厂房和300万平方米的员工宿舍。

富士康投产的第二年，2012年郑州航空港实验区的经济总量同比增长134%，工业总产值达到1256亿元，成为河南省首个产值突破千亿元的产业集聚区，更带动河南外贸出口成倍增长。

短短几年，航空经济成为河南发展中原经济区的着力点。2013年，国务院批复《郑州航空港经济综合试验区发展规划》，规划面积415平方公里，郑州航空港实验区由此上升为国家战略。

“经过60多年发展，郑州主城区的面积才达到450多平方公里，建设航空港区相当于再造一个新郑州。”河南省社科院原副院长、研究员刘道兴说。

从无到有
4台苹果手机3台出自这里

曾经，带领郑州地区生产总值增速超全国的是煤炭、水泥、电解铝等重工业。但从2012年地区生产总值突破5000亿元，到2017年突破9000亿元，五年连跨4个千亿台阶，郑州靠的是经济结构深度调整，实现了第三产业超过第二产业、工业战略新兴产业超过传统资源型高耗能产业两大标志性转型。

对此，郑州航空港实验区培育大产业的贡献可谓厥功至伟。以智能终端、精密机械、生物医药、电子商务、航空物流、航空制造维修、电子信息、现代服务“八大产业集群”发展为重点，2016年，郑州航空港实验区实现地区生产总值622亿元，是2010年的22.5倍，在郑州市经济增量中的贡献率从2010年的1%左右跃升至2016年的 11.7%；进出口总额 482 亿美元，占河南省的 67.6%；电子信息产业产值 2899 亿元，占郑州市的 93%，河南省的 73%。

“就电子信息产业而言，富士康起到了‘无中生有’的作用，以一家企业带动一条产业链的形成。而且它培育了大量的技术工人，会慢慢跟郑州产生黏性，有助于产业集群的壮大。”耿明斋说。

郑州航空港实验区管委会相关负责人表示，富士康的到来，使原本没有手机产业的郑州航空港实验区成为全球智能终端基地，酷派、中兴、正威、天宇等 182 家智能终端整机及配套企业已签约入驻。2017 年该区智能手机产量 2.99 亿部，其中苹果手机 1.96 亿部。全球每销售 7 部智能手机，就有 1 部产自这里；全球每销售 4 部苹果手机，就有 3 部产自这里。

郑州行记3

从一棵"苹果树"到一片"百果园"
郑州航空港试验区掘金八大产业集群

2017年8月29日下午4时半，郑州富士康科技园厂区大门外，绵延数百米的公交车车队严阵以待，数以万计的富士康员工结束一天的工作后回到生活区享受放松的时刻。这些年轻人早上7点半就开始在车间组装、测试、包装苹果手机，2017年前7个月他们生产了近5000万台iPhone。

距离富士康厂区10多公里的郑州临空生物医药园里，作为园区负责人的北京大学博士钟南正忙着监督园区的建设进度，未来十年这里将聚集超300家生物企业，有望打造郑州航空港区又一个千亿级产业集群。

从2011年地区生产总值88亿元到2016年622亿元，过去六年郑州航空港经济综合实验区（下称"郑州航空港实验区"）的地区生产总值年均增速达到38.8%。增势迅猛的背后正是港区产业的迅速成长和产业集群的初具规模。

依托大枢纽、大口岸建设，郑州航空港实验区将智能终端、生物医药等八大产业确定为主导产业，发挥龙头企业"雁阵效应"打造产业集群，加速航空港实验区产业集群形成与发展。

龙头带动
智能终端产业爆发式增长

根据规划，郑州航空港实验区重点发展智能终端、精密机械、生物医药、电子商务、航空物流、航空制造维修、电子信息、现代服务八大产业集群，争取到2018年企业主营业务收入达到5100亿元，其中主营业务收入超过500亿元的产业集群达到2个，百亿级企业超过10家。

事实上，对于不少临空经济区而言，能否在规划之初就守住产业准入是个难题。临空经济是一种高端经济形态，但往往由于地处郊区，开发初期产业氛围不发达，配套不完善，吸引高端产业进驻大多困难重重。

因此在起步阶段，郑州航空港实验区选择智能终端制造入手，利用相对廉价的土地、优惠政策、劳动力资源和区位条件，打破原本航线、通关机制等方面的限制，引进富士康，并通过产业延链、补链、强链定向招商，最终打造出一条完整的产业链。

目前，富士康在郑州航空港实验区的用工人数达30万，项目布局也由单一手机制造拓展到后端模组、研发、维修、谷歌智能穿戴产品生产、自动化设备生产等十几个项目。

“每天有成百上千人拉着行李箱进入富士康，每天也有许多人西装革履离开富士康进入其他公司成为骨干。”河南省社科院原副院长、研究员刘道兴认为，苹果手机“郑州造”，不仅为河南带来了进出口增长，更重要的是为当地的手机产业培养了数以万计的产业工人乃至技术骨干，成为吸引上下游配套企业纷至沓来的利器。

如今，郑州航空港实验区的手机产业已从“一枝独秀”变为“众木成林”。作为手机产业的另一增长极，郑州航空港实验区智能终端产业园已经建设到了第四期，这里将打造集手机研发、设计、软件开发等于一体的智能终端全产业链基地，目前已吸引182家智能手机及相关产业进驻，投产企业36家。

智能终端已成为“郑州制造”的世界级名片。2016年郑州航空港实验区的电子信息业产值达2899亿元，占郑州市的93%。在航空港区的带动下，郑州智能终端产业每年的平均发展速度在200%左右，增速连年居郑州市各行业之首。

郑州航空港实验区管委会相关负责人表示，对于航空指向性较强的手机产业来说，该区已形成了综合优势。物流方面29条国际货运航线通达全球，有“铁路公路机场”的多式联运，大大降低运输成本；政策上该区设立智能终端出口退税资金池和专项产业引导基金等，入区企业可享受融资支持和快捷的退税服务，同时智能终端产业聚集又迎来产业链配套齐全、劳动力成本低的优势。

筑巢引凤
十年打造千亿级生物医药产业集群

作为战略新兴产业，生物医药已被不少城市列为重点发展产业。在钟南看来，郑州航空港实验区将生物医药产业确定为第二个核心产业，与智能终端产业经过五年发展实现从有到无、从小到大，既有逻辑上的相似之处，也有现成经验可借鉴。

钟南是北京人，博士毕业于北京大学结构生物学专业，在来郑州之前曾在杭州一家医药转化平台工作了三年。“相比在北上广等一线城市，企业经营成本和创新成本逐年上升，郑州的交通区位、政策、劳动力、原材料等优势凸显，而且河南作为人口大省，本身就能为生物医药产业提供巨大的市场。”钟南说。

和发展智能终端产业一样，先筑巢再引凤。郑州临空生物医药园由政府主导建设，占地2000亩，投资20亿元，是河南省在建的最大规模生命科学与生物技术研发生产创新创业基地。

“跟北上广重视基础性研发不同，我们主要解决医药创新型项目的产业化问题。”钟南说。创新药市场潜力巨大，但由于上市药要报临床，还要进行三个批次的生产，再加上前期各个环节，能提供这种专业服务的公司在国内很稀缺，因此他们瞄准这个市场痛点，投资3亿元打造新药筛选检测等5大专业公共技术服务平台，专注生产性服务，和一线城市进行差异化发展。

作为高附加值产业，生物医药对高端人才的需求突出。但钟南并不十分担心人才引进问题。“河南人才济济，只要能提供良好的发展平台，他们回流的意愿十分强烈。”钟南介绍，该公司2017年招聘的10多名员工，基本都是“211”“985”高校的研究生，其中包括清华北大毕业生和海归，当中有绝大部分是河南籍学生。

截至2017年8月底，郑州航空港实验区已有新药研发、医疗器械、动物疫苗、中药制剂等过百个生物医药项目入驻，其中中泽新概念生物医药产业园项目、郑州优特免疫体外诊断试剂项目等均被列为河南省重点项目。

郑州航空港经济综合实验区大力发展电子商务产业

钟南介绍，郑州临空生物医药园将力争十年聚集各类生物企业超过300家，吸引专业人才超过1万名，实现生物产业总产值1000亿元。

速度保障

“政府力”排名全国空港区第一

从数据上看，2011年到2016年间，郑州航空港实验区“火力全开”：地区生产总值年均增速38.8%，规模以上工业增加值年均增速52.4%，固定资产投资年均增速60.4%，进出口总额年均增速288.3%……

经济高速发展的背后离不开开发机制的创新。临空经济区既涉及不同层级、不同区域政府之间的协调，还包括与机场的分工，往往容易陷入多头开发、主体不清的瓶颈。

在复旦大学国际空港城市研究中心发布的全国首个空港经济区排行榜上，郑州航空港实验区在“政府力”专项排行榜上高居榜首。榜单分析认为，河南省赋予郑州航空港实验区省辖市一级经济和社会管理权限，在266项事项方面实现省区直通，简化了办事流程，提高了服务效率，这种给力的“政府力”推动了该区驶入优质高效发展的快车道。

郑州航空港实验区相关负责人介绍，该区建立了“两级三层”管理体制，即河南省、郑州市成立两级实验区建设领导小组，设立实验区管委会，省级负责宏观指导协调和推进政策落实，市级负责实验区建设具体工作，建立联席会议制度，形成省市联动机制，共同推动实验区建设。

“我们还围绕投融资、贸易、物流、监管四个方面进行了一系列改革，如全省率先推行工商登记改革，率先实施了‘五单一网’‘一址多照、一照多址’等，通过政府权力的‘减法’，换取市场活力的‘乘法’。”上述负责人介绍，截至2017年6月底，该区共有市场主体16,392户，其中企业法人5897户，较去年同期增长49.6%。

在资金方面，中原航空港产业投资基金于2014年获得国家发改委批复，成为河南省第一支获得国家批准设立的产业投资基金，该资金规模达300亿元，将通过杠杆效应吸引超过2000亿元的各类资金共同投入郑州航空港实验区的市政基础设施和优势产业领域。

区域样本

“延链+补链”打造产业集群，破解富士康“一极独大”

郑州航空港经济综合实验区在发展空港经济的同时，加大配套设施建设力度，提升城市品位

富士康落户郑州航空港区，演绎了一个企业带动一座城市的传奇。它带来了超过30万人的就业机会，不仅为郑州打开了通往世界的窗口，还撑起了河南外贸的半壁江山。如今全球每销售4部苹果手机，就有3部产自郑州。

但对单一项目依赖程度过高，会导致抵御外贸波动风险的能力不足，以至于有人说，如果富士康感冒，郑州乃至河南都要打喷嚏。

因此，郑州航空港区一直在想方设法通过产业链的延伸和价值链的提升，破解富士康“一家独大”的局面。

“郑州不必担心富士康会搬走。”在河南省社科院原副院长刘道兴看来，对富士康而言，像河南这样拥有成熟劳动力资源，以及由政府强大的服务力和支持力提供的优越产业环境，在全球范围内都可遇不可求，因此富士康集团总裁郭台铭也在2017年公开表示富士康在河南的发展不是3年、5年，而是30年、50年的事情。

如今，在郑州航空港区的富士康项目，已从单一的手机制造拓展到后端模组、研发、苹果手机维修、谷歌智能穿戴产品制造等十几个项目。

与此同时，郑州重点引进富士康之外的手机整机品牌和上下游配套企业，力争打造集手机研发、产品设计、软件开发、整机制造、配件生产销售、物流、售后服务于一体的智能终端全产业链。

为此，郑州航空港区下设国有独资企业兴港投资集团，推动国有资本深耕产业园区投资管理，为港区产业集聚发展发挥筑巢引凤作用。“比如手机企业最初大多采用轻资产进驻的模式，港区的智能终端产业园已经为它们建好标准化厂房，企业只要接入设备就可以生产，而等到企业壮大有自己建厂的需求，可以另行购置土地建设厂房。”郑州航空港实验区管委会相关负责人说。

2016年该区智能手机产量2.58亿部，其中非苹果手机1.32亿部，首次超越了苹果手机产量，成为名副其实的全球智能终端产业制造基地。

栽好梧桐凤来栖，这种经验被移植到其他产业集群的培育。目前，兴港投资已启动产业园项目4个，总开发量约228万平方米，总投资额超过61亿元，包括智能终端产业园、生物医药科技产业园、大宗商品产业园等，为企业进驻提供标准厂房、环境配套、创新平台等方面资源。

2017年8月，复旦大学国际空港城市研究中心以全国27个在2016年客流吞吐量超过1000万的空港经济区为样本，发布全国首个空港经济区排行榜。榜单上，郑州航空港区综合竞争力排名全国第六，位列北上广、成都和重庆之后，但在临空经济这一项目的排名却超越北上广，居全国第一。

郑州航空港经济综合实验区智能终端产业园由国有资本投资建设标准化厂房，相关企业可轻资产入驻

调研手记

乘“机”而上的新郑州速度

高铁站、产业园、学校、医院、商品楼……从郑州机场走出来，所见之处均是热火朝天的施工场面。对当地居民而言，航空港区短短数年的建设，已足以使他们的生活发生巨变。

仅富士康一家企业，就让30万名河南籍农民工的就业问题得以解决，他们通过就地城镇化和现代流水线的工业化洗礼，推动着河南向城镇化和工业化进阶。

“我上个月来脚下这大片土地还是黄沙岗，现在已经是水泥路了，在港区开车，时刻更新导航是必须的。”郑州航空港实验区管委会宣传处相关工作人员说。

事实上，这种巨变让我们看到了中国制造发展蓝图的另一半。由于不同地区产业发展水平、劳动力结构不同，中国正在实现制造业的梯度化发展，东部促进转型升级，中西部承接产业转移。因此，在珠三角、长三角，当一场以“智能制造”为核心的产业剧变正在席卷曾经的“世界工厂”时，在郑州则是另一番图景：通过承接产业转移，做大总量；通过产业对接，形成协同创新。

郑州在发展空港经济的竞争中，已经赢得了政策先机。目前郑州航空港区拥有“5+7”国家战略平台，包括中国郑州航空港引智试验区、跨境人民币创新业务试点、中原经济区、国家中心城市、河南自贸区等，未来在国家、河南省发展布局中的地位还将继续提升，政策叠加优势更加显著。

此外，郑州航空港区面积达415平方公里，相当于郑州主城区的面积，且用地已全部转成建设用地性质，等于再造一个郑州。

不过，跟郑州相比，佛山空港经济虽然起步较晚，但依托珠三角的制造业实力，仍具有后来居上的条件。跟郑州经济的“内生”成长性和扩张性不足相比，佛山民营经济的一大特点是以内生性为主，扎根本土但又不局限于本土，早已加速全球化布局，形成了“世界科技+佛山智造+全球市场”的创新发展模式。

因此，佛山打造空港经济区，进可到广州、深圳等溢出效应较好的城市，甚至对国际上的制造业强国进行精准招商，退可瞄准本土龙头企业的新增大项目，外引内提同步发力，推动临空产业集群加速成形。

随着空港经济的演进，空港经济区将成为区域的重要交通节点、产业链节点和城市多核化发展的一个重要核心，还构成城市竞争力的重要组成部分。因此，快速融入全国空港经济的竞争格局，将有力推动佛山从“节点型”城市向“枢纽型”城市转变。

DALIAN

大连 一座国际化城市的新想象

2017年11月，位于欧亚大陆西端的斯洛伐克首都布拉迪斯拉发迎来了“远方的客人”。由大连港始发，国内首条直达斯洛伐克中欧班列经过17天长途跋涉后，抵达终点站，标志着大连港中欧班列的服务范围延伸至欧洲中部地区。

作为东北地区通往世界的门户之一，大连是东北亚航运中心。近年来，随着国家“一带一路”倡议的深化，大连的区位优势不断凸显。2015年，大连港成为东北唯一纳入“一带一路”倡议总体规划的港口；2016年，中国（辽宁）自由贸易试验区申办成功，大连片区是其中的重要组成部分；同年，金普新区入选国家开放型经济新体制综合试点试验地区。

把握新机遇，大连正全力加快开放型经济新体制的构建，通过中欧班列的开通，把贸易服务能力进一步向欧亚大陆腹地延伸；推动贸易便利化，完善物流体系带动外贸转型提升，探索“互联网+外贸”模式，跨境电商等新型贸易形态蓬勃发展。

中欧班列建设提速
国际陆海联运大通道贯穿亚欧大陆

“作为中国首条直达斯洛伐克的中欧班列，对于加快大连东北亚国际航运中心和物流中心建设、助力东北老工业基地振兴具有重要战略意义。”在大连—斯洛伐克布拉迪斯拉发班列的首发仪式上，大连港集团董事长张乙明表示。

大连—斯洛伐克布拉迪斯拉发班列从大连港出发，途经俄罗斯、乌克兰，最终抵达斯洛伐克首都布拉迪斯拉发，班列全程须运行10,537公里，用时大约15天。班列的开通改变了以往传统海运的运输方式，较海运可节省时间30天左右，极大缩短了货物在途时间。

地处东北亚地理中心，背靠欧亚大陆，面朝太平洋，大连发展开放型经济具有先天优势。作为东北地区唯一纳入国家“一带一路”总体规划的港口，近年来大连把握战略机遇，不断加快亚欧国际物流大通道建设工作，为欧、亚国家间经贸往来和互联互通提供全新的物流路径。

2017年3月，大连港开通“伊尔库斯克—大连”俄罗斯回程精品班列，由此

大连金普新区跨境电商综合试验区内形成了东北最大的跨境电商集群

2017年4月，大连自贸片区正式挂牌，为大连带来全新战略机遇

“打通”经伊尔库斯克到中国的铁路通道，实现进口班列产品的新突破；4月，原“三星班列”升级为“大连—沃尔西诺”公共班列，实现每周两班稳定运营，为其他客户提供运输服务；5月，“大连—俄罗斯新利佩茨克”耐火砖班列顺利开行，在大幅缩短运输时间和成本的基础上，为本地制造型企业开辟了全新的出口通道。

截至2017年底，大连港已开通6条中欧班列线路，形成连通日、韩、东南亚与欧洲国家之间的双向国际海铁联运大通道。通过这些线路，来自华东、华北、东南沿海及日本、韩国、东南亚国家的电子产品、日用商品、设备、汽车、建材等产品直达俄欧，俄罗斯中部地区的原木、板材、纸浆等资源型产品也得以销往长春、哈尔滨等地。

“随着长城汽车班列的开通，不仅大幅缩短运输时间，而且针对中欧班列开通的专属服务，使得手续方面十分简便。”长城汽车俄罗斯哈弗公司总经理寇旭光表示，中欧班列为“走出去”的企业带来诸多实惠。

火车一响，黄金万两。在中欧班列的推动下，大连东北亚国际航运中心的服务能力和范围得以大幅提升。2017年海铁联运完成41.2万标箱，位居全国之首；

过境班列集装箱货运量实现快速增长。大连港中欧班列全年去程回程一共发出438列，集装箱量增长达94%，达3.5万标箱，其中回程箱量增长高达284%，改变了过境班列一直存在的“重去轻回”现象，成为国内最快、最稳定的过境班列之一。

抢抓自贸区发展机遇
三年对标国贸规则打造对外开放新引擎

走进自动玻璃门，右手边偌大的电子屏幕上用红、黄、蓝、绿等不同颜色标记的数字不断跳动，特别显眼。屏幕实时显示当天大厅各服务窗口的办事情况，以及一年来各类办理事项逐月统计数据，其中，准入事项的统计数据呈现逐月快速攀升趋势。

这里是辽宁自贸区大连片区综合服务大厅，不断变动的数字犹如自贸区跳动的脉搏，反映出经济活动的勃勃生机。

2017年4月份，大连自贸片区正式挂牌，为大连带来全新战略机遇。根据辽宁自贸试验区总体方案，大连片区重点发展港航物流、金融商贸、先进装备制造、高新技术、循环经济、航运服务等产业，推动东北亚国际航运中心、国际物流中心建设进程，形成面向东北亚开放合作的战略高地。

大连自贸片区管委会负责人孙世伟说，通过自贸区建设，大连全力推进贸易便利化。

围绕打造便利化国际贸易环境，自从自贸区挂牌以来，大连海关先后出台25条支持自贸试验区建设措施，其中，“三互”通关、归类尊重先例、保税混矿等通关便利化措施在全国口岸获得推广。

通过政策创新，大连国际贸易企业通关时间平均压缩1/3，通关成本平均降低10%，国际贸易线下办理手续时间缩减1/3，有力推动了外贸产业发展。2017年，大连自贸片区所在的金普新区外贸进出口总额达2846.15亿元人民币，同比增长

29.13%，创历史新高。

为转变政府职能优化投资环境，2017年大连自贸片区新建成“一站式”综合服务大厅，通过实行“企业准入单一窗口”“企业监管单一窗口”“容缺受理”“企业承诺制”等创新服务机制，企业办事只须面对行政服务“单一窗口”，一次性提交标准化申请材料；企业注册名称预核从以往至少需要往返大厅两次，到现在全程网上办理，不再需要跑腿。

此外，大连国税局在全国首创出口退税综合服务平台，出口退税款审核进度提速47%，高诚信企业2个工作日可收到退税款；人民银行大连市中心支行建成“自贸金融在线服务平台”，将企业原来需要5个工作日办理的两项业务，缩短至10分钟。

根据统计，大连自贸片区成立以来，大连各部门共复制上海等自贸区的创新经验149项，自创举措66项，营商环境不断优化，竞争力和吸引力显著增强。

自挂牌之日起至2017年底，大连自贸片区新注册企业5456家，注册资本近697亿元。其中，注册内资企业5366家，注册资本超过663亿元，注册外资企业90家，注册资本超过5亿美元，注册资本超过亿元的企业146家，注册资本达357亿元，产业呈现加速集聚发展的态势。

新型贸易业态蓬勃发展
东北最大跨境电商集群促外贸升级

在推进投资贸易便利化的同时，大连还大力培育外贸主体，优化贸易结构，提高新贸易业态贡献水平，加快形成开放型经济新体制，一批新型贸易业态和功能蓬勃发展。

走进大连金普新区跨境电商综合试验区及经贸合作区（简称“跨电综贸区”），约5层楼高的中低层办公楼连绵成片，由红砖和玻璃组成的外墙在冬日阳光下熠熠生辉。

作为东北地区唯一坐落于海关特殊监管区内的跨境电商园区，截至2017年底，园区内已经有注册企业1400家，入驻企业近700家，O2O体验店运营44家，经营着来自30多个国家和地区的20多万品类商品，形成东北地区最大的跨境电商产业集群。

“仅仅在两年多以前，这里还只是大连双D港12栋闲置多年的楼宇。”大连跨电综贸区副主任魏梓山说。为了对接国家“一带一路”倡议，2015年辽宁省和大连市批准成立园区，将跨境电商业务与特殊功能政策深度融合，同时叠加港口区位和现有产业优势，提出用3—5年的改革试验，把跨电综贸区建成投资贸易便利、监管服务高效、法制环境规范的跨境电子商务服务中心、跨境电子商务大数据中心、电商外贸网络口岸中心和“保真”外国商品集散基地。

围绕这个目标，大连不断健全跨境电商支撑体系，拓宽跨境电商业务支持渠道，投入2000多万元搭建起跨境电商“单一窗口”服务平台；结合自身实际，制订了26条制度创新清单，对转关运输跨境电子商务零售进出境商品采用直接转关方式，在跨境电子商务零售进口模式下允许电商企业退换货等。

通过一系列创新举措，大连跨境电商产业实现迅速发展。跨境电商线上平台企业由2016年的38家增至2017年的82家，跨境电商企业由2016年的400多家增至2017年的800多家。跨境电商交易额由2016年的1.73亿美元增至2017年的2.4亿美元，同比增长38.74%。其中，邮政小包出口呈10倍以上的同比增长，日均近2万单。

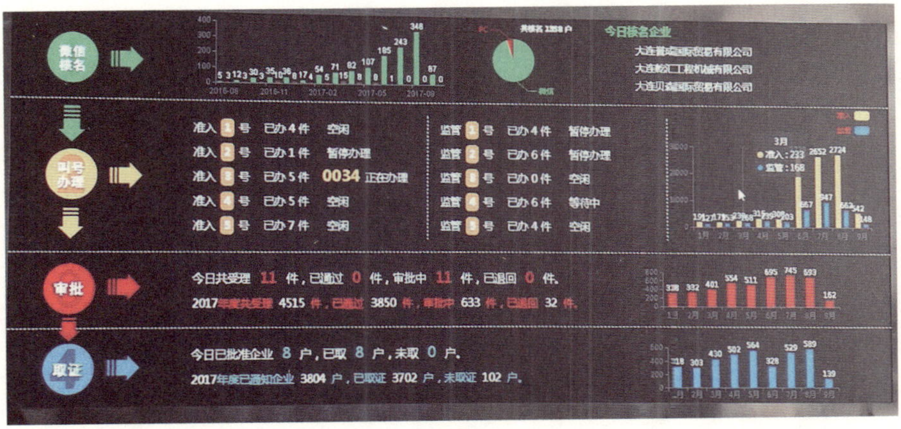

辽宁自贸区大连片区综合服务大厅内，电子屏幕不断跳动的数字反映出经济的勃勃生机

大连行记1

全球软件和服务外包中心如何炼成？

在大连市区自东向西连接旅顺的三条主干道中，旅顺南路是最靠近海的一条，沿途除了可以欣赏这座临海城市的美丽风光，还布局了大大小小十几个以软件和信息服务为主题的产业园区。正是这条产业轴，成就了大连亚太软件和服务创新中心的地位。

作为大连四大支柱产业之一，过去20年，大连软件业抓住日本服务外包的发展机遇，从无到有迅速发展，销售收入从1998年的2亿元增长至2016年的1567亿元，占地区生产总值比重达10%，软件从业人员超过22万人。大连成为全国唯一的“软件产业国际化示范城市”，并入选首批“中国服务外包基地城市”，成为众多跨国公司在中国设立区域服务支持中心和共享服务中心的首选地。

追溯大连软件业的发展历程，位于高新区的大连软件园是一切的起点。这里目前聚集了700多家中外软件企业，包括48家世界500强企业。园区企业100%从事与信息技术、IT服务相关的产业，是国内产学研一体化特色最为突出、国际化程度最高的国家级软件园。

2017年9月8日，南方日报跨省调研组走进大连软件园，了解国内软件和信息服务产业的最新发展趋势。

天时地利
承接全球产业转移浪潮
软件业从无到有

“沿着旅顺南路，大连高新区形成了一条软件产业带，过去叫一带十园，后来园区超过十个，就叫作一带多园。”在大连软件园12号楼三楼展馆内，大连软件园总经理刘爽指着屏幕上的地图说。在大连目前形成的软件产业带中，位于最东面、规模最大的大连软件园是整个产业带的开端。

大连高新区形成了数十个众创空间集群，为创新创业提供完整孵化服务

刘爽说，大连软件园一期从1998年启动建设。彼时，大连的软件产业处于刚起步阶段，当年实现销售收入仅2亿元。虽然缺乏产业基础，但大连的软件产业在随后的20年时间里迎来了快速发展期，成为这座东北老工业城市一张熠熠生辉的产业新名片。

"大连软件产业的起步最早是抓住了日本、韩国把信息服务环节转移到海外的机遇，结合自身的资源禀赋一步步发展起来的。"刘爽说。

在展馆内，美国作家托马斯·弗里德曼到访的照片挂在墙上。21世纪初，他的一本现象级畅销书《世界是平的》揭示了一场全球范围内的产业转移浪潮——受发达国家劳动力成本上升等因素影响，当欧美企业纷纷把后台服务转移到印度班加罗尔等成本洼地时，日本企业也在寻找性价比更高的服务外包目的地。

作为东北亚重要枢纽城市的大连，成为海外投资者首选之地。"我们早期的业务基本都是对日本的，100万美元里头大概有90多万来自日本。"刘爽说，"这种状况一直持续到2005年前后，随着大连软件产业的集聚效应不断显现，越来越多全球软件业巨头选择落户大连，以此作为辐射整个亚太地区的服务外包基地，软件园的外包服务也越来越多元化和国际化，来自日本的外包服务占比已经降至50%以下。”

软件园的探索发挥了很好的示范效应。作为智力密集型产业，软件业除了自身产业附加值高、无污染外，还具有很强的经济带动作用。早年国家商务部曾做过一个调查，一个软件业从业人员可以拉动周边6—8人的就业。在大连软件园的带动下，以旅顺南路为纽带，逐渐聚集起了一批软件主题园区，形成了涵盖应用软件开发和外包、业务流程外包、资源共享中心、产品研发、工业设计以及区域性总部的产业链条。

截至2016年底，大连软件和信息服务业规模以上企业达到600家，软件收入过亿元企业84家，从业人员22万人，软件和信息服务业实现营业收入1567亿元。

人和
政校园企多方联动
解决人才瓶颈

“这里1楼是日本顶级传动系统生产商捷太格特的科技中心，2楼整层是全球规模最大投资管理公司美国富达投资的办公室。”站在12号楼的观景平台，刘爽指着大楼逐一介绍。

这是一幢H形办公楼，由设计了美国甲骨文办公大楼的知名设计公司打

大连软件园内聚集了700多家中外软件企业，包括48家世界500强企业

造。灰色瓷砖和窗户组成的外墙背后，每一层楼都可能进驻了一家国际巨头。这样的大楼在大连软件园随处可见。

作为全国11个国家级软件产业基地中唯一的民营软件园区，目前大连软件园一期已聚集了700多家中外软件企业。其中包括简柏特、IBM、埃森哲、惠普等48家世界500强企业，是国际化程度最高的国家级软件园。

大连软件园能够吸引众多国际软件巨头落户，除了得益于全球化的产业转移，还与自身超前的规划布局有关。

"以数码广场为中心，在项目启动之初我们就规划了一个半径1公里、面积约2.98平方公里的产业社区，打造成步行20分钟的一体化工作生活圈。"刘爽说。通过工作区和生活区的合理布局，大连软件园形成了以产促城、产城融合的发展模式，企业员工可以在园区内轻松满足工作和生活服务等需求。

凭借着先进的园区发展模式，以及在打造低碳、绿色、环保社区方面的卓越表现，2009年，大连软件园赢得了有着"绿色奥斯卡"之称的联合国国际花园社区金奖的桂冠，成为世界上首家，也是目前唯一获此殊荣的产业园区。

良好的人居环境吸引了人才集聚，而人才正是大连软件产业腾飞的关键要

大连软件园从1998年启动建设，见证了大连软件业的腾飞

大连高新区里的咖啡厅为创业者提供了交流空间

素。"在园区周边3公里范围内，拥有大连理工大学、东北财经大学、大连海事大学、大连海洋大学等高校，这些高校和园区企业深入合作，源源不断地为软件产业输送人才。"

刘爽说，大连软件产业定位于国际业务，需要大量语言和技术人才，为了促进产业发展，从政府与学校、企业与学校合作及引进专业IT人才培训机构等方面入手，面向软件产业培养人才。部分高校专门开设了"2+2"课程，培

育语言加技术的实践型人才，从而打通了产业发展的关键一环。

动向
新技术迭代倒逼转型
推动产业链升级

回顾大连软件园的发展历程，刘爽认为大致分成三个阶段。从21世纪头五年以日本业务为主，到第二个五年国际企业把大连作为亚太区软件和信息服务中心，再到第三个五年，凭借在产业领域的多年实践积累，越来越多跨国公司将面向全球的技术支持中心和服务中心落户在大连。大连也因此从区域性的服务中心向全球性服务中心升级，承接来自世界更大范围的业务。

日本索尼公司在进入大连软件园15年后，为了进一步扩大中国区业务，2016年整编了亚太区业务，将中国区的索尼业务集中在大连。索尼（大连）正式升级为索尼（中国）。

世界第三大制药厂商辉瑞在全球设了三个支持中心，一个在美国本土，一个在爱尔兰都柏林，还有一个在大连，定位于服务亚太地区为主，兼顾美洲和欧洲。辉瑞通过这种交叉覆盖来解决其全球业务的财务结算等问题。

与业务中心地位提升相伴的，还有产业链价值的升级。大连软件园内的服务外包业务已从最初的简单数据录入、软件编程，升级到用户需求分析、系统集成、整体构架设计等具有较高附加值的业务链高端。以思科公司为例，自2008年进入园区以来，从之前的3条业务线增长至目前的9条，并在2014年将其亚太区网络产品售后的技术支持业务由北京转到大连。

近年来，新兴技术发展日新月异，大数据、物联网、云计算等新兴互联网技术不断迭代更新，这种快速变化也对大连的软件产业提出了新要求。

“现在已经不是我们想不想做的问题，而是所有客户都在做大数据和云计算，倒逼着我们也要对自身的产业定位进行重新思考，随着客户业务的转型而转型。”刘爽说。在行业快速变化的过程中，园区也涌现了一批新兴业态，当中包括国内首家收集全球货物贸易进出口数据并提供大数据分析的商业机构大连瀚闻资讯。

“这对我们来说也是一个新的课题，随着技术升级，客户的技术也在快速变化，你的人才应该怎样在原来的基础上进行提升，或者在原来的基础上培养出新生力量，去不断适应行业发展的需求，我认为这是大连软件产业目前面临的主要机遇和挑战。”刘爽说。

大连行记2

亚洲最大地藏式工厂里，过半国产五轴数控机床产自这里

大连光洋科技采用石材做机床，有效降低了成本

从地面下降约五层楼的深度后，电梯门打开，迎面是一条数十米的长廊，在长廊尽头，是目前全亚洲最大的地藏式工厂。和地面一年四季的温差不同，这里长年保持在22摄氏度，恒温恒湿。

这家位于大连金普新区的“地下工厂”属于大连光洋科技集团的控股子公司科德数控。这里生产的五轴联动数控机床不仅打破了欧美日等发达国家的技术封锁，而且凭借85%以上的自主化率大幅降低了生产成本，产量占全国一半以上，广泛应用于航空、航天、能源等核心领域。

2017年8月底，第三届珠江西岸先进装备制造业投资贸易洽谈会在佛山举行，如何突破关键核心技术推动智造升级成为热点话题。

同年9月9日，南方日报“十城演义”调研组走进大连光洋科技集团，寻找国产高端数控装备产业的竞争力密码。

用石头做机床价格是进口的一半

在1.5万平方米的地下厂房，每小时需要换气十几次，以确保生产车间维持十万级（每立方米微小灰尘少于350

万粒，小灰尘少于2万粒）的空气洁净度。数十台高端数控机床整齐排列，工人通过面板熟练操作机床，生产出各种结构复杂、高精度的构件。

光洋科技董事长助理田兆强说，科德数控地下厂房在2012年底建成并投入使用。车间建在地下14米，地基坐落在坚固的岩石层，并在底部浇筑了1.2米厚的混凝土，周边马路上重型卡车经过也不会造成颤动，以确保其生产的五轴数控机床的高精度。

作为工业之母，机床是一国制造业水平的象征。代表机床制造业最高水平的五轴联动数控机床系统，专门用于加工复杂曲面，是目前解决叶轮、船用螺旋桨、重型发电机转子、汽轮机转子、大型柴油机曲轴等加工的唯一手段，对一个国家的航空、航天、国防、精密器械、高精医疗设备等行业有着举足轻重的影响力。

“五轴数控机床相当于汽车领域的跑车，性能优越，产品精度和生产效率高，几乎所有行业都有应用需求，是推动制造业转型升级的重要力量。”田兆强说，欧美日等工业发达国家一直把五轴数控机床系统作为重要的战略物资，实行出口许可证制度。

为打破国外五轴数控机床的价格垄断，光洋科技不断创新降低成本。“传统的机床床身都是铸铁做的，我们的床身是用石头做的。”田兆强边说边拿起旁边的锤子敲击两种不同材质，从声音上可分辨出两种材质的区别。采用石材做机床不仅能有效降低成本，而且和金属相比，还具有阻尼系数大、温度影响的变形系数小、节能环保等优点。

田兆强说，在此之前，国外五轴数控叶片加工机床进口需要近2000万元1台，而光洋科技同类产品只要600万元。受此影响，近两年国外进口机床的价格大幅下降到约1200万元1台。

85%自主化率全球最高

“这是我们自主研发的电机，相当于数控机床的四肢；这是控制系统，是数控机床的大脑；这是传感系统，是数控机床的眼睛和耳朵。”在光洋科技的展览室内，田兆强逐一介绍组成数控机床的核心部件。

有别于其他国产机床模仿国外技术从低端产品做起，光洋科技从1993年成立之初就确定走自主创新的道路，从产业中高端切入，自主开发五轴控制系统，先后建立了行业唯一的“高档数控机床控制集成技术国家工程实验室”，以及国家博士后科研工作站、国家地方联合工程研究中心等10多项国家和省、市级的数控技术研发平台，研究团队达200多人。

经过20多年努力，光洋科技逐步构建起国内高档数控产业领域内最完整的技术链和产业链，覆盖了控制系统、传感系统、各类伺服电机、执行系统、液压系统、铸石机床身到工业机器人等关键环节。目前光洋科技五轴数控机床的自主化率达到85%以上，在世界同行业中自主化率最高。

这种高自主化率让光洋科技成为国内首家自我生产装备的机床主机企业。此外，光洋科技还打破国外产品的标准化生产模式，开创了与用户共同设计、共同开发的模式，产品响应市场的时间得到保证，从用户下订单到交付产品的周期大幅缩短。

凭借着这种快速响应，光洋科技的五轴数控机床获得了广泛认可，连续3年占国产五轴数控机床市场份额一半以上，批量应用于国内的航天、航空、汽车、能源等领域。

2013年，科德数控与德国克努特机器有限公司签订采购合同，向其出口公司自主研制的五轴立式加工中心，实现了国内企业向工业先进国家返销五轴数控机床的历史突破。

科德数控地下厂房建在地下14米，占地1.5万平方米，是亚洲最大的地藏式工厂

自主创新要耐得住寂寞

“目前我们最大的瓶颈是产能不足，所以产品只能优先满足航空航天等重要需求。”田兆强说。经过20多年的技术积累，光洋科技正迎来大规模产业化的快速发展期，现有产能已经无法满足市场需求。

为此，光洋科技正在投资建设大连智能制造装备产业园。该项目是全国首批也是大连唯一一个“中国制造2025”强国战略入选项目，占地46万平方米。首期将建设一个占地25万平方米，全球规模最大的地藏式恒温恒湿厂房。其面积是现有厂房的16倍，致力于为国内航空、航天、能源等重点行业提供智能制造的全套解决方案。

对于目前正在全力发展高端装备制造业的佛山，田兆强根据光洋科技自身的发展经验建议，佛山可以根据自身的产业特点找到合适的发展路径。他说，国内装备产业发展主要有两种模式，一种是通过集成实现快速发展，另一种通过自主创新夯实发展根基。

“这两种模式并不矛盾，各有优点和不足。”田兆强说，“集成发展的好处是发展速度快，但不足是缺乏核心技术，容易受制于人，当发展到一定程度时就会失去竞争优势。你的关键零部件都是采购别人的，这会给成本控制带来很大困难，大家都知道目前五轴数控机床至少几百万一台，但可能你的零部件买回来就要几百万元，这样就没有竞争力可言了。”

光洋科技拥有国内高档数控行业最完整的技术链，自主化率达到85%以上

相对于集成生产，光洋科技走了一条自主创新的道路，选择走这样一条道路最重要的是能够耐得住寂寞，从核心技术切入产业链，不断钻研创新。

对于这种模式，田兆强着重强调了人才的作用，“这几年国外很多龙头企业到国内成立研究院，高薪挖人，我们如果没有把人才留住，也只能走集成发展的道路了。”

大连行记3

中欧班列直达欧亚腹地，力撑亚欧国际物流“黄金通道”

全国唯一港前站点，海铁联运无缝衔接

站在28层楼高的大连港新港商务大厦顶楼观景平台，鸟瞰大连大窑湾保税港区，自北向南可看到泾渭分明的功能布局，从吞吐量50多万辆的汽车码头，到占东北90%以上集装箱吞吐量的集装箱码头，再到可停靠海上“巨无霸”的油品码头和矿石码头。

作为东北地区走向世界最近的港口，大连港身上有很多标签，它是辽宁沿海经济带规划中重要的水路中转站，是大连东北亚国际航运中心建设的核心与旗舰。通过这里，东北三省的货物得以运到南方乃至世界各地，而华东、华北、东南沿海及日本、韩国、东南亚国家的各类产品也通过这里进入东北市场。

2015年3月，国家三部委联合发布《推动共建丝绸之路经济带和21世纪海上丝绸之路的愿景与行动》，大连港作为东北唯一纳入“一带一路”总体规划的港口，再次走到了历史前沿。南方日报“十城演义”调研组走进大连港，探寻东北亚航运枢纽海铁联运无缝对接的秘密。

世上有多大的船 大连港就有多大的码头

“世界上有多大的船，大连港就有多大的码头。”站在28楼楼顶，大窑湾保税港区负责人张鹏迎着太阳指向大窑湾自豪地说。

2017年3月1日，大连港成功接卸世界最大的45万吨级油轮“泰欧”号，仅一个多月后，长400米，宽58.8米，世界最大集装箱船“三井成就”成功靠泊大连港。

作为国内四大深水良港之一，大连

港是东北地区连接世界的重要门户，随着枢纽地位的不断提升，对大连港的吞吐能力也提出了新要求。大连港集团党委工作部副部长刘显峰说，为了全面提升大连港的吞吐能力，近年来大连港集团不断完善泊位建设，其中就有油品泊位25个，包括一座45万吨泊位和两座30万吨级泊位。

在超大型深水泊位的拉动下，大连港集团接卸船舶等级和油运吞吐量屡创新高。2017年7月份，大连港油品码头公司共完成VLCC（30万吨级油轮）作业16艘次，刷新单月接卸VLCC作业纪录。

油品码头只是大连港的多项业务之一。目前，大连港业务范围涵盖油品、集装箱、散杂货、客货滚装、海上中转、陆地运输、港航金融、港航信息等领域，是世界上业务功能最全的港口之一，生产性泊位超过100个，其中万吨级以上泊位74个。

沿着油品码头向北眺望，集装箱码头上的桥吊正在忙碌地装卸，东北地区98.5%以上的外贸集装箱从这里转运；再往北，在大窑湾湾底，数以万计的汽车整齐地摆放在等候区。“车头朝外的是准备装船运走的，车头朝里的是从船上卸下来的。”张鹏说，“作为东北地区唯一的商品车转运港，大连港已经连续5年占据东北市场100%的份额，年转运量达到50多万辆。”

油品码头以南，是全国首个兼具

从地图上看大连大窑湾保税港区，自北向南功能布局泾渭分明

港口“保税”和现货“混矿”资质的港口，年保税混矿能力可达1500万吨，也是全国首家铁矿石保税交割基地。“从巴西淡水河谷运来的矿石有富矿和贫矿之分，混矿就是在保税状态下把富矿和贫矿进行混搭，再按照合理税位出关。”

凭借着完善的功能布局，大连港得以成为国内外经贸往来的重要纽带，服务世界160多个国家和地区，与300多个港口建立了经贸往来，100多条集装箱航线通达世界各地；年吞吐量超过4亿吨，集装箱量超过1000万标准箱，跻身世界港口前十强。

作为国内四大深水良港之一，大连港是东北地区连接世界的重要门户

大连铁路集装箱中心站是原铁道部规划的18个集装箱中心站之一，自2010年投入使用以来，中心站班列箱量实现快速增长，仅用三年时间即突破10万标箱大关。2016年完成集装箱班列作业量20.8万标箱，同比增长13.7%。

此外，中心站也是大连港唯一的中欧班列作业场站，全部中欧班列线路均在中心站进行装卸作业。作为东北地区唯一纳入国家“一带一路”总体规划的港口，近年来大连港大力开展亚欧国际物流大通道建设工作。自2013年7月开通首列中欧过境班列以来，大连港先后与俄铁、德铁、中铁总、中远海运等重点企业合作，共同打造以大连港为枢纽的过境班列公共平台和服务品牌。

中欧班列比传统海运省时2/3以上

来自南方和世界各地的货船远渡重洋后，安静地停靠在大连港码头，作业人员快速而高效地操控桥吊把集装箱装卸到卡车上，在距离卡车数百米的距离，港铁直接延伸到码头前沿。

“这是国内唯一一个港前站，大多数铁路中心站是内陆站，我们的铁路中心站是和港口连着的，减少了货物转运环节，大大提升了转运效率。”刘显峰说，

“一带一路”倡议提出之前，我国东南沿海以及日本、韩国、东南亚运往俄罗斯的货物主要通过俄罗斯东方港、海参崴等远东港口转运，再通过西伯利亚大通道以海铁联运方式到达莫斯科等核心区域。大连港中欧班列开通以后，将原来通过俄罗斯远东港口转运的货源争揽到大连港，进一步拓展了大连港口的服务功能。

与传统的海上运输通道相比，大连港中欧班列全程运行时间可减少 2/3 以上。以三星班列为例，通过将三星电子在韩国水原及我国天津、苏州等地生产的电子产品在大连港集结，采用海铁联运方式发往俄罗斯卡卢加州，全程运行时间仅需 12 天。

蓝鳍金枪鱼的“奇妙旅行”

除了传统功能，2006 年大连大窑湾保税港区封关运作以来，依托自身的功能优势和政策优势，确定了“推进冷藏中转和冷藏保税仓储业务发展，建设口岸保税冷链物流中心”的发展思路，重点发展冷链物流产业，形成 40.5 万吨的冷藏规模，成为全国口岸最大的冷链物流基地。

“那个蓝白相间的是大连港集团和

美国毅都公司共同成立的冷链基地；旁边的分别是恒浦和獐子岛的中央冷库，都是有上市公司背景的冷链物流龙头企业。”张鹏指着不远处一个盒状建筑说，“冷链物流基地通过与保税区相关政策的结合，逐步理顺了岸边直取、舱单报备、冷藏中转等业务流程，实现了生鲜水产品的快速流转。”

以蓝鳍金枪鱼为例，中国北方第一个金枪鱼超低温冷藏加工场地就落户这里。超低温环境是保证金枪鱼肉质鲜美的一个必要条件，蓝鳍金枪鱼由专业捕捞队捕捞上船后随即被放入零下60摄氏度的冷库进行冷藏，回到大连港后，在冷链物流的全程“监护”下运到冷藏加工场地，工作人员同样需要在零下60摄氏度的超低温环境中完成加工，再转口到日本、欧洲等国家。

“除全程低温外，整个加工和转运过程都在保税状态下进行。”张鹏说，这减少了进、出口报关等环节，大大降低了成本。目前，港区水产品年加工能力已达200万吨，占全国1/10。2016年，大连保税港区操作冷链货物34.19万吨，实现货值6.47亿美元。

大连港拥有国内唯一一个港前站，港铁直接延伸到码头前沿无缝对接海运

区域样本

大连经验向东北地区复制推广

从地图上看，大连发展外向型经济具有得天独厚的优势。以大连为圆点，画一个500公里半径的圆，能够把中国、韩国、朝鲜三国首都圈进来，距离日本九州的直线距离也只有约1000公里，是名副其实的东北亚地理中心。

从政策导向看，大连是国内少数享受多重政策红利叠加的城市，其中，金普新区作为东北地区首个国家级新区，同时拥有大连自贸片区、国家自主创新示范区、国家跨境电商综合试验区及经贸合作区等标签，大连港成为东北唯一纳入“一带一路”总体规划的港口。

为充分发挥大连的区位和政策优势，2016年，金普新区再次入选成为12个国家开放型经济新体制综合试点试验地区之一。

围绕金普新区开放型经济新体制综合试点试验工作，大连迅速出台行动计划，提出将加强综合试点试验与自贸试验区、跨境电商综试区的协同推进，大胆探索建立质量效益导向的外贸促进体系，在打造政策制高点、增创外贸竞争新优势上实现新突破。

为加快培育外贸竞争新优势，近两年大连在原有港口业态基础上，进一步鼓励发展跨境电子商务、保税展示交易、平行汽车进口、期货保税交割、境内外维修业务等，新引进亿元以上重大项目50多个，总投资700亿元，注册跨境电商802

家，经济总量达到2296亿元。

在大连跨电综贸区副主任魏梓山看来，大连开放型经济新体制的构建不仅包括对外开放，还包括对内开放，尤其是要加强与东北地区大市场的联动，发挥大连作为东北连接世界的桥头堡的作用，推动东北经济振兴。

为此，在前期先行先试的基础上，大连正在加快相关发展经验的复制和推广。

2017年9月，在黑龙江省佳木斯市，“金普跨境电商综试区佳木斯联盟园区”正式开园运行，在将大连地区的跨境商品销往当地的同时，辐射整个黑龙江东北部，利用金普新区跨境电商平台和已形成的外贸渠道，积极发掘培育当地及周边地区的品牌产品。

按照规划，跨电综贸区计划3—5年内，在东北地区至少运营100家类似的联盟园区，以大连为龙头、以东北为腹地，共建东北跨境电子商务发展的先行区、外贸转型发展的引领区、老工业基地振兴的示范区和东北亚跨境商品的集散区。

调研手记

大连国际化路径给佛山的三点启示

在调研组走访的10座城市中，大连是距离佛山最遥远的城市，两者之间的直线距离近2000公里，从南到北横跨大半个中国，鲜有交集。但这并不意味着大连与佛山没有可比性，笔者调研发现，两座城市之间的差异并没有距离呈现出来的那么大。

从经济体量看，2017年大连地区生产总值7363亿元，佛山地区生产总值9500亿元，考虑到两者人口数量的差异，两座城市的经济发展程度相若；从产业结构看，大连是东北老工业基地的一颗明珠，形成了石化、船舶、现代装备和电子信息等四大支柱产业，而佛山作为全国排名第六的工业大市，坐拥超2万亿工业产值。制造业是两座城市共同的根。

面向未来，两者面临相似的发展机遇。大连作为东北亚国际航运中心，通过对接国家“一带一路”倡议，发挥自贸区的发展优势，有望在对外经济交往中发挥更大的作用；佛山作为粤港澳大湾区的重要成员，正积极寻求融入大湾区一体化建设，参与全球产业分工。

从大连的发展经验回看佛山，其构建开放型经济新机制探索对佛山有几点启示。

一是要结合自身区位条件构建新型立体化交通物流体系，提升在区域经济一体化中的影响力和辐射力。大连开放型经济的发展既得益于良好的区位条件，但也离不开其在参与“一带一路”建设的过程中，不断强化自身的交通枢纽地位和物流服务能力。佛山虽然没有出海口，但通过与广州共建南沙港，能够共享广州的港口资源，加上佛山西站的建设，佛山事实上成为珠三角连接大西南的重要枢纽。接下来佛山需要进一步强化这种区位优势，向东通过基础建设加快融入大湾区的区域经济一体化进程中，向西强化粤桂黔经济带的联系，分享两大国家级战略带来的发展红利。

二是加快推进贸易便利化改革探索多层次贸易体系。大连享受一系列政策红利，近年来加快了对多层次贸易体系的探索，依托自身的港口、物流优势，通过推进贸易便利化、培育外贸发展新动能的平台建设，构建起对外开放的新一轮发展优势。佛山近年也提出要打造“不是自贸区的自贸区”，接下来在贸易便利化方面要加强对各自贸区制度创新的吸引学习，通过培育外贸综合服务平台鼓励外贸方式和手段创新，推动外贸升级。

三是加强对外交往专业人才的吸引和培育。大连多层次开放体系的构建，离不开大量国际化人才的引进和培育。当前，人才已经成为各大城市抢占未来发展制高点的重要战略资源，相对于大连本土丰富的高校资源，佛山本土高等教育基础薄弱，更需要进一步加强对相关专业人才的引进，优化人才结构，为新一轮国际化奠定基础。

南京江北新区

国家超级计算无锡中心

「下篇」

FOSHAN FANGLÜE

佛山方略

千亿集群
创新裂变

4300多个传感器，每天量产4000万条数据，这是海尔位于佛山三水区的滚筒互联工厂。每天一有订单信息传递于此，这座机器人密度高达778台/万人的工厂便开足马力，启动生产。

作为佛山本土机器人应用的示范参观点，2017年8月2日，数百家佛山企业走进此地。同一天佛山机器人应用行业迎来了“加速器”。佛山正式发布《佛山推动机器人应用及产业发展扶持方案》（征求意见稿），首次提出到2020年，佛山机器人及智能装备产业产值要突破1200亿元。

这意味着，佛山要用三年时间打造机器人“千亿集群”。

实际上，纵览中国经济发达城市，无论是北上广深等一线城市，抑或近年崛起的武汉、成都、杭州等新一线城市，培育“新千亿集群”已成为这批城市工业发展轨迹中的共同选择。

记者梳理数据发现，在这批城市经济跨上新台阶的前后，往往也是在培育“新千亿集群”上实现突破的一年。然而，工业千亿集群对于城市经济发展的意义，并非只是一个冰冷的数字支撑。

如同经济学家佩鲁所提到的增长极效应，在这群城市着力打造的千亿集群中，往往都是一些本身具有“磁场”作用，即在自身产业实现快速倍增的同时，还能为城市引入创新资源，带动整个城市结构优化的产业。

回望佛山，早在2013年到2015年，佛山的工业千亿集群数量已悄然增加一倍。如今在面临城市经济爬坡换挡的关键期，佛山呼唤着下一个千亿集群的出现，发挥出工业经济“增长极”效应，推动佛山制造“换挡升级”。

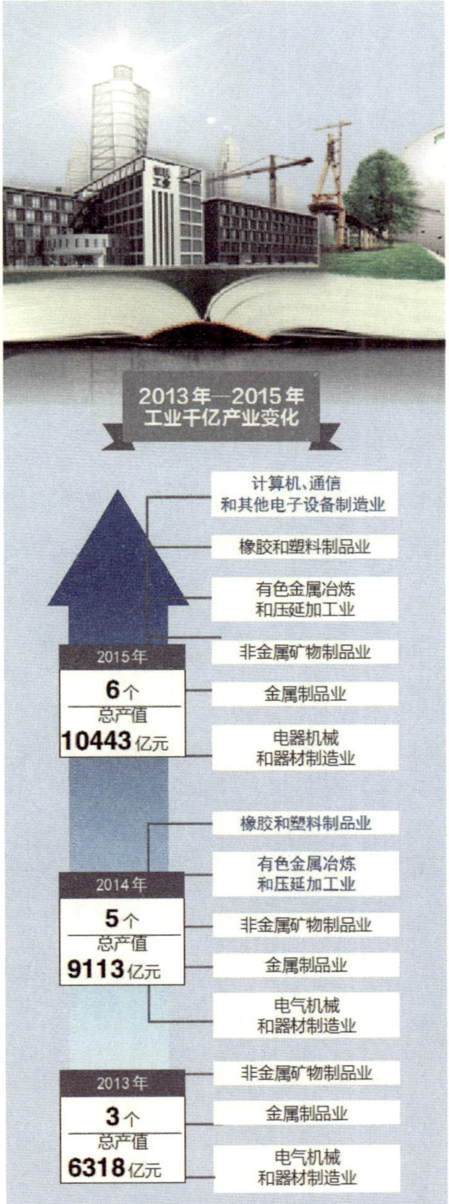

佛山目前拥有六大工业千亿产业集群。在这些已有的工业千亿产业集群中，大多以铝型材、玻璃、陶瓷、塑料等传统产业为主，且产业档次偏中低端。

从近三年的工业数据来看，佛山的千亿工业集群实现快速增长，从2013年到2015年，佛山工业千亿集群的数量从3个增加到6个，翻了一番，其总产值增加了65.3%。

（根据佛山统计年鉴）

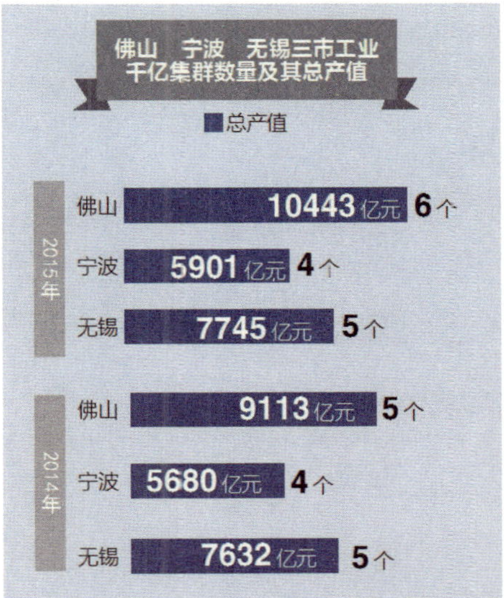

无论是佛山、无锡还是宁波，工业千亿集群对当地工业总产值的贡献率较高。以2015年的数据为例，宁波4大千亿工业集群占到其当年规模以上工业总产值约43%。而在无锡的占比则更高，在其同期规模以上总产值的占比约52%。与此同时，佛山则超过52%。

以上工业总产值数据来自各地统计年鉴，并均取至个位数。

一组数据
八座城市的“新千亿行动”

每天，从一汽大众成都基地量产的EA211发动机，一部分将发往1700多公里以外的，位于佛山的一汽大众狮山基地。

数据显示，早在2014年，成都汽车产业主营收入已突破千亿元。

不仅仅是汽车产业，于成都而言，继2016年把轨道交通产业基地、军民融合产业体系均纳入千亿级产业发展目标后，在刚刚结束的7月，成都又提出一个雄心勃勃的目标：打造7000亿级电子信息产业集群。

这只是一个缩影。纵览中国经济发达城市，无论是北上广深等一线城市，还是近年来崛起的武汉、成都、杭州、南京等新一线城市，工业千亿集群正成为这批城市突围发展的共同“关键词”。

与成都同样作为汽车产业重镇的武汉，早在2013年已有汽车及零部件制造、装备制造、电子信息、食品烟草、能源及环保、钢铁及深加工等六大规模以上工业产值达千亿元的产业集群。其总产值占规上工业总产值比例为69.1%，而一年后，武汉经济总量上了一个新台阶。

把眼光转向长三角。2017年7月，第二届国际“互联网+”创新产业交流峰会在杭州举行。这正是杭州经济开发区打造500亿级信息技术产业集群的行动之一。实际上，2016年以来，杭州先后提出将打造千亿级新一代信息技术产业集群、千亿级汽车产业基地、千亿级临空产业和千亿级健康产业。

杭州以北的南京市，计算机通信和其他电子设备制造业、汽车制造业、化学原料和化学制品制造业位列其产业集群前3位，且产值均超过1700亿元，占当年全市工业总产值的44.4%，成为产业发展的“龙头”。

而在南京城市经济迈上新台阶的2015年，新型显示、物联网、信息通信设备、智能电网、新材料产业和节能环保六大产业的规模均达到千亿元以上。到了2016年，南京提出打造千亿级新材料产业基地，2020年形成汽车汽配产业千亿集群；2017年又提出重点打造集成电路、生命健康和新能源汽车三个千亿级产业集群。

显然，在这几座城市经济迈向新台阶之时，培育新千亿集群不约而同地成为它们的重要发力点。

而如今，在两座与佛山经济发展水平相当的城市，千亿集群出现的频率正在提高。

以宁波为例，在先后提出把汽车、石墨烯、高端装备等打造为千亿产业的同时，在当地的决策咨询网上，一直保留着对“千亿级产业培育的经验教训与宁波启示”的研究分析。而按照宁波2015年统计年鉴，宁波的四大工业千亿产业占到其当年规模以上工业总产值的约45%。

而在无锡，2015年，该市共有电气机械和器材制造业等五大工业千亿产业，在其同期规模以上总产值中占比约52%。

增长动力
搅动创新池的“鲶鱼”

实际上，工业千亿集群对于一座城市的意义，并非只停留在为区域经济提供堆头上的支撑。

达到一定规模的产业集群可以帮助企业降低信息交流、物流等成本，实现集群效应。不仅如此，法国经济学家佩鲁提出，围绕一组产业，在使得产业迅速增长为产业集群的过程中，还能通过乘数效应，推动其他产业的增长，这样的现象被称为“增长级效应”。

也就是说，如果能够找准具有“磁场”作用的产业，作为重点培育对象，那么这样的产业在自身实现快速倍增的过程中，还能成为搅动一座城市产业结构的“鲶鱼”，为城市其他产业引入创新资源，注入新动能。

这正是上述多座城市把培育战略性新兴产业作为培育千亿集群重要方向的用意。

以无锡为例。就在2017年初，无锡市政府发布《无锡市加快集成电路产业发展的政策意见》，提出要在“十三五”期间，力争让无锡全市集成电路产业年产值突破一千亿元。

无锡统计局发布的最新统计年鉴显示，在2015年，集成电路产业所隶属的计算机通信行业，在无锡市已达到了1876亿元。无锡此举无疑希望在原本的千亿产业中，再“裂变”出新的千亿产业。

而被选中的集成电路产业，作为以芯片为核心的行业，素来被称为工业界的“粮食”，是培育其他不少战略性新兴产业的重要支撑。

这样的产业一旦成长为千亿集群，对一座城市的工业转型无疑将起到增长极效应。无锡近年培育起来的物联网产业，是另一个生动的案例。

2009年，无锡高浪路、菱湖大道一带还都是农田、荒地。而八年后，一个个承载着各类物联网企业的园区已然崛起。

截至2016年，列入物联网产业统计的无锡企业已从2009年的248家增加至1171家，营业收入从220亿元增加到1688亿元。

这样一个在八年前许多人还看不懂的产业，如今在全球管理咨询公司埃森哲报告中被称为“将为中国经济创造新的增长点”。现实中，在工业界愈发强调万物互联的时代，连美国都把发展物联网作为提速自身工业互联网产业的重要支撑。

而对于无锡，这个营收超千亿的新产业，还成为当地目前推进制造业迈向“智造”的重要推动力。

回望佛山
呼唤下一个千亿集群

回到佛山。从近三年的工业数据来看，佛山的千亿工业集群已实现快速增长。

佛山市统计局发布的统计年鉴显示，在2013年，佛山工业总产值过千亿的工业产业，有非金属矿物制品产业、金属制品业，以及电气机械和器材制造业三大行业。

两年后，佛山新增了橡胶和塑料制品业、有色金属冶炼和压延加工业，以及计算机、通信和其他电子设备制造业三个千亿产业。在2015年这一年，佛山规模以上工业总产值超千亿的行业达到了6个，比2013年增加了一倍。

然而，另一方面，目前在佛山已有的工业千亿产业集群中，大多以铝型材、玻璃、陶瓷、塑料等传统产业为主，且产业档次偏中低端。

这种产业结构的问题，在作为体现一座城市创新活跃度的科学研究行业中也有所体现。

来自南方报业城市智库的数据显示，截至2017年上半年，在与成都、武汉、杭州、南京、青岛、长沙、无锡、宁波、大连以及郑州10座城市科学研究行业企业存量占比的对比中，佛山仅略高于青岛，在十城中排在第9位。

事实上，在佩鲁提到“增长极”理论时就强调，“增长极行业”往往是新兴的、技术水平较高的产业。而毫无疑问，佛山正呼唤着能够担当“增长极效应”的新工业千亿产业集群。

目前，从数据上看，2015年佛山通用设备制造业以及汽车制造产业工业总产值均已突破700亿元，两大行业可谓是站在了冲刺佛山下一个千亿集群的最前端。

而这两大行业目前在佛山也迎来了最佳发展时期。

注塑机、冲床、3D打印、打磨机器人……占地1000平方米的场地上，一条实现了全流程自动化的电饭煲生产线上，30秒内即可完成一台产品生产。这是2016年佛山市在第二届珠西“装洽会”现场展示的一个前沿场景。

在佛山领衔打造珠西万亿装备制造业产业带的新命题下，作为装备制造业重要支撑的通用设备制造业，正迎来了发展的加速度。

而汽车制造业方面，以新能源汽车为代表，佛山2017年以来频频迎来了多个重大项目。

2017年7月中旬，佛山市市长朱伟带队参观了清华大学的多个院系和实验室，第一个目的地就是清华大学汽车工程系。

事实上，就在朱伟此行之前两天，计划总投资60亿元的华南新能源汽车集成创新产业园签约落户佛山三水。数日后的7月17日，佛山企业东方精工宣布与福田汽车签订动力电池战略采购合同。

不仅如此，早些时候，国家发改委核准了高明陆地方舟纯电动乘用车建设项目，赋予了陆地方舟公司纯电动乘用车生产资质牌照，这也是国内第十四张新能源汽车牌照。

这些事件叠加在一起，打开了佛山汽车制造业更大的想象空间。

关键词：倍增计划
五座工业大市的共同选择

在武汉江夏一座汽车工厂，几乎每分钟就有一辆崭新的小轿车下线。数千辆汽车在武汉的生产线上制造完成，随后运往全国各地。

这是武汉汽车产业每天都在发生的场景。

8年前，汽车产业成为武汉第一个工业千亿产业集群。次年的1月28日，武汉市委、市政府印发了《关于实施工业发展“倍增计划”加快推进新型工业化的若干意见》（以下简称《意见》）。

《意见》以2015年为目标年，提出全力构建以新兴产业为先导、以先进制造业为支柱、以生产性服务业为支撑的现代工业体系，努力把武汉建设成为全国重要的先进制造业中心。到2015年，武汉六大支柱产业产值均要突破千亿元。这六大支柱产业包括电子信息、汽车产业、装备制造、食品产业、钢铁产业和石油化工产业。

此后仅仅两年时间，武汉汽车及零部件、装备制造、电子信息、食品烟草、能源及环保、钢铁及深加工业均超过千亿元产值。

纵览排名前列的工业城市发展轨迹，“倍增计划”成为多个城市的共同选择。

2012年，成都确立工业倍增发展目标：到2015年建成电子信息（含新一代信息技术）1个万亿级产业集群和汽车、新材料、机械、石化、食品等千亿级产业集群。2012年上半年，成都经济增速居全国副省级城市首位。

2014年，杭州市提出“亩产倍增”计划。力争到2020年底，实现全市单位建设用地地区生产总值比2010年底翻一番。

这三座城市在提出“倍增计划”的三五年内，工业结构优化，千亿集群发展，城市经济也迈上新的台阶。“倍增计划”成为“加速器”。

近年来，“倍增计划”受到更多城市的青睐。

《无锡市“十三五”制造业转型发展规划（2016—2020年）》提出，要瞄准新兴产业发展，实施新兴产业倍增计划，逐步建设成为专业特色园区。

宁波市早在2008年就出台了《关于实施工业创业创新倍增计划的若干意见》。时隔9年，2017年6月，宁波出台了《关于推进战略性新兴产业倍增发展的实施意见》，提出到2020年，战略性新兴产业规上工业增加值达到900亿元，产值4000亿元以上，累计培育战略性新兴产业规上工业企业2000家。

在“倍增计划”效果明显的武汉，2016年出台《关于实施“十大计划”加快建设具有强大带动力的创新型城市的意见》。“十大计划”中高新技术产业倍增计划、产业创新能力倍增计划位列前两名。

攻坚智造
三城突围

2017年7月25日，江苏省市党报采访团走进无锡戴卡轮毂制造有限公司。偌大的车间里，机器人挥舞着手臂卖力干活，一块铝锭进入生产线，10秒钟后成型轮毂成品“出炉”。

相距无锡266公里的浙江宁波，双鹿电池“黑灯智造”车间内，无人生产线以每天近百万节电池的产能马不停蹄运转。今年上半年，宁波装备制造业、高新技术产业同比分别增长13.8%、11%，跑赢了规上工业增加值9%的增速。

无锡往南1518公里，在佛山的维尚家具工厂里，贴着专属二维码的不同板材同时在生产线上流转着，大数据后台指引着切割、缝边等无人化工序的顺利操作。在7月27日召开的佛山市委十二届四次全会上，亮丽的数据折射出佛山制造正在发生的变化：上半年佛山工业实现“两个万亿”，分别是规模以上工业总产值达10,725.25亿元和规模以上工业企业主营业务收入达10,292.98亿元。

无锡、宁波、佛山，这三座发展水平相当的中国制造业大市，推进智能制造的脚步正在加快，呈现出你追我赶的发展态势。

这三座城市都承担着国家使命：无锡、南京等苏南五市获批成为“中国制造2025”试点示范城市群；宁波是全国首个“中国制造2025”试点示范城市；佛山则是全国唯一的制造业转型升级综合改革试点城市。在深化供给侧结构性改革的国家命题下，无锡、宁波、佛山共同答题。

坚守实体经济，主攻智造转型，成为三座城市打造核心竞争力的共同追求，更成为这三座城市面向未来发展关键的胜负手。

做大基本盘
质量与效率的探索

经济数据的公布总能引来关注的目光。无锡、宁波、佛山三城陆续亮出2017年上半年的经济发展“成绩单”，工业增速表现最为抢眼：佛山工业生产延续2016年第一季度以来增速持续加快的态势，上半年实现规模以上工业总产值10,725.25亿元，增长8.3%，增速高于去年同期1.1个百分点；规模以上工业增加值2377.16亿元，增长8.4%，高于全国。这也是2016年第一季度以来工业增速的最高值。同样是2017年上半年，无锡全市规模工业实现总产值7913.70亿元，同比增长15.8%，较上年同期提高11.7个百分点，较第一季度提高3.0个百分点，产值增速达到五年来新高；而宁波工业在2017年上半年也保持高速增长，全市累计实现规模以上工业总产值7832.9亿元，同比增长16.1%；全市规模

固定资产投资额一定程度上反映未来经济增长方向，2017年上半年佛山完成固定资产投资1818.75亿元，增长20.1%。总额不敌无锡和宁波，但亮眼的增速不仅在珠三角排第二，也远超无锡、宁波。

以上企业累计完成工业增加值1612.2亿元，同比增长9.0%。

从数据来看，佛山规模以上工业总产值远超无锡、宁波，但是无锡、宁波来势汹汹，规模以上工业总产值增速均超15%，追赶势头凶猛。

工业顶梁柱发力，托起无锡、宁波、佛山三城经济发展的基本盘。这三座制造业大市亮丽工业数据的背后，隐藏着中国城市发展的新命题：面对劳动力、土地等要素成本上升的挑战，制造业的发展如何突围，才能形成新的比较优势？

从人口数据看，截至2016年末，无锡常住人口达到652.90万人，宁波常住人口为787.5万人，佛山的常住人口为746.27万人，三座城市的人口规模相近。

从土地面积看，无锡土地面积达到4628平方公里，而宁波面积更是高达9816平方公里，佛山的土地面积仅有3875平方公里，在三城之中面积最小；从城市综合竞争力看，去年，中国社会科学院发布的《中国城市竞争力报告》中，佛山城市综合经济竞争力指数在该排行榜中居第11位，紧追苏州、武汉，领先于南京、无锡、宁波。

工业再投资
赋予制造业新生命力

无锡、宁波、佛山的城市规模、发展取向、发展阶段比较接近。改革开放以来，这三座城市先后走过了因制造而生长、壮大的发展历程，并在初级工业化时期完成了城市的财富积累。

无锡以“苏南模式”起源地而闻名，以集体经济为主体的乡镇企业异军突起，带动制造业落地生根。20世纪90年代，无锡又借浦东开发机遇，搭上了国际化的“早班车”。进入21世纪，无锡加大对外招商引资、招才引智力度，推动新型工业化与城市化并进，“新苏南模式”演进成型。

作为计划单列市、副省级城市的宁波，在改革开放后凭借港口之便、开放之利，一跃成为长三角南翼经济中心和国家先进制造业基地；而佛山在清代便拥有

“天下四大聚”的繁华，改革开放得风气之先，专业镇崛起，家电、陶瓷、家具等制造产业在佛山或发轫或聚集，奠定佛山以制造为本的城市底色。

面对日趋激烈的城市竞逐，坚守制造、坚守实体经济成为无锡、宁波、佛山共同的价值追求。尤其是近年来，发力智能制造业、实施供给侧结构性改革成为三地共同的城市命题。

太湖之畔的无锡，工业投入稳步提升。2016年，无锡全市完成固定资产投资4795.25亿元，同比增长2.0%；工业投入突破2000亿元，达到2045.54亿元，同比增长7.1%，成为产业强市推进的有效支撑。

相比之下，佛山的固定资产投资保持较高增速。2016年，佛山完成固定资产投资3512.04亿元，增长15.7%。其中，制造业投资1417.71亿元，增长22.9%；工业技改投资553.60亿元，增长43.4%。

数据显示，2017年上半年，佛山完成固定资产投资1818.75亿元，增长20.1%，在珠三角排第二位，也是自2015年第一季度以来的最高增速。2017年全年完成固定投资4265.79亿元，比上年增长21.5%。

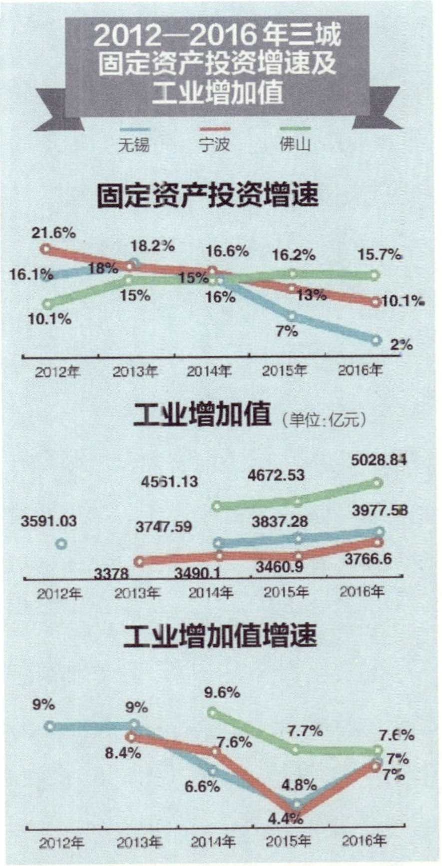

从搜集到的数据来看，在反映区域工业生产能力的指标——工业增加值上，无论是总额还是增速，佛山都领跑三城。但无锡、宁波来势汹汹，在短暂的低迷后迅速回升。2016年，佛山工业增加值达到5028.84亿元，比增7.6%，无锡、宁波工业增加值均比上一年增加7%。

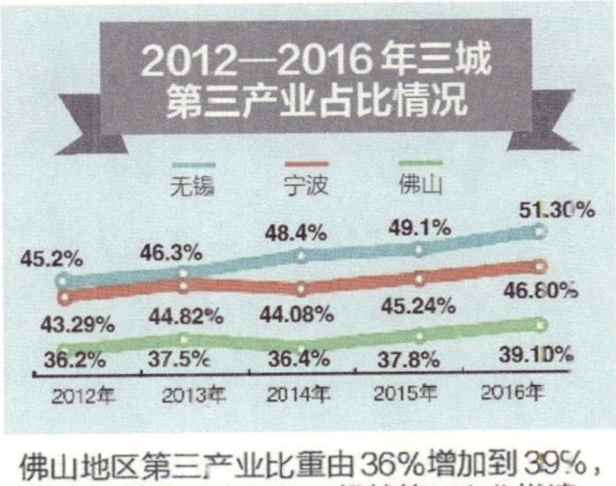

佛山地区第三产业比重由36%增加到39%，2016年增速达到9.9%，超越第二产业增速。尽管进步明显，但相比无锡、宁波，佛山第三产业占比仍然偏低。

图表：吴颖岚

固定资产投资在一定程度上可以反映未来经济增长方向。从投资流向看，无锡、佛山的固定资产投资更多地流向制造业，流向实体经济。

地处长江三角洲南翼的宁波，在2016年完成固定资产投资4961.4亿元，同比增长10.1%。从投资主要构成看，基础设施投资完成1631.5亿元，增长26.5%，工业投资1469.9亿元，下降2.0%。

工业投资的下降，立刻引起了当地的高度警惕。2017年6月，宁波专门召开全市推进工业有效投资加快实体经济发展现场会，为尽快扭转工业投资增速下滑的态势，提出拿出实招硬招，按照“开工一批、竣工一批、前期一批、储备一批”的要求，加强项目库建设。“工业有效投资必须加快企稳回升，从而促进宁波实体经济振兴发展。”

固定资产投资流向背后，三座城市正在智能制造转型的跑道上加速快跑。

2017年，无锡出台“智能制造三年行动计划”，从智能制造技术装备突破、制造水平提升、试点示范效应、经济质量效益四大方面发力；宁波政策利好频出，相继明确装备制造重点发展方向、领域，开展工业自动化智能化成套装备改造试点，启动实施“机器换人”，每年投入鼓励企业科技创新资金达2亿元。

“智能制造是佛山制造业的未来。”2017年7月底，佛山召开市委十二届四次全会并提出，佛山将加快建设中国（广东）机器人集成创新中心，实施“百企智能制造提升工程”“机器人领跑”专项行动和“百千万工程”。到2017年底前，佛山将与中国工程院合力推动在佛山完成百条生产示范线建设，实现2000台华中数控佛山机器人公司生产的工业机器人在佛山推广应用，推动华中数控佛山华数机器人公司完成1万台工业机器人的生产。

无锡、宁波、佛山三座制造业大市加速发展的轨迹，折射出一条制造业城市更高效的突围路径，这对于很多中国城市的发展都将有借鉴意义。

如果说，过去的近40年，制造业给予了这三座制造业大市磅礴的生命力，那么现在，人们期待着，这些制造业大市能够反过来赋予制造业新的生命力。宁波成为全国首个“中国制造2025”试点示范城市，佛山成为全国唯一的制造业转型升级综合改革试点城市，便是这种期待的体现。

关键词：创新“兄弟连”
两大制造名城的新命题

在无锡、宁波、佛山三座制造业城市的互相对标之中，无锡和佛山称得上是“老熟人”。

1987年，佛山便与无锡缔结为姊妹城市，双方来往、交流频繁。2005年，无锡市党政代表团赴佛山学习考察，《无锡日报》当时报道称，“佛山市开放发展的新成就给代表团成员留下了深刻印象和诸多启示”。2010年，佛山市党政代表团一行到无锡考察自主创新、产业发展和文化产业等情况，“无锡蓬勃发展的新兴产业和强劲的创新创业动力，给代表团一行留下了深刻印象”。

佛山与无锡之间频繁交流、相互“偷师”。2017年6月，无锡当地媒体采访团来到佛山，深入观察佛山传统制造向高端制造、智能制造的演变过程。而7月21日，佛山市经信局发布《佛山和无锡实体经济企业成本对比分析报告》，为佛山进一步降低实体经济成本提出指导建议。

对标争先，给了彼此启发，也激发起彼此的动力。佛山与无锡之间的争先进位不时上演。中国社会科学院发布的2014年综合经济竞争力指数排名中，无锡取代佛山进入综合经济竞争力10强。而到去年，佛山排在综合经济竞争力第11位，领先排在第13位的无锡。

如今，面向未来的发展，无锡和佛山两座城市正在面对共同的课题、共同的挑战。

2017年7月20日，中共无锡市委十三届四次全会举行。会议提出，推进产业强市始终是无锡发展的重中之重，也是党委、政府的中心工作。无锡要强化产业、创业、就业三大支撑，推动产业向中高端升级。

一周之后，7月27日，中共佛山市委十二届四次全体会议召开。“下一阶段，佛山要把供给侧结构性改革作为经济工作的主线，把提升质量作为优化供给体系的中心任务。”佛山市委书记鲁毅表示。

“佛山制造当以创新为灵魂。”佛山提出了这样的目标——努力将佛山制造打造成中国制造最高品质。

佛山与无锡赢得未来的关键，越来越大程度上取决于制造业的创新转型，取决于传统产业和新兴产业、传统工业思维和互联网思维的深度融合。

佛山与无锡两地的标杆展会，凸显着融合的思路：从2010年开始，无锡连续七年举办物联网博览会；而佛山连续四年举办“互联网+”博览会，推动新一代信息技术与传统工业“紧密拥抱”。

从物联网博览会到“互联网+”博览会，背后是推动制造业创新转型的努力。以无锡为例，在物联网产业的带动下，无锡高新技术产业产值占规模以上工业总产值比重由36.7%提高到43.4%。

佛山与无锡赢得未来的关键，更取决于人才的比拼。成都、杭州、南京、武汉等已经开启人才抢夺大战，佛山与无锡竞相揽才。

2009年，无锡实施“千人计划”引进海外高层次人才，对领军型人才，一次性给予100万元安家费。而“100万元安家费”也出现在佛山的人才扶持政策之中。2016年，《佛山重点产业人才引进培育暂行办法》正式发布，重点产业人才最高可享受100万元的安家补贴。

加码人才战略，无锡向全球发出“招贤令”。今年该市出台“太湖人才计划”升级版，将人才范围扩大至顶尖人才，对顶尖人才及团队带来的项目将给予1000万元—1亿元的支持。

在这场人才争夺战中，佛山正在迎头赶上。

关键词：服务业
佛山第三产业占比如何追赶无锡、宁波

对比无锡、宁波、佛山三城，一个关键数据值得关注：2016年，无锡第三产业占比已突破50%，宁波达到46.8%，佛山则为39.1%。

来自南方报业城市智库的数据显示，2016年，宁波第三产业实现增加值

3996.9亿元，对地区生产总值增长的贡献率达到52%，超过了制造业。而无锡的第三产业增加值4728.05亿元，比上年增长8.6%。同期，佛山的第三产业增加值为3375.32亿元，少于无锡、宁波。

三产占比是衡量经济发展类型和结构的重要指标之一。当今，发达国家三产占地区生产总值比重大都超越了60%，美国、法国等国家更是在20世纪90年代便已超越70%。从国内城市发展格局看，不仅北上广深等一线城市早已完成经济结构调整，成都、杭州、南京等被寄予厚望的新一线城市，也已实现由“二三一”向“三二一”的转型。

过去5年，佛山地区生产总值从2011年的6580亿元提高到8600余亿元，其中第三产业比重由36%增加到39%，去年增速达到9.9%，超越第二产业增速。尽管进步明显，但相比无锡、宁波，佛山第三产业占比仍然偏低。而对比省内，2017年第一季度，广东服务业对经济增长的贡献率达到62.5%。广州、深圳、东莞的第三产业比重均超过50%，其中第三产业最为发达的广州已突破70%。

服务业，尤其是生产性服务业在推动制造业技术进步上作用显著，已成为全球产业竞争的战略制高点。在中山大学港澳珠三角研究中心副主任林江看来，生产性服务业的大规模发展，有助于促进知识、信息、人力资本等高端要素集聚，进而推动大都市和城市群由制造中心和生产基地，转换为服务中心和服务功能区。面对全市庞大的制造业群体，面对制造业转型的迫切需求，佛山需要现代服务业予以支撑和协助，令制造业再上一个新台阶。

佛山出台了关于加快发展生产性服务业的实施意见，提出“十三五”期间，力争生产性服务业增加值占服务业增加值比重每年提高1个百分点，到2020年，生产性服务业增加值占服务业比重力争达到41%。到2020年，全市培育出6个以上年主营业务收入超100亿元的生产性服务业龙头企业。

招商竞逐 龙头引领

夏日的阳光打在佛山南海千灯湖边一座座高楼的玻璃幕墙上。2017年，甲骨文技术人才创新创业基地宣布落户于此，这是佛山最新揽入怀中的世界500强企业投资项目。

截至2016年底，共有60家世界500强企业在佛山投资了115个项目，涉及投资总额94.8亿美元，合同外资38.9亿美元。

招大商，大招商，这是2017年佛山经济“稳增长”的重点，也是国内众多城市共同的选择。

能吸引投资的城市，一定是有活力的城市。放眼全国，从成都、武汉，到杭州、青岛，各地对招商引资全力以赴，喜讯不断。

以世界500强企业项目为代表的大项目，一直是招商战场上最炙手可热的目标。在不少城市，围绕一个大项目，壮大一个产业的实例屡见不鲜。几个大项目的发展，甚至可以对整座城市的产业规划、经济前景带来影响。

谁能成为招商引资疆场上的领跑者，谁就将成为未来城市竞争的胜利者。在这个竞争激烈的战场上，其他城市正在忙什么？佛山又将赢得什么？

灼热的城市竞赛
谁"抢走"了世界500强?

2017年8月的第一天，项目总投资7.7亿元的博世智能化助力器生产基地在江苏南京启动建设，为南京新增了一个世界500强企业项目。

在博世的投资地图上，佛山也是受其青睐的城市之一。2017年5月，佛山企业万和新电气和博世集团热力技术事业部宣布将筹建合资公司，致力于热水产品的研发和生产。这是2017年佛山有关世界500强企业的一个喜讯。

今天的项目就是明天的经济增量。包括佛山在内，招商引资已成为众多城市的"一把手"工程。而站在全球企业金字塔尖上的500强企业，则是一个能考验各个城市招商成效的直观目标。

全国几百座城市中，哪些城市正在强势"争抢"世界500强的注意力？在南方报业城市智库跟踪考察的10座城市中，多座经济总量领先佛山的城市，也是吸引世界500强的"强手"。

从南京沿江而上，长江经济带上的另一座重要城市武汉招商势头如火如荼。2017年初，武汉宣布把招商引资作为武汉赶超发展的"一号工程"。

武汉拟在今后5年内新引进世界500强企业50家以上。同期，该市还计划新增世界500强企业和中国500强企业、知名跨国公司的研发中心、地区总部、采购中心、结算中心等功能性机构75家左右。

成都 力争实际到位内资、利用外资实际到位增长**15%**以上，分别达到**4600**亿元、**98**亿美元以上。

武汉 招商引资实际到资总额的目标为突破**6700**亿元，增长**16%**以上，其中实际利用外资增长**13%**以上。上半年，该市招商引资实际到位资金已有**4518**亿元，增长**42.2%**。

杭州 招商引资国内到位资金**1540**亿元，增长**11.59%**。

青岛 全年招商引资总额力争实现**2400**亿元。

郑州 引进境内外资金**2000**亿元，增长**5%**，全市新签约项目投资额达到**4200**亿元。上半年，该市已新签约项目**255**个，签约总额**2862**亿元。

佛山 力争实现实际利用外资**22.078**亿美元，签约超**10**亿元内外资项目**35**个。

大连 全年招商引资目标是实现省外实际到位资金**915**亿元。

南方报业佛山云智库跟踪考察的11座城市中，上半年实际利用外资增量排名前5位的城市

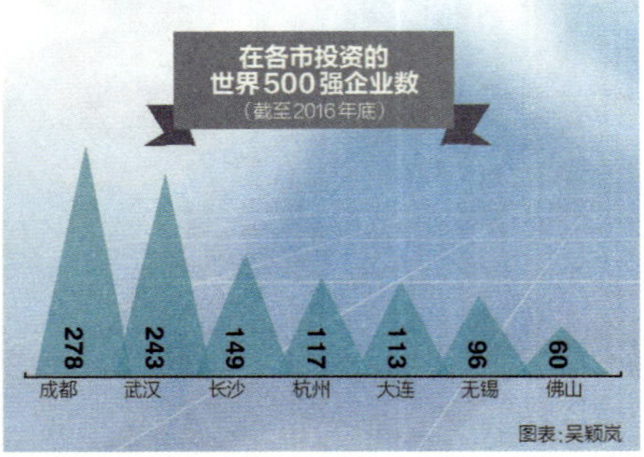

这座崛起中的城市拼尽了全力。2017年上半年，武汉新引进世界500强企业4家，投资项目42个，是上年同期的6倍。新引进的4家企业，行业领域涉及电商、先进制造、能源等。

不进则退。在全国招商竞逐的疆场上，很多城市因此充满了斗志。经常与武汉对标的成都，2017年招商引资目标加码。成都计划，全年新签约引进重大项目300个，较上年增长13%以上，其中总投资100亿元以上的项目要达到6个。

世界500强企业是成都的重要招商目标。在2017年第一季度，成都引进重大项目91个，其中有10个是由世界500强企业直接投资的项目，总投资达250亿元。

从成都向长三角望去，2017年初，杭州就把招商引资列为全年要打好的“六场硬仗”之一，提出坚持把招商引资作为“一把手”工程，各区（县、市）和市级以上产业平台要确保至少引进1个总投资20亿元以上的产业大项目。

在此背景下，杭州对世界500强的“追求”正在刷新纪录。2017年上半年，杭州共引进世界500强企业投资项目6个，创下近年之最。至此，杭州市已累计共有118家世界500强企业投资204个项目。

除上述城市外，2017年上半年，青岛、长沙也均有世界500强企业项目“进账”。

根据公开信息，在南方报业城市智库跟踪考察的10座城市中，经济发展水平相对处于前列的武汉、成都、杭州、青岛等地，所拥有的世界500强企业数量同样遥遥领先其他城市。

相比之下，国内很多地级市存在连续数年没有世界500强企业项目的现象。

不只为了投资额
大项目如何变成大产业？

世界500强企业、跨国公司、龙头企业……当城市发展到一定阶段后，将告别纯粹追求投资额的阶段，而是从自身产业需求出发，让大项目“为我所用”，提升产业创新层次。

即使是世界500强企业的投资项目，其技术含量、附加值层次也不尽相同。借引进500强企业，带动相关的战略性新兴产业，是各地“招大商”的一个重点。

在一些城市，世界500强企业的项目托起了数千亿元规模的新兴产业。2016年11月，英特尔的成都高端测试工厂在成都高新区投产。该项目总投资16亿美元，首次在中国引进英特尔世界领先的“高端测试技术”，集芯片封装测试、晶圆预处理和高端测试技术于一身。

2017年2月，格罗方德半导体股份有限公司12英寸晶圆成都制造基地项目开工建设。作为世界500强之一，格罗方德是全球领先的集成电路企业。

在这两个项目背后，2016年成都电子信息产业规模达4800亿元。成都计划到2020年，电子信息产业总规模将力争达到1万亿元。

而格罗方德所处的集成电路产业链，是成都电子信息产业版图上最值得骄傲的亮点之一。目前，成都已聚集了英特尔、德州仪器、AMD等世界级名企，形成了从IC设计、晶圆制造到IC封装测试的完整产业链。正是一批世界名企项目，托起了这个产业的创新内核。

以招商服务产业布局，杭州是另一典型。2014年，杭州提出以发展信息经济为主要内容的“一号工程”。次年，杭州出台了《“一号工程”招商引资工作意见》，重点招引电子商务、云计算和大数据等智慧产业，吸引全国知名企业和行业领军企业在杭设立研发总部。几年后的今天，杭州信息经济已在全国拥有强大优势。

世界500强企业的研发类项目也是各地眼中尤为值得争取的对象。只有完善了创新研发这样的上游环节，一个区域的产业集群才真正完整，具备更强大的生命力。

2016年，法雷奥中国研发中心落户武汉，总投资人民币5500万元。虽然投资额并不突出，但其意义却十分重要：项目计划建立光学、电子、仿真模拟实验室，除了研发车灯等产品之外，还将研究自动泊车、驾驶辅助、人机交互等先进技术。

武汉是中部主要的汽车产地，而法雷奥是汽车领域的世界500强企业之一，此前在武汉就已有两家工厂，分别生产车灯和汽车前端模块。此次落户的研发中心，显然是法雷奥在武汉技术层次最高的一个项目，对武汉汽车产业集群的影响远非一般的制造基地可比。

以500强企业推动产业创新，青岛也闯出了一条路。2016年，青岛市与德国大众、西门子、空客、庞巴迪等世界500强企业签约设立了28个外资项目。青岛计划借力世界500强企业，深度参与国际竞争和全球产业分工，提高资源全球化配置能力，逐步向产业价值链的中高端推进。

以2016年落户青岛的500强企业项目为例，西门子（青岛）创新中心是西门子在德国本土外投资设立的首家开展工业4.0应用的智能制造创新中心。目前该中心已投入运营，有近30位科学家，研发创新领域涉及机器人开发、工业云平台开发和应用、数字化工厂规划、生产流程优化等。

再掀“招大商”热潮
大湾区时代的佛山雄心

统计数据显示，截至2016年底，共有60家世界500强企业在佛山投资了115个项目。

从2007年到2016年的十年中，每年都有世界500强企业项目落户佛山。其间，佛山曾在一年内新增超过20个500强企业投资项目。但近几年来，佛山所面临的“招大商”的竞争，愈发激烈。

“世界500强企业选择投资地点，会在非常大的地理范围内，综合考虑城市的产业、人才、物流、土地。省会城市往往更有优势。”在佛山，一位有多年招商经验的政府工作人员告诉记者。

城市竞争犹如百舸争流。近十年来，中西部一批省会城市崛起，成为佛山的有力竞争者。但前述政府工作人员表示，佛山仍有众多优势——制造业产业链完善，工业门类齐全；地处珠三角以及与广州同城化的独特区位。

佛山如何充分发挥优势，引进更多外部力量？2017年3月的佛山招商引资推进会提出要求：全市要把招商引资作为经济社会发展的引领性工程，作为各区各相关部门的“一把手”工程。

2017年7月，在佛山市构建开放型经济新格局重点工作推进会上，佛山市委书记鲁毅要求各级各部门，“要大力引进世界500强和行业龙头企业，推动世界知名企业到佛山设立总部、研发中心和生产基地”。

而从6月至7月，国内外巨头相继在佛山布局。世界500强企业甲骨文的技术人才创新创业基地落户佛山，打造甲骨文国际信息人才培训中心等六大中心。一个月前，国内龙头企业复星集团投资168亿元建设南海云谷项目。两大项目为佛山大数据产业的壮大添足新马力。

还有一组数据能证明佛山的努力：2017年，佛山全市签约投资额超亿元的内资项目395个；计划投资总额达3016亿元。全力以赴的佛山，完全有能力冲刺到招商引资竞争的最前线。

“自2010年以来，佛山有两个招商高峰，一次是一汽大众项目落户时期，带动了一批项目；一次就是在2017年，在市委、市政府的高度重视下，投资项目数、投资额都在上升。”佛山市投资促进局局长俞红平说。

向世界500强敞开怀抱，今天的佛山已拥有与十年前不同的自信。这种自信源于城市环境、交通等基础设施，以及产业经济的大规模升级。俞红平认为，随着佛山加速融入粤港澳大湾区，推进“香港+佛山”以及广佛“超级城市”建设，佛山引进大项目将更有底气。

在继续围绕先进制造业等领域引进世界500强企业项目的同时，佛山也有望依托中心城区，向服务业领域的500强企业展开攻势。

在南海桂城，当地宣布，将抢抓粤港澳大湾区和全球创客新都市机遇，未来5年，计划联手国际十大商协会，引入世界500强企业20家、国际知名生产性服务业企业100家，全力打造珠三角现代生产性服务业集聚区。

关键词：产业培育
依托500强项目青岛将打造“航空小镇”

世界500强级别的项目是一棵“大树”，而对区域经济的长远发展来说，更长远的做法是依靠引进大树，培育出一片森林。

2017年5月，规划占地300亩的空客直升机项目在青岛即墨市省级高新区宣布开始建设。据称，该项目由世界500强企业空客集团投资，将成为在欧洲以外的第一条H135型直升机总装线。

今后，该项目还将配套建设直升机交付中心、维修服务中心、航材物流中心、飞行员培训中心和机务培训中心等。项目建成后，将与空客直升机德国多瑙沃特基地总装线保持同等质量、同等技术水平及同等服务标准。

青岛市商务局的一份调研报告称，空客直升机集团是全球最大的直升机制造商，占全球民用及准军用直升机市场的44%以上份额。

该调研报告介绍，空客项目的产业链拉动效应巨大，将带动高端装备制造业、航空运营产业、航空服务业等多领域企业落户，逐步实现全产业链协同发展，成为立足青岛、面向全国乃至亚太地区的通用航空产业聚集地。

据当地媒体报道，依托空客项目等，青岛即墨市将打造“生产+运营”相融合的航空小镇。

目前，当地已经编制了《青岛市通用航空产业综合示范区实施方案》，明确将即墨省级高新区列为青岛市通用航空产业综合示范区核心区，示范区主要规划航空产业制造、科技研发、配套服务、高端旅游等板块，打造国家新兴通用航空产业基地。

人才之战
青春聚变

“人才者，求之者愈出，置之则愈匮。”

八月酷暑，新一轮“人才争夺战”上演。

随着一线城市落户政策逐渐收紧，北上广深之外，许多发达城市成为人才的第一选择。一场人才流动变局悄然来到。

2017年，武汉、长沙、无锡、南京、杭州、郑州、青岛、大连、宁波等城市纷纷推出了人才新政。除了传统高端人才外，大学生成为各大城市争夺的新目标。

从民间机构发布的人才流动榜单，也可一窥上述城市快速崛起时对人才的渴求——杭州逆袭北京，成为2016年全年及2017年第一季度全国人才净流入占比排名第一的城市。同时上榜的还有武汉、长沙、成都以及南京等城市。经济上与它们基本处于同一量级的佛山，人口吸引力也在逐渐提升。百度地图发布的《2017第二季度中国城市研究报告》（以下简称《报告》）中，佛山在60个参评城市中排名第九。

无论是千亿级产业集群的打造，还是500强龙头企业的争夺，城市的发展归根到底靠人才。大家都在争做“群贤毕至”的那一座城。

“经济发展从要素驱动转为创新驱动，创新依托的就是人才。”华南城市研究会会长、暨南大学教授胡刚说，“要变人口红利为人才红利，就要抓住这一轮的人才机遇，推动城市谋篇布局、积蓄后劲。”

在新一轮的人才流动中，佛山如何打出自己的特色牌，引发青春聚变？面对兄弟城市的人才政策“大礼包”，对人才的渴求有过之而无不及的佛山又将如何接招？

榜单上的变化
这些城市人才吸引力“逆袭”

“欢迎您乘坐广佛地铁。”工作日早上8点不到，广佛地铁沿线站点已热闹起来，开往广州方向的车厢外，提着早餐的、夹着公文包的年轻人早排起了长龙；南海千灯湖畔，穿着得体的女白领们从“粤A”牌照车上走下来，高跟鞋“蹬蹬”地踩在写字楼光滑的大理石地板上……

毗邻的广州和佛山之间，每天大量的人流双向涌动，为两座城市带去了生机和活力。正是区域间此起彼伏的人才、资源的流动，让中国经济有着比其他国家更为广阔的市场腹地。

不过，近两年间，人才、资源的流动方向正悄然发生变化。

百度地图发布的《报告》显示，2017年第二季度，佛山在参评的60个城市中人口吸引力排名第九，相对第一季度上升两位。其流入人口数量占珠三角城市群的10.3%，与深圳、广州的差距在逐渐缩小。

佛山的变化只是个缩影，杭州、武汉、成都等城市正在崛起，占据人口流入榜单的前茅。

《报告》显示，2017年第二季度，参评的中国60个主要城市吸引了全国城市新流入常住人口的53%，吸引力指数较高的城市主要包括珠三角、长三角、京津冀地区的部分城市及成都、西安、郑州等省会城市。其中，成渝地区本科及以上

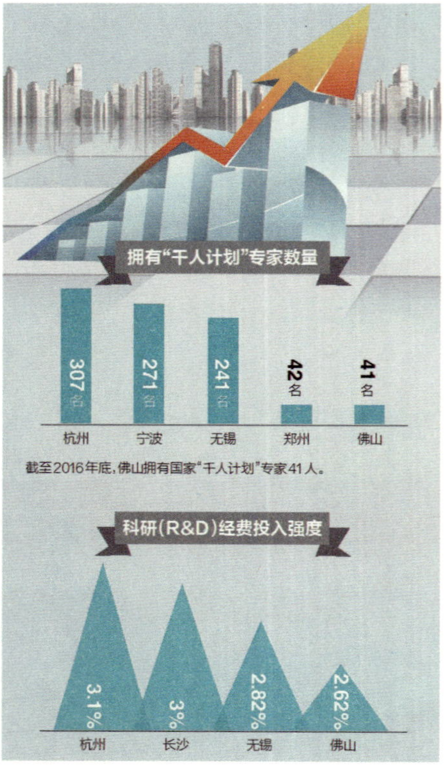

学历流入人口占比达60.9%，仅次于京津冀城市群。

人口是决定一地经济决策最基本的数据，纸面上的人口数据变动背后，往往透露出一个城市的经济活跃度。人口吸引力上升的同时，人才吸引力也在上升。

招聘网站猎聘网数据显示，2016年，人才净流入占常住人口比例排名前20的城市中，杭州、长沙、武汉包揽前三。而其发布的《2017年一季度北京人才供需及流动全景报告》显示，2017年第一季度，杭州再次逆袭北上广深，成为全国人才净流入占比最高的城市，同时上榜的还有武汉、成都以及南京，北京则排至第八位。

智联招聘最新发布的调研报告显示，2017年应届毕业生签约上述城市的比例与北上广深一线城市持平。而这些毕业生中，希望到杭州、武汉等城市就业的比例达37.5%，高于希望到一线城市就业的29.9%。

不可否认，人才流动变局来了。

“抢人大战”新局
围绕产业引才出“大招”

其实，各个城市人才领域“暗战”早有端倪。

2017年5月底，武汉“落户新政”正式实施，留在武汉创业就业的大学生，毕业三年内无须买房即可申请落户，博士、硕士可直接落户。随后武汉又喊出了“支持百万大学生留汉创业就业”人才新政。6月，长沙发布“人才新政22条”，宣布要吸引储备100万名人才。7月，成都提出“蓉漂计划”，推行“先落户后就业”。不久后，江苏无锡市增设租赁住宅落户政策，再次降低落户门槛引才……

近年各地推出的人才新政，除了降低落户门槛、加大引才力度外，更充分体现了城市产业构成和对人才需求的变化。

拥有汽车、装备制造等五大千亿级产业的武汉，产业以制造业为主。其2017年发布的调研报告显示，武汉中高级技师长期面临“用工荒”。近三年来，机电技术、交通运输、建筑工程、钢铁化工等高技能人才需求量

1. 数据来源于各地政府2017年工作报告。2. 杭州、长沙为大约值。

R&D经费投入强度指R&D经费在GDP中所占的比重，是国际通用的衡量一个国家或地区科技投入强度和科技水平的评价指标。2015年，佛山的该项指标为2.62%。

博士后科研工作站数量

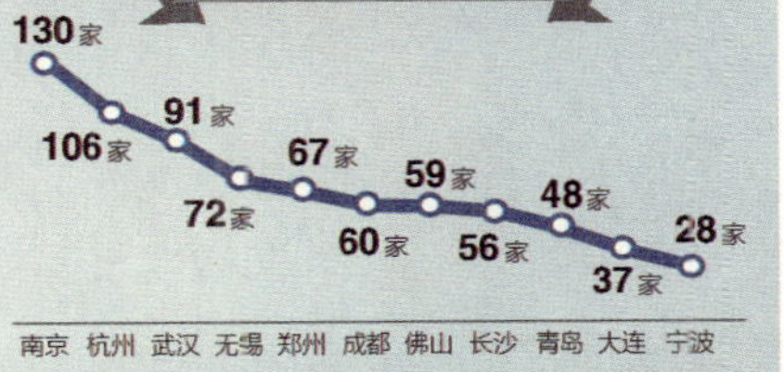

佛山从1995年起建立博士后科研工作站制度，2015年时的设站数量曾居全国地级市第一。目前，在美的、海天、国星光电等大型企业、民营高新企业中，佛山共设立博士后科研工作站59家。未来如何更好引入和留住博士后人才，为产业转型升级提供创新力量，也是佛山的新命题。

各地人才新政亮点比比看

杭州 全日制普通高校大学本科学历或具有中级专业技术职称资格(45周岁以下)以及普通高校紧缺专业大专(35周岁以下)人员申请进杭落户的，只须“在杭居住一年及以上并连续缴纳一年及以上的社会保险(不含补缴)”。对新引进的应届毕业生发放生活补贴：硕士每人2万元，博士每人3万元。

武汉 提出未来五年留住百万大学生，同时明确降低大学毕业生的落户门槛：凡留在武汉创业就业的大学生，毕业三年内无须买房即可申请落户，博士、硕士人员可直接落户。招才局还拿出3765套大学生人才公寓，提供给毕业三年内留汉创业、就业的无房大学生，租赁价格不高于同一地区市场价格的70%。

成都 未来五年引进和培训100个顶尖创新创业团队和100名高层次创新创业人才，对诺贝尔奖获得者等国内国际顶尖人才(团队)来蓉创业，给予最高1亿元的综合资助；设立1.6亿元专项资金，提供全面免费技能培训；凡属成都产业和企业发展急需紧缺人才在蓉工作，可申领“蓉城人才绿卡”等。

长沙 未来五年将投入百亿以上资金，吸引储备100万名人才；落户并工作的博士、硕士、本科等全日制高校毕业生，两年内分别发放每年1.5万元、1万元、0.6万元租房和生活补贴；博士、硕士在长沙工作并首次购房，分别给予6万元、3万元购房补贴。

图表：吴颖岚

居高不下。

为解决产业人才的供需矛盾，武汉2017年专门出台了《关于实施技能兴汉工程的意见》《武汉市拓宽技能人才成长通道实施办法》《武汉市高技能人才引进工作实施办法》3个政策。武汉人才新政让技能人才可“转岗”当领导，并给予最高30万元安家补贴，以拓宽技能人才成长通道，最大限度激发技能人才创新、创造、创业活力，服务于其产业发展。

距武汉八百公里外，无锡的人才政策更紧紧围绕其产业发力。

2017年6月，无锡对外发布《关于深化“太湖人才计划”的若干意见》，明确要引入的高端人才与物联网、智能制造、现代服务业等重点产业领域相关。上述领域正是无锡近年着力培育的千亿级产业方向。

目光往南移，提高科研人员的技术转化收益正构成宁波人才政策的一个重要方向。此举无疑为保障科研人员收益，推动产业创新发展奠定了基础。

宁波规定，以技术转让方式将职务科技成果提供给他人实施的，从技术转让所取得的税后利润中提取不低于20%的比例用于对发明人的一次性奖励。在人才管理改革试验区内，所得收益最高可达95%。

此外，宁波的海外引智方向也非常清晰。2017年上半年，宁波全球路演中心在新加坡“硅谷”纬一科技城内挂牌。宁波瞄准的是新加坡在电子信息、智能制造、生命健康等领域所拥有的一流技术和人才。这些产业正是宁波近年来欲大力培育的新兴产业。

从“需要什么产业”就引进什么人才，到“产业需要什么”就引进什么人才，各个城市的人才政策和产业关联度更加紧密。

引智新思路
全球化时代的用人新模式

在这场没有硝烟的人才争夺战中，佛山亦在努力。

早在2016年，为了争夺产业中高端人才，佛山已专门出台《佛山市重点产业人才引进培育暂行办法》，首次将本科生、中职类人才列为C类重点人才。

2017年初，佛山出台配套的产业紧缺人才目录，明确为家电等传统优势产业、新能源汽车等战略性新兴产业及先进制造业三个大方向吸聚人才；并围绕其主导产业和新兴产业，成立首个海外引才市级工作站——北美引才工作站。

向海外引智，佛山企业表现同样积极。

过去两年恰是佛企“走出去”的活跃年，当美的收购库卡的跨国并购案例还为人津津乐道时，2017年美的又对外宣布与以色列自动化企业达成战略合作。东方精工收购了多家意大利制造企业，实现其在智能化整线设备布局上的突破。

走向世界的企业更需要世界的人才。

针对海外高端人才，美的集团发布了“美的星”全球英才招募计划；碧桂园集团从2013年起开启全球人才招募之旅，启动“未来领袖”计划；利铭铝蜂窝复合材料有限公司成为佛山首家接受德国高级专家组织（简称SES）老专家服务的企业……

引才、留才并非易事。中国与全球化智库（CCG）秘书长苗绿说，在引进海外人才方面，需要城市提升其国际化程度、国际化友好度，并打造好相应的软环境，如配备一定数量的国际化学校、提高市民对国际化的包容程度等。

“因此，在提升产业竞争力和软环境的同时，佛山不妨树立柔性的引才观，通过中外合作，嫁接外国先进的经验、技术、管理模式，充分利用国外的智力资源。”苗绿建议。

这种“借脑”在佛山并非没有先例。20世纪末，踩着单车到顺德，为企业提升技术和管理水平的“星期六工程师”就是一个代表。

和佛山相似，无锡也有自己的“星期日工程师”，这一柔性引才的方式也延续至今。2013年，无锡发布了《关于柔性引进外国专家、海外智力为企业服务的行动计划》，特别鼓励即将退休或已退休的海外留学人才和外籍工程师，短期来无锡开展科技研发、技术创新、项目合作。

“无论是佛山、深圳还是欧洲都会说缺人才，人才是跟着好项目、好企业，因此其实可以把工程师、技术人员等外部资源以某种形式内化到管理和创新体制中，通过互联网、电话等形式进行智力资源的传送。”国家发改委对外经济研究所国际贸易与投资研究室主任王海峰说。

关键词：科研机构
大学研究院成为地区产业发展新引擎

制造业转型，需要创新技术。多年来，研发机构、高等院校数量偏少是佛山科技创新的瓶颈所在。佛山确定目标，在“十三五”期间，将佛山科学技术学院建成高水平理工科大学，服务佛山产业，从而推动地区乃至广东的创新驱动发展。

不少与佛山类似的城市曾经也面临同样的问题。

宁波为了提升地区科技创新水平，近年来相继引进了宁波国际材料基因工程研究院、宁波智能制造产业研究院等50余个产业技术研究院。在此基础上，宁波搭建一批中试实验工场、中试创客平台等平台载体。

这些新型平台、机构，紧贴当地创新发展需求，开展重大关键技术攻关，已经形成了一批高水平的科技成果。如宁波诺丁汉国际海洋经济技术研究院积极与企业交流，了解行业需求，进行实地调研，与企业共同开展研发项目。

截至2017年上半年，宁波诺丁汉国际海洋经济技术研究院已经与127家企业开展合作，与67家涉海企业开展了面对面的技术对接，包括国外企业劳斯莱斯、通用电气、劳氏船级社、波音、空客、西门子等，国内大型企业中船重工、中航工业、中车等，宁波本地企业捷胜海洋装备、梅山玻璃钢船舶设计院、菲仕电机等。

2016年内，上述研究院接受企业委托开展了10项技术开发项目，总金额近2400万人民币（由企业全额支付）。委托企业中，既有本地企业宁波乔克兄弟三维科技有限公司、浙江瑞堂塑料科技有限公司，也不乏中国商飞、华为公司、中航复材等国内知名企业，以及部分外国企业。

同时，该研究院还承担起人才培养的重任。除了本硕博三个层次的教学和科研，研究院还与中航复材、宁波港信通公司、菲仕电机等企业建立教学和科研合作基地，为相关领域的学生提供实习机会，也为企业的员工提供职业培训和继续学位教育。

在无锡，科研院所力量同样被寄予了支撑当地产业创新发展的厚望。无锡滨湖区有全球第一超级计算机，在其辐射下，该区域集聚了19家省部级科研院所、7家产学研合作重大研发机构，通过将院所的科研、人才、产业、资金等优势与地方经济结合，让“深闺”中的先进技术不断转化为本地产业转型升级的动力。

据统计，滨湖区集聚了无锡全市约90%的科研院所，总数处于全国区县前列。

回望佛山，佛山从1995年起建立博士后工作制度，2015年时的设站数量曾居全国地级市第一。目前，在美的、海天、国星光电等大型企业、民营高新企业中，佛山共设立博士后科研工作站59家。

未来如何更好地引入和留住博士后人才，为产业转型升级提供创新力量，也是佛山的新命题。

金融创新
点金智造

钱塘江畔，“2017年全球私募基金西湖峰会”刚落下帷幕，成都著名的麓山国际社区内，“2017中国私募基金天府（麓山）峰会”正式举行，吸引上千人齐聚；随后，在佛山千灯湖畔、长沙湘江边，两座基金小镇相继掀开面纱，引来IDG、达晨创投、英诺等著名投资机构……

近年来，金融正和一座座城市碰撞出越来越多的火花。在2017年6月召开的全国金融工作会议上，中央已明确提出，金融要把为实体经济服务作为出发点和落脚点，把更多金融资源配置到经济社会发展的重点领域和薄弱环节。

根据中国创业与投资综合服务平台清科集团的统计，截至2017年上半年，仅在股权投资领域，中国1.1万家私募股权/创业投资机构管理资本量总计超7.5万亿元，按规模来算为全球第二大股权投资市场。

如何更好将这些资金引入实体经济中？这是各城市所面临的新命题。

集聚金融资源的基金小镇成为一个选择。短短三年间，基金小镇在全国“遍地开花”，瞄准的正是金融为产业带来的“输血”功效；以基金小镇为依托，杭州、南京、武汉、长沙等城市纷纷树立了建设区域金融中心的目标，吸引资本集聚，“点亮”特色产业。

回看佛山，作为制造业大市，佛山目前正加快探索金融、科技、产业融合之道。当下，区域间金融资源竞争日益激烈，佛山应如何保持自己的特色之路？随着珠西融资租赁区域中心加速建设，佛山应如何承担起以金融创新“点金智造”的新使命？

基金小镇热潮
加快为创新“输血”

杭州玉皇山南基金小镇内，绿荫遮掩着近百栋红色中式庭院，中金启元等10个大型国有基金项目刚刚落户不久。2017年6月底的“金融特色小镇浙江行”启动仪式上，玉皇山南基金小镇承诺，到当年底，小镇内资本投入的实体经济项目要超1000个。

差不多同时，杭州往西1800多公里、毗邻成都著名麓山国际社区的成都天府国际基金小镇迎来了开镇一年庆。当天的仪式上，投资人俱乐部和金融研究院现场揭牌了。

2017年7月伊始，华南区域，广东金融高新区千灯湖创投小镇启建。佛山市南海区提出，将以此为支点构建起以基金机构为核心的风险投资产业生态系统，并打造创投机构集聚、创投氛围突出、创投业务活跃的特色基金小镇和创投人宜居宜业的家园。

21天后，华中地区，距离佛山700公里之外的长沙，迎来湘江基金小镇落地。

一个月内两家基金小镇落地，不过是基金小镇“热力波”的一个蔓延。截至2017年8月，全国已有35个基金小镇。

据投中研究院基金小镇研究中心统计，各地设立基金小镇的热潮始于2015年，当年有10个基金小镇挂牌成立，2016年又新增16个。这也意味着，基金小镇的风靡，不过是近三年内发生的事。

在亲历中国“元老级”基金小镇玉皇山南基金小镇诞生过程的人看来，这个

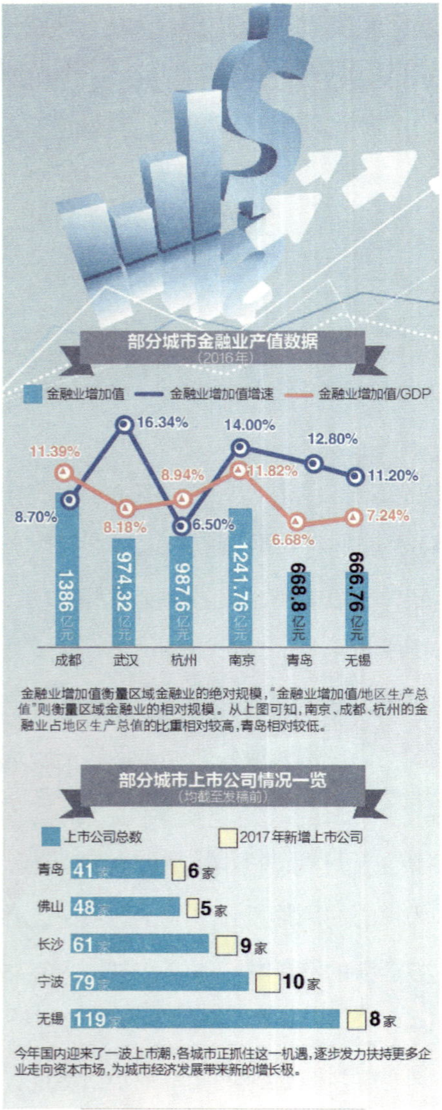

如今被视作“中国格林尼治”的特色小镇，是顺势而为：为解决当时园区内多数文创企业融资难问题，园区引入一批私募股权及基金机构，随即形成产业集聚。

基金小镇带来的金融产业集聚，不仅使金融机构拥有了生长土壤，集聚在小镇内的金融资源还能及时、有效地流向“嗷嗷待哺”的本地产业。

以玉皇山南基金小镇为例，其瞄准的就是创新创业企业的融资需求。不到三年，该小镇内的金融机构数增加近30倍，管理资金规模增加近40倍。另一个关键数据是，截至2017年5月底，玉皇山南基金小镇投向浙江省内的资本规模达806亿元，成功扶持培育98家公司上市，实现税收9.79亿元。

让金融资源集聚从而服务产业，这一新的业态迅速被更多城市关注，纵观各个城市崛起的基金小镇，其产业化特色明显。

例如坐拥世界级港口的宁波，其梅山海洋金融小镇，重点发展航运基金、航运保险、船舶租赁等航运金融业务；长沙湘南小镇喊出的口号即是为制造业“输血”。

与此同时，佛山千灯湖创投小镇的目标之一，也是引导更多资本顺畅流向制造业，“我们看中的就是佛山强大的制造业基础”。在千灯湖创投小镇的推介会上，达晨创投、深创投等投资机构负责人说。

各显神通
城市新“吸金力”

各具特色的基金小镇“井喷”的背后，是一场城市间争夺金融资源的较量。

来自清科集团私募通的数据显示，目前中国1.1万家私募股权/创业投资机构管理资本量总计超7.5万亿元。如何吸引这些资本流向自己的产业，成为各城市“十三五”期间的新命题。

数据显示，从2016年底至2017年8月，多座城市先后发布当地金融业发展“十三五”规划，其中，“区域间金融业竞争加剧”一词频频出现，包括长沙、杭州、成都在内的城市均不约而同地表现出强烈的危机感。

各显神通吸引金融资源流入，成为上述城市的共同选择。

拥有多个千亿产业的武汉，率先提出打造“全国性科技金融中心”。

围绕这一目标，武汉出台“全国最优”的“东湖科技金融创新15条”，全力打造光谷科技金融特区：金融机构只要落户最高可奖2000万元；园区、孵化器只要提供金融服务，便可获最高100万元补贴；对新开发科技保险产品发生的理赔，可给予单笔最高不超过50万元的风险补偿。

这一针“强心剂”下去，效果显

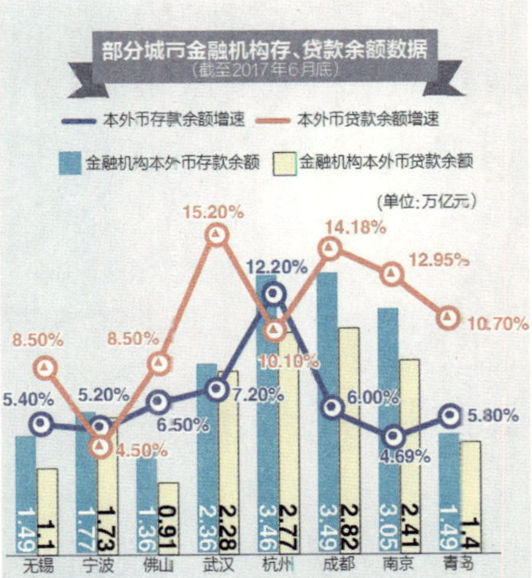

金融机构本外币存款余额体现了一座城市汇聚的资金规模，而金融机构本外币贷款余额则体现了城市对资金的利用率。在广东省内，佛山金融指标继续保持省内领先水平，截至2017年6月底，金融机构本外币存、贷款余额分别约占全省的7.2%、7.7%；保险业保费收入272亿元，占全省14%；证券交易成交总额1.8万亿元，占全省11.9%；佛山市期货成交金额为4094亿元，占全省12.4%。

图表：吴颖岚

著。截至2016年末，东湖高新区已集聚各类金融及服务机构超过1500家，其中银行科技支行达到18家，成为全国科技支行最密集的区域之一。

数据显示，从2011年起，武汉的金融业增加值增速已连续六年保持两位数增长。2016年为16.34%，高于地区生产总值增速7.6个百分点，高于第三产业增加值增速5.5个百分点。而在此之前，武汉金融业发展水平滞后于地区生产总值水平，一直成为武汉金融业的发展“痛点”。

长江以北，地区生产总值表现亮眼的青岛，也曾面临金融业发展水平滞后于地区生产总值水平的困境。为此，青岛独辟蹊径，提出利用自身外向型经济的特点，集中力量打造以财富管理为主题的金融综合改革试验区。

从2014年开始，青岛在跨境投资、金融开放方面不断进行创新试点，引入多只跨境基金，取得设立全牌照合资证券公司、外资控股证券投资咨询公司和基金管理公司的政策许可等，三年间落地多个“全国第一单”，如全国首家外商独资财富管理公司等。

数据显示，2016年，青岛金融业实现增加值668.8亿元，同比增长12.8%，高于全市地区生产总值增速4.9个百分点，比试验区获批前增长42.9%。

此外，青岛在全球金融领域影响力不断提升。在2017年4月发布的全球金融中心指数（GFCI）榜单上，青岛成为中国六个上榜城市之一，并且仅次于上海、北京、深圳、广州。

突围之道
融资租赁的佛山探索

对于以制造业为主的城市来说，这一“吸金力”的提升则紧紧围绕着制造业。

作为国家保险创新综合试验区，制造业大市宁波以“保险+”串起产业和金融之间的关系。

2016年底，宁波推出全国首个“创客保”，以“维权服务+保险”专利保单方式，保障高新技术、高端装备制造、新材料“三高两新”等企业的技术创新；并将通过保险和产业结合不断创新，形成“全域保险”的格局，建设“保险硅谷”。

佛山则在2017年7月宣布了自己的定位：要打造珠江西岸创业投资中心及珠江西岸融资租赁区域中心。

“两中心”的打造，正成为佛山金融“突围”的探索。围绕金融服务制造业的目标，如果说创业投资中心可以引导资本集聚流向制造业，融资租赁区域中心则扮演起加速产业、资本融合的角色。

数据显示，2017年上半年佛山市开展技改的规模以上工业企业达632家，规模以上工业企业开展“机器换人”的有79家。而近年来，珠西各城市也正大力发展智能制造，加强以机器人为核心的智能装备研发和应用。

工业技改快速涌起的另一面，是资金需求的大量增加，而以“融物”代替“融资”的融资租赁正能解决企业对资金的渴求。作为制造业大市，佛山抢喝“头啖汤”，选择了从融资租赁作为切入口。

2015年底，佛山出台了《关于加快融资租赁业务发展的实施意见》及《佛山市促进融资租赁业发展扶持暂行办法》，并首次提出要打造珠江西岸融资租赁区域中心的目标；次年，珠江西岸装备制造按揭中心在佛山正式揭牌；2017年7月，《佛山市打造珠江西岸融资租赁区域中心工作方案》出台，提出从加速行业集聚、放宽准入条件、改善经营环境等六方面推动融资租赁业发展；一个月后，佛山又宣布，拟“对企业以融资租赁方式购置机器人项目提供补助”，再为融资租赁行业发展添利好。

“这样的政策体系和覆盖力度，在国内少有城市能做到。”佛山市海晟金融租赁股份有限公司租赁业务部副总经理吴锦说。

在系列政策推动下，佛山融资租赁行业快速成长，各项指标位居全国地级市前列。其中，全市法人融资租赁公司由2013年的6家增长到2017年的21家，另有金融租赁公司1家，并吸引多家外来融资租赁公司入驻。同时，全市融资租赁合同余额超过120亿元，预计2017年底将达到160亿元以上。

凭借夯实的制造业基础支撑，以及不断叠加的政策利好，珠西融资租赁区域中心正在崛起。可以想象，当越来越多产业和资金被相互吸引而聚集于此，佛山将会迸发出更大的产业、金融新活力。

关键词：资本市场
城市间打响上市公司“培育战”

披上红围巾，“当”一声钟响，又一家企业正式宣布上市……2017年以来，几乎每个交易日，类似的场景不断发生在上海、深圳两大证券交易所，以及各地的区域股权交易中心内。在全国，一股上市小高潮正持续掀起。

随着2017年7月，佛山市顺德区万成金属包装在港交所创业板上市，佛山海内外上市企业数量达到48家。此外，截至2017年3月，已有12家佛山企业在等待IPO，约占佛山已有上市公司数量的1/4，为历年来排队上市企业最多的一次。

与此同时，长沙、宁波等各地企业也在积极奔赴资本市场。截至2017年5月，宁波上市企业数量达到78家，仅第一季度，就有太平鸟等7家企业在海内外上市，创下历史新高；长沙2017年新增上市公司9家，累计达到61家，其中A股上市公司数量位居中部省会城市第一；而青岛的上市企业储备数量则达200家……

对于地方经济来说，每一个上市企业都是一个增长极，对区域经济发展的推动和产业结构优化起着重要作用。因此，大力培育和推进企业上市，成为不少城市的共同选择，在这场“上市潮”中，各地政府也纷纷大打“政策牌”和“服务牌”，推动企业走向资本市场。

长沙2017年就打出了政策“组合拳”，不仅有针对性地制订了《长沙市人民政府关于进一步加快发展资本市场的若干意见》，鼓励上市企业做优做强；在2017年长沙新出台的“人才新政22条”和“工业30条”系列政策中，还规定了培育企业上市的措施，通过多方面支持企业走向资本市场。

与佛山产业结构相似的无锡，则一直在精心勾勒高科技企业上市“路线图”。以无锡新区为例，该区就明确提出要让科技型后备企业进入“爆发期”，上市公司争当“前锋”，中小科技企业组团备战“新三板”。

为做好服务，无锡早在2011年就提出了要像“服务世界500强企业一样扶持企业进军资本市场”，对重点上市后备企业实行24小时贴身“保姆式”服务，对初步具备上市条件的企业，只要其碰到困难就会有相关部门全力以赴帮助解决；此外，拟上市企业还在土地出让价格、示范项目推荐、政策性贴息贷款支持等方面享有优先权。

在资金扶持方面，无锡2014年出台的《无锡市区企业上市扶持奖励实施办法》明确，对于首次公开发行股票申请材料被受理的拟上市企业就一次性奖励50万元，成功在A股上市且募集资金80%以上投资无锡地区的企业可获100万元奖励。

如此“大手笔”奖赏，加上金融环境不断优化，截至2017年8月初，无锡共有119家上市公司，主要集中在精密制造、智能制造等先进制造行业。

佛山也在持续发力。近年来，佛山陆续出台《佛山市促进企业上市三年行动计划（2016—2018年）》《佛山市促进企业上市扶持办法》及《佛山市上市后备企业管理暂行办法》等多个相关文件。

佛山市金融局说，今后将进一步加大推动企业上市工作力度，支持已设立的政府引导基金、风险补偿基金向拟上市企业倾斜，实行拟上市企业资源库动态梯度管理，积极搭建企业投融资对接、中介服务平台等。

特色小镇
产城共舞

小城镇正愈发受到青睐。

美国学者乔尔·科特金和迈克尔·夏尔斯分析了最新的美国人口普查数据，发现本土出生的美国人正在离开大城市，“搬到人口在50万到100万之间的小城市”。

这种趋势似乎是国际性的，在中国也有体现。

面对大城市的外溢资源，那些散落在神州大地的小城镇，就像吸纳资源的“海绵”。在时间推移下，它们逐步演化成为产业上“特而强”、功能上“聚而和”、形态上“精而美”的特色小镇。

2016年7月，住房和城乡建设部、国家发展改革委、财政部三部委联合发布《关于开展特色小镇培育工作的通知》，明确提出，到2020年，要在全国培育1000个特色小镇。

在此背景下，杭州、宁波、无锡、青岛等一众城市因地制宜，先后推出一批形态各异的特色小镇。

当前，新型城镇化进程不断推进，特色小镇将如何实现“城产人文”高度融合发展？作为工业大市，佛山如何在特色小镇建设方面为全省乃至全国闯出新路？

特色产业
瞄准新兴产业做文章

2017年，宁波港旁，芯港小镇正式启建。作为全国唯一的集成电路特色小镇，芯港小镇有在谈的各类集成电路产业项目20余个，已落户或意向落户的项目总投资超过200亿元。

再将目光投向太湖之滨。雪浪物联网小镇也于当年正式揭牌，是无锡第二座以物联网为主题的特色小镇。从太湖新城东望，坐落于无锡新吴区的鸿山物联网小镇已于2016年11月面世。

放眼全国，特色小镇正成为城市发展的新支点。

2015年，浙江省首开先河，在政府工作报告中提出“建设一批聚焦七大产业、兼顾丝绸黄酒等历史经典产业，具有独特文化内涵和旅游功能的特色小镇”。

随着中央对该模式的认可与推广，“特色小镇”工作迅速在全国铺开。2016年7月，住房和城乡建设部、国家发展改革委、财政部三部委联合发布《关于开展特色小镇培育工作的通知》，明确提出，到2020年，要在全国培育1000个特色小镇。

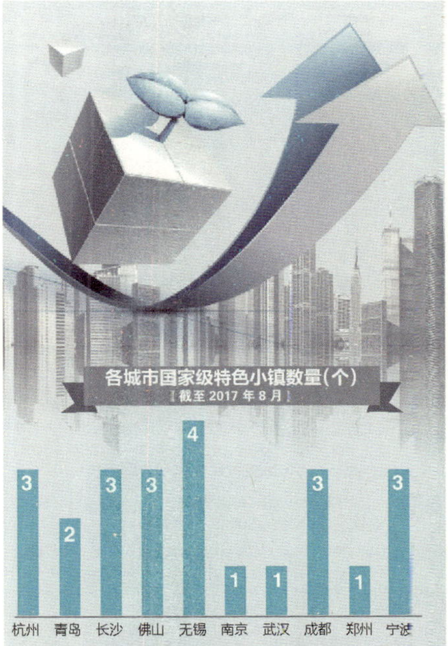

各城市国家级特色小镇名单

杭州	桐庐县分水镇　桐庐县富春江镇　桐庐县富春江镇
青岛	胶州市李哥庄镇　平南市南村镇
长沙	浏阳市大瑶镇　望城区乔口镇　宁乡县灰汤镇
佛山	顺德区北滘镇　南海区西樵镇　顺德区乐从镇
无锡	宜兴市丁蜀镇　江阴市新桥镇　惠山区阳山镇　锡山区东港镇
宁波	宁海县西店镇　余姚市梁弄镇　江北区慈城镇
南京	高淳区桠溪镇
武汉	蔡甸区玉贤镇
成都	郫县德源镇　大邑县安仁镇　郫都区三道堰镇
郑州	巩义市竹林镇

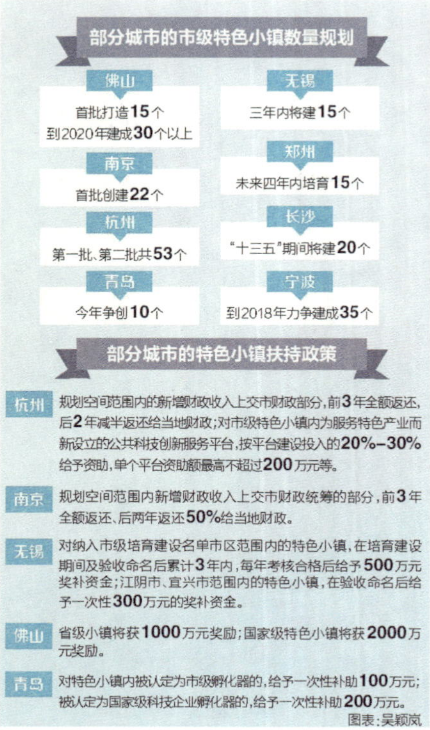

在这波特色小镇建设热潮之中，许多城市选择围绕本土特色产业做文章，通过提升服务功能、优化发展环境、深化改革等手段集聚发展要素，优化资源配置，将特色产业打造成特色小镇发展的核心竞争力。

作为住建部公布的第一批特色小镇之一，杭州市桐庐县分水镇素有“中国制笔之乡”之称，镇上的工业经济以制笔块状经济为主，共有制笔及配套企业700多家。这两年，分水镇通过制笔产业转型升级，着力打造“妙笔小镇”，目前中国笔业国际博览中心已落成并启用，一年成交额或将超过100亿元。

入选浙江省第三批特色小镇创建名单的宁波杭州湾汽车智创小镇，是浙江省内唯一以汽车研发为特色的小镇。它瞄准的汽车制造业正是宁波的重点支柱产业。2017年上半年，宁波市汽车制造业增加值增长18.6%，对规模以上工业增长的贡献率达到27.9%。

聚焦现有产业优势的同时，不少城市还将目光投向了新兴产业。

至2016年9月，杭州已有44个各级特色小镇。南方报业城市智库梳理其产业类型发现，聚焦信息经济、金融、健康等新兴产业的特色小镇，占比高达91%，而这些产业均是浙江省重点打造的万亿级产业。2017年，杭州又推出了第二批市级特色小镇，增加了新兴产业的覆盖面。

回看佛山，近两年该市打造的北滘智造小镇、千灯湖创投小镇，同样是依托自身产业特色，瞄准智能制造、金融等新兴产业。

对此，中国工程院院士、华南理工大学建筑学院教授何镜堂“支招”佛山：特色小镇建设必须依托当地产业基础，要强调产业特色，“没有产业特色，就做不了特色小镇”。

统筹推进
扶持小镇各有“奇招”

2016年7月，校园O2O平台“59store”旗下项目获得1000万元A轮融资。这家有着“打造100亿美元公司”梦想的企业，创始于上海，但成长于杭州余杭的梦想小镇。

谈及为何选择梦想小镇，“59store”的联合创始人卯申宝表示，虽然受到该小镇“5年减免租金”等条件吸引，但“集聚效应也很重要”。据不完全统计，2014年底至2017年中期，梦想小镇4个园区的创业项目累计已超过1000个。

吸引他们的，不只是梦想小镇所给予的场地、硬件等支持。据杭州未来科技城管委会相关负责人介绍，小镇为入驻项目提供租金、创业导师、社会资本等方面支持，每个创业团队还能拿到每年2万元的创新券。

梦想小镇的“底气”，来自杭州市对特色小镇的大力支持。

根据2015年出台的杭州市《关于加快特色小镇规划建设的实施意见》，市级特色小镇在创建期间及验收命名后，其规划空间范围内的新增财政收入上交市财政部分，前3年全额返还，后2年减半返还给当地财政；对市级特色小镇内为服务特色产业而新设立的公共科技创新服务平台，按平台建设投入的20%—30%给予资助，单个平台资助额最高不超过200万元。

打造特色小镇，其他城市也频放“大招”。

致力于打造“苏派小镇”的江苏无锡直接“给钱”：对市区范围内纳入市级培育建设名单的特色小镇，在培育建设期间及验收命名后累计3年内，每年考核合格后给予500万元奖补资金；江阴市、宜兴市范围内的特色小镇，在验收命名后给予一次性300万元的奖补资金。7月，无锡有3个小镇入选全国特色小镇。

近年来频频发力“创新”的青岛，则将重点放在了特色小镇孵化器建设上，根据青岛市《关于加快特色小镇规划建设的意见》，对特色小镇内被认定为市级孵化器的，给予一次性补助100万元；被认定为国家级科技企业孵化器的，给予一次性补助200万元。目前，青岛特色小镇建设已取得良好开局，2个镇入选国家特色小镇，8个镇入选山东省级特色小镇。

与上述城市相比，佛山的“手笔”似乎更阔气。7月28日，《佛山市推进特色小镇规划建设实施方案》正式印发，市级财政对认定为省级特色小镇（或列入创建名单）的给予奖励1000万元，国家级特色小镇奖励2000万元。

各地对特色小镇建设如此重视，主要原因在于特色小镇的建设早已超出“产业”这一经济范畴。

中国城市和小城镇改革发展中心理事长李铁表示，特色小镇实际上提供了一种新的城镇化发展路径。

小镇未来
城镇化的新高地

在佛山，镇域经济一直是经济发展的主战场。

早在明清时期，佛山已发展成为商贾云集、工商业发达的岭南重镇，与湖北汉口镇、江西景德镇、河南朱仙镇并称全国“四大名镇”，改革开放以来，一批专业镇推动着佛山经济飞速前行。西樵的纺织、陈村的花卉、乐从的家具……一个个依托着当地产业集群发展起来的专业镇，不少已经闻名全国。

如今，打造特色小镇的浪潮席卷而来。《佛山市推进特色小镇规划建设实施方案》提出，要以具备规划、产业、资金、人文基础为条件，争取到2020年建成30个以上市级特色小镇、8个以上省级特色小镇和5个以上国家级特色小镇。

从专业镇出发，佛山的特色小镇发展之路将走向何方？

《关于开展特色小镇培育工作的通知》明确，要通过培育特色鲜明、产业发展、绿色生态、美丽宜居的特色小镇，探索小镇建设健康发展之路，促进经济转型升级，推动新型城镇化和新农村建设。

显然，特色小镇并不是简单将专业镇加工升级，而是探索新型城镇化的一项重要抓手，突出“城产人文”融合发展。

何镜堂谈及特色小镇时表示，“特色”二字应体现在三个方面：第一，“特色”在于“产业特色”，产业是基础，没有产业依托就是空中楼阁；第二，“特色”在于“环境特色”，强调城区的合理布局，方便生活，方便生产；第三，“特色”在于“文化特色”，要把岭南文化融入特色小镇建设之中，强调文化自信。“我们要改变过往产业区、居住区分离的理念，做到产城结合，并营造人与产业、自然相协调、互动的氛围。”

国家发改委城市和小城镇改革发展中心副主任乔润令认为：“特色小镇是新型城镇化的新平台。将低端产业升级或转移，‘腾笼换鸟’发展高端产业，城市管理水平、城市服务水平也将整体提升；反过来，城市管理、服务水平的提升也将促进产业的提升。”

乔润令表示，佛山前30年创造了成功的工业化经验，希望接下来通过若干年的努力，创建成功的工业转型升级的模式，甚至对于很多地方而言，这样的经验也是可复制的。不光是引领特色小镇的发展，最重要的是推动传统产业的转型升级，由此推动城镇的转型升级。

关键词：文旅小镇
特色小镇建设的“新宠儿”

当前，一场以特色小镇建设为主题的城市竞赛正如火如荼地上演。其中，文旅小镇成为各地打造特色小镇的“新宠儿”。

2017年6月，佛山听音湖畔，西樵镇正式启动建设岭南文旅小镇。据悉，西樵镇将投资150亿元，建设90多个项目，利用3—5年的时间，打造一个集旅游度假、生态休闲、禅意养生、学术交流、影视动漫、文化创意等于一体的岭南文化旅游小镇。日前，西樵更成功入选第二批全国特色小镇名单。

在佛山，以文旅为主题打造特色小镇的，并不只有西樵。在新出炉的佛山市首批市级特色小镇创建名单中，鹭湖假日小镇、文创古镇、广府印象小镇均名列其中。

此外，《佛山市推进特色小镇规划建设实施方案》还强调，特色小镇建设要营造文旅特色，突出佛山传统岭南水乡的特色风貌，加强历史文化传承和文化资源保护，积极推进历史文化资源的活化利用，打造独具岭南特色的城市标识体系，强化岭南水乡特色的文化品牌。

事实上，对于特色小镇的建设路径，各地均处于探索阶段。而根据国内外特色小镇建设的先进经验，基于特色资源打造特色小镇，是可选路径之一。

各地基于特色资源打造特色小镇，大多是围绕其特有的生态资源或历史文化资源做文章，通过发展生态休闲、旅游、文化创意等产业，满足日益增长的生态和文化需求，将资源优势转变为发展优势。

放眼全国，发力建设文旅小镇的城市不胜枚举。

在杭州，入选全国特色小镇名单的桐庐县富春江镇，正着力建设慢生活特色小镇。

2016年以来，富春江镇依托富春江（芦茨）乡村慢生活体验区独特的地理、自然、人文优势，探索城市资本与农村资源合作共赢新模式。该镇曾经只有四五十家农家乐，发展到现在，已拥有188家民宿，并引入了一批中高端品牌和资本。文旅产业已成为该镇可持续发展的引擎。

在成都，文博产业正逐步成为大邑县安仁镇的立镇之本。入选全国特色小镇名单的安仁保留有完整的民国历史街区，现存民国老公馆27座，并建有博物馆30余座，正朝着世界级博物馆小镇和国际旅游目的地稳步前进。

再看长沙，同样入选全国特色小镇名单的宁乡县灰汤镇，正瞄准全域旅游这一定位，积极打造特色小镇。在2017年宁乡全域旅游及特色小镇招商推介会上，康养中心等8个项目正式签约，成功引资58.2亿元。

一带一路
开放引领

“一带一路”建设持续推进的过程中，城市各具亮点的开放探索频现。

2017年8月起，中欧班列（郑州）由每周“6去6回”升级为每日常态化开行，满载“一带一路”沿线国家和地区货物的列车在郑州与德国汉堡间每日来回穿梭，成为内陆城市开放的典型案例。

在“一带一路”倡议下走出国门，与外部世界的联系日趋频繁，越来越多的城市在全球市场的定位发生改变，争相打造“枢纽型城市”。

同年8月17日，佛山市参与“一带一路”倡议推动实体经济“走出去”工作会上，佛山市委书记鲁毅鼓励企业从“家门口自己玩”到“走出去和高手过招”，同时该市设立开放型经济新体制建设专项资金1亿元；8月初，全球最大超巨型油轮“泰欧”轮几乎满载抵达宁波舟山港，创下单艘挂靠油轮最大实载量、接卸量两项全国纪录，更为宁波打造中国迈向环太平洋经济圈的桥头堡增添砝码；4月，武汉光谷推“开放十条”，设立首期10亿元的“一带一路”发展基金，重金支持企业国际扩张。

开放的红利集中爆发，竞争的格局正被改写。以建物流大通道打通城市国际化“命脉”，加速交通枢纽优势转为区域竞争优势，在产业加速国际扩张中重新定义全球化内涵，“开放引领”的城市竞赛在“一带一路”倡议的东风下，正驶入全新赛道。

一直是改革开放先锋的佛山，如何在“一带一路”倡议掀起的城市开放新竞逐中成为领跑者？

抢占开放高地
争取全球话语权

2017年8月，中欧班列（郑州）在稳定保持每周“6回6去”的基础上，根据市场需求，将去程班列提升为每周7班。这已是该班列2017年连续三次进行班次“扩容”。自2013年开通以来，郑欧班列东联西进，成为连通郑州与“一带一路”沿线国家和地区的黄金支点。

来自白俄罗斯的牛奶、德国的啤酒等商品被列车载入郑州，再分拨运至国内千家万户；来自中国各地的计算机、精密设备等搭载郑欧班列出境，流向世界各地。

同时，郑州国际航线建设也在提速。目前郑州机场在全球排名前20位的货运枢纽机场中，已开通15

2016年境外投资情况

南京　新增境外投资项目175个（含新增），比上年增长2.9%；中方协议投资额30.07亿美元，增长45.9%。

无锡　全年备案投资项目142个，中方协议投资额达到20.97亿美元，比上年增长20%，其中1000万美元以上项目42个。

武汉　对外直接投资额31.66亿美元，增长4.5%。

宁波　全市新批境外投资企业和机构220家；核准中方投资额35.1亿美元，比上年增长39.9%。

郑州　全年境外投资额13.9亿美元，比上年增长50.1%。

佛山　2012年至2016年，全市境外直接投资企业超过170家，总协议投资额34.5亿美元。

个航点。在2016年该机场开通的全货机航线中，飞往“一带一路”沿线国家和地区的航班占50%以上。

随着“一带一路”倡议的推进，完善交通基础设施建设被提上城市议程。打通立体物流大通道，缩短与外部世界的交通距离，以此构建开放的物理格局，成为城市争取全球话语权的首要资本。

2017年8月9日，广州、佛山、中山三方合资建设经营广州港南沙港区四期工程的签约仪式召开。通过参与合建，佛山着力将南沙港区打造成为该市参与“一带一路”建设和联通世界的门户。此外，珠三角新干线机场的建设还将推动佛山进一步连通世界。

而不管身处沿海还是内陆，不少城市直接提出了打造“一带一路”枢纽城市的战略定位，甚至不惜下大力花重金。除了北上广，更多有潜力的枢纽型门户城市依次涌现。

2016年，成都天府国际机场正式开工建设，定位为国家级国际航空枢纽，总投资718.6亿元。2016年5月，该机场选址地县级简阳市改由成都市代管。业内解读认为，此举旨在进一步促进天府国际机场这一大项目的有效管理和建设。

天府国际机场建成后，成都将成为继北京、上海后的国内“一市两场”第三城。而在拥有了中欧班列的基础上，成都还欲借新机场建设“一飞冲天”，开通或加密到沿线国家的航线，打通“空中丝绸之路”，做“一带一路”航线网络枢纽城市。

从成都东望至长江另一头，地处海上丝绸之路和长江经济带交汇处的宁波，在2017年6月提出打造“一带一路”综合性战略枢纽。目前，宁波坐拥货物吞吐量、集装箱吞吐量分别位居世界第一和第四的舟山港，还开通了11条海铁联运班列，业务范围涵盖江西、陕西等12个省份，进而延伸至中亚、北亚及东欧国家。

同样主打“海铁联运”的青岛，则为“一带一路”架起了“进路出海”的国际双向物流通道。至2017年6月上旬，青岛号“中亚班列”已累计到发中亚国家147列，“中韩快线”到发277列；青岛港国际集装箱班轮航线总数已超过160条，居我国北方港口之首。

产业链经济
“走出去”促转型

交通硬件为城市奠定参与开放型经济竞逐的基础。影响这场竞逐的更关键因素，则是城市对“一带一路”背后产业资源的开发程度。开放战略通常可以汇聚多样化的资源，从而锻造出更为成熟甚至是全新的产业链条。

已开辟通往中亚、中东欧、德国、法国、俄罗斯等多国线路的中欧（武汉）班列，2016年的实载率在全国28个中欧班列中位居第一。这样的成绩得益于多家大型制造业企业纷纷将生产线转移至武汉，推动完善生产—集散—运输整个产业链，直接为武汉市带来数十亿元的年产值及配套产值。

2016年，通往法国的班列开通后，法国知名体育品牌迪卡侬将部分订单分配至武汉及其周边的荆门等市，以生产带动后期上千货柜的出口运输增量。此外，美赞臣等国外企业也通过向武汉转移产品、原料运量的方式，促进了武汉物流业的兴盛。

“一带一路”倡议还打开了企业建境外产业合作园的大门，让产能合作与产业链条、集群的构建，从国内延伸到国外；城市产业的国际化也进入全新局面。

早在2016年，青岛已在筹建16个境外经贸合作园区，涉及家电、橡胶、纺织、资源、农业、建材等领域，预计投资总额60多亿美元。在巴基斯坦，海尔集团与鲁巴集团共同创建经济区，为中国的家电、汽车、建材、纺织等行业的企业，搭建起拓展巴基斯坦及南亚市场的跨国平台。

在印尼，青岛恒顺电气公司整合当地的矿产、电厂、码头等上下游产业链资源，开发矿产冶炼、电厂运营、物流运输等项目，建设循环经济工业园。

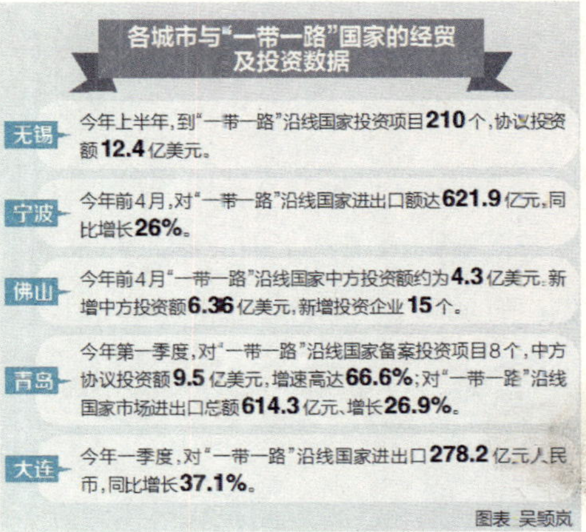

在依港而生、身处海上丝绸之路重要节点的宁波，“一带一路”倡议正赋予其传统优势产业新的内涵。从发展传统物流仓储、航运服务、冶炼到培育新能源汽车、汽车电子和智能汽车、工业机器人、集成电路等智能高端装备，其临港工业不断催生新兴产业。产业链的不断优化，也带动了价值链的深化。

2017年5月，总投资62亿元的吉利汽车（杭州湾）研发中心在宁波杭州湾新区全面启用，作为吉利汽车研究院总部和研发大本营。该研发中心能够进行汽车关键零部件试验和总成试验、新能源电机的性能试验、底盘耐久试验、整车分析评价、结构研究及测量等，为集团提供技术创新引擎。

目前，吉利形成了包括杭州、宁波、哥德堡和考文垂四大研发中心，以及上海、哥德堡、巴塞罗那、加利福尼亚四大造型设计中心在内的全球化研发体系。

吉利与宁波的例子说明，随着城市参与“一带一路”建设的推进，产业链的国际融合继续深化，传统工业时代的生产成本红利正被开放时代的协同创新红利所取代。

佛山探路
不可忽视的民企力量

在全球化时代，“走出去”的水平成为衡量企业综合竞争力越加有分量的指标之一。南方报业城市智库跟踪考察的10座城市中，不少龙头企业，尤其是制造业龙头企业都依靠“走出去”在业内闯出了更广阔天地。

比如，宁波的雅戈尔、申洲、狮丹努等行业龙头，看中越南、柬埔寨等国家相对低廉的人工、土地成本，在东南亚建立生产基地，助力“宁波装”掘金海外；海尔集团产品远销多国并率先去美国建厂，让青岛制造享誉全球。

在佛山，制造业企业强势出击全球已成为该市参与“一带一路”建设的最大亮点。

佛山企业的“走出去”形式十分多样。有以降低成本或开拓国际市场为动力的境外投资合作，有以并购高端要素为内容的海外扩张探索，也有建设并运营海外产业园区的创新出海模式。

2016年起，佛山家电龙头企业美的连续收购东芝白电、意大利大型中央空调企业乃至德国机器人巨头库卡等企业的部分或全部股份。“东芝白电业务2017年可实现收支平衡，明年可盈利。”美的集团总经办主任卢书平说。

并购让美的切入高端产业链，获得新的竞争优势。比如，收购库卡推动美的从劳动密集型的家电领域升级到资本密集型、技术密集型的机器人和自动化领域，取得机器人行业的全球领先地位。

佛山陶机龙头企业科达洁能的扩张秘诀是海外投资建厂。2017年上半年，通过与优质海外合作伙伴“合资建厂+整线销售”的创新模式，科达洁能的陶机海外业务占总营收的比重提升至51.85%。

目前，科达洁能在肯尼亚、加纳、坦桑尼亚均建立了陶瓷生产基地。其中，肯尼亚生产基地2016年11月投产，8个月内共计盈利500万美元。

截至2017年上半年，佛山境外直接投资企业和机构总计312家，协议投资总额85.69亿美元，中方协议投资总额82.59亿美元。

不过，“走出去”总体层次水平还不够高、对欧美发达国家先进技术和高端品牌开展并购重组较少等是佛山的短板。在国际先进资源不断受到城市追逐的当下，佛企如何占据开放的有利位置？

2017年佛山市参与“一带一路”倡议推动实体经济“走出去”工作会提到，佛山将突出平台带动，力争3年内在马来西亚、俄罗斯等“一带一路”沿线重要节点，以及美国、欧盟等重点贸易投资对象国，建成10个佛山泛家居品牌产品海外展示体验馆。

在会上，鲁毅强调：“当前，佛山要打造面向全球的国家制造业创新中心，就必须发挥企业主体作用，拥抱世界科技发展潮流，推动佛山制造在更大范围、更宽领域和更高层次上参与国际分工、合作和竞争，在开放中链接全球创新资源。”

关键词：物流产业
依托大物流产业链，郑州成开放新标杆

在参与“一带一路”建设成效较为突出的城市中，郑州是一个尤为特殊的存在。作为不临海、不临边的内陆区域，郑州却打通了海陆空立体交通物流通道，与世界进行着迅捷而便利的对接；并依托自贸区等政策红利，形成跨境电商、保税物流等新业态优势。

是什么让郑州成为内陆开放型经济的标杆？有专家表示，郑州虽然区域位置较差，但其转变理念，明确方向，积极打造“一带一路”物流中心，计划将“一带一路”沿线国家和地区30%的订单纳入体系之中。

而要发展物流经济，首先要构建良好的交通运输条件。其中，中欧班列（郑州）（以下简称“郑欧班列）是郑州掘金“一带一路”沿线国家和地区最重要的物流通道之一，成为郑州开放经济的新名片。

在全国开通的众多中欧班列中，郑欧班列是唯一均衡满载往返的班列。目前很多中欧班列都面临货源不足，尤其是返程货源短缺的难题，郑州是如何破题的？

一方面，郑欧班列首创“一票式”物流供应模式，堪称“门到门”保姆式服务。从上门收货、拼箱、短导、报关报检，到到站后的吊装、清关、分拨、配送，全部包含在服务内容中。

此外，郑欧班列采用“政府引导，企业化运作”的运营模式，使得列车自开行之后运营成本每年下降25%—30%，在中欧班列中市场化程度最高。

除了铁路运输实力雄厚，郑州还开通了“郑州—卢森堡”空中丝绸之路。河南与卢森堡航空建立以郑州机场为亚太枢纽、以卢森堡机场为欧美枢纽的“双枢纽”合作战略，积极推进空陆联运，以卡车运输与航空运输相衔接、航空运单“一单到底”的方式进行中转集拼。

国际航线实力是衡量一座城市国际化水平的重要指标。截至6月底，卢森堡航空在郑州机场已开通全货机航线5条，通航城市为卢森堡、芝加哥、土库曼

斯坦、米兰等9座主要亚欧美国家的重点城市。上半年，“郑州—卢森堡”空中丝绸之路航线国际货邮量达5.8万吨，同比增长40.03%，占全部国际货邮量的38.9%。

除了交通通道，郑州还打造了郑州国际物流园区，并进行专业化、细分化运营，规划了10个营业收入超100亿元的精品“园中园”，包括电子商务及快递物流园、冷链物流园等，打造大物流产业链。

同城服务
佛山新路

佛山，或许是个“另类”的城市。

20世纪90年代的硅谷神话，掀起了全球经济风潮从工业到服务业的大转变。潮涌之下，服务业也逐步成为中国“明星城市”的“明星产业”。

放眼全国，南京、杭州、成都、青岛等一众城市2016年第三产业占地区生产总值比重均超过50%。而与这些城市地区生产总值差距并不大的佛山，第三产业占比为39.1%。

虽然经济结构“三二一”被普遍认为是经济发达的标志，但以第二产业为主的佛山，其经济表现与上述其他城市相比并不逊色——2016年的地区生产总值接近9000亿元，2017年突破9500亿元，距离“万亿”城市只有一步之遥。

相比其他发达城市第三产业比重纷纷“过五”，尚未“破四”的佛山第三产业如何突围？依托“广佛超级城市”这一独特的区位优势，佛山能否走出有自身特色的产业升级之路？

三产竞速
发达城市的经济“发动机”

纵览当今世界主要发达国家，服务业对其经济总量和经济增长的贡献率均超过了50%。

在市场力量与产业升级动力的作用下，中国许多城市的经济结构已与全球领先城市趋同，服务业逐步成为经济发达城市的主导产业，堪称城市发展的“发动机”。

“北上广深”等超级城市自不待言，其他经济发达城市的服务业比重近年来也在稳步上升，已经或即将占据当地经济总量的“半壁江山”。

武汉、成都、杭州、南京、青岛、无锡的第三产业占比均已超过50%，长沙也已接近。其中，杭州服务业占比已高于60%的发达经济体标准线。杭州湾畔，信息经济御风而来，舞得风生水起，绝非虚言。

服务业地位重要，不仅体现在三大产业比重上，更体现在经济增长贡献上。2016年，这七座城市服务业对经济增长的贡献率均超过50%，其中，杭州与青岛这一数值甚至高达80%。而在同期，佛山为45%。

发展服务业，是政府的选择，也是市场的选择。

2017年7月4日，佛山南海迎来世界500强企业项目——甲骨文（佛山）技术人才创新创业基地。专注于企业软件管理的甲骨文公司，与南海区大力发展服务外包产业的愿望结合到了一起。

当年7月27日，蔚蓝的胶州湾旁，互联网娱乐人才服务商美空与青岛“牵手”，决定将总部迁至青岛高新区。在青岛的城市定位中，“国家重要的区域服务中心”赫然在列。

来自南方报业城市智库的数据显示，至2017年上半年，武汉、成都、杭州、南京、青岛、长沙、无锡、佛山八座城市的服务类企业数量已与制造业企业数量不相伯仲。

其中，在成都、南京与长沙，代表着高端服务业的科学研究类企业数量，甚

至高出制造业企业数量30%—50%，成为不可忽视的市场新力量。

“另类”佛山
低三产比重下的佛山路径

单看数据，其他发达城市第三产业比重纷纷“超五望六”，佛山尚未“破四”。但这并不意味着佛山增长乏力。在某种意义上，佛山凭借“广佛同城”的优势，可能走出一条在相对较低三产比重下的城市发展之路。

产业空间分布有其自身的规律——城市能级在很大程度上决定了城市空间的价值及其产业发展路径。

在上述八座城市中，除无锡、佛山外，其余城市均为省会城市或区域经济中心。由于更为依赖规模效益，服务业尤其是高端现代服务业在空间分布上，更趋向于集聚在区域的中心城市或城市的中心区域。

2017年6月，谷歌、亚马逊、Wish、PaytmMall四大跨境电商巨头落户杭州。签约仪式上，PaytmMall创始人兼首席执行官Vijay毫不掩饰他对杭州的信心，表示将考虑继在印度、加拿大之后，在杭州设立该公司第三个企业研发中心。

这可作为城市能级影响产业吸引力的明证。

作为区域经济中心的杭州、南京、武汉等城市，拥有发展服务业的最基本优势。

而佛山作为一个地级市，距离区域经济中心——广州，如此之近。

从过去“踩着单车”来的“星期六工程师”，到现在“坐着地铁来”的新兴人才，开通5年涌动了2.7亿人次的广佛地铁，每天都在述说着“广佛同城”的真实故事。

放眼国内其他地级市，鲜有如佛山这般距离区域“心脏”如此之近，从而广州服务可以轻松跨越行政边界，直抵佛山最中心。

中共广东省委党校教授陈鸿宇认为，正是由于广佛两地空间距离较近，广州对服务业的强大吸引力在很大程度上影响了佛山服务业的发展。因此，佛山服务业增速自然低于同量级城市。

除了“广佛同城”的区位因素，佛山还有另一特殊之处。

南方报业城市智库分析了2016年八座城市的中心城区服务业集聚度（中心

2016年八城第三产业贡献率

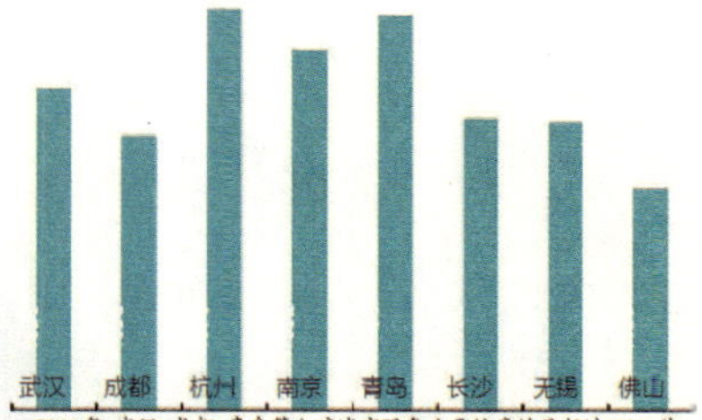

2016年，武汉、成都、青岛等七座城市服务业贡献率均已超过50%。其中，杭州与青岛甚至高达80%。

数据来源：武汉、杭州、青岛、长沙来源于该市统计局；其余城市为计算所得

2015年八城中心城区服务业集聚度与第三产业占比

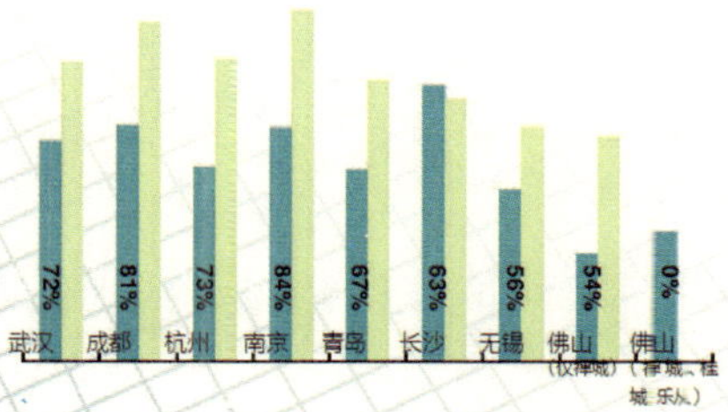

2015年，武汉、成都、南京、长沙的中心城区服务业集聚度已超50%，杭州、青岛、无锡略低，位于40%—50%之间，佛山的中心城区约为37%。此外，在组成上述8大城市中心城区的36个行政区中，服务业占比超过80%的有15个，杭州的下城区、南京的玄武区这一比例高达94%。

数据说明：1.中心城区统计范围以国务院批复的各城市总体规划为基准，以行政区为统计单位；2.数据由各城市2016年统计年鉴计算所得；3.中心城区服务业集聚度=中心城区服务业增加值/全市服务业增加值；4.为估计值

图表：吴颖岚

城区服务业增加值占全市比重）的情况。

数据显示，2015年佛山中心城区的这一数值约为37%，武汉、成都、南京、长沙已超50%。

在组成上述八大城市中心城区的36个行政区中，服务业占比超过80%的有15个，杭州的下城区、南京的玄武区这一比例高达94%，而佛山禅城为54%。

在产城融合发展中，产品制造环节向城市外围扩散的同时，以金融、租赁、科研等为代表的现代服务业会逐步向城市中心聚集。

起步于乡镇经济的佛山在工业化的推动下，形成了多中心城市格局。华南城市研究会副会长孙不熟说，由于缺乏强有力的中心区域，佛山难以发挥城市集聚效应以推动服务业发展。

不过，陈鸿宇与孙不熟不约而同地提出，城市发展路径并没有一个标准模式。作为地级市，佛山以较低的服务业发展水平，仍能获得城市综合经济竞争力全国第11名的好成绩，这或许更值得研究和关注。

同城猜想
“广州服务”+“佛山制造”

聚焦佛山，近年来这座制造业大市正频频发力第三产业。

2017年7月31日，禅城区举行新闻发布会宣布，2017年佛山陶瓷设计艺术周将以“创意·设计”为突破点，力求促进创意设计与建陶产业等优势产业充分对接。

更早前，南海区桂城街道赴香港进行推介，正式发布“香港城”建设蓝图。“香港城”将形成250万平方米建筑量、300家以上创新型高端服务业企业的产业集群，对接香港生产性服务资源，辐射佛山高技术制造业。

如何集聚创新资源，推动第三产业发展，已成为佛山经济社会发展中的重要课题。

陈鸿宇认为，随着国内城市化的推进，城市产业结构从工业化时期的“二三一”走向后工业化时期的“三二一”是必然趋势，佛山也不外如是。

2017年佛山地区生产总值突破9500亿元，增长8.5%，其中第三产业增加值超过3800亿元，增幅达9.1%。

一方面，佛山本土的第三产业正在发展壮大；另一方面，广佛联手打造“超级城市”，为“广州服务”+“佛山制造”的产业合作模式构建了更为广阔的想象空间。

目前广州第三产业占地区生产总值比重超过60%，佛山则是第二产业占比约60%，两地产业结构有着很强的互补性。

在刚刚结束的“广州佛山互联互通发挥枢纽服务功能”对接交流会上，两地描绘出一幅产业合作的宏伟蓝图。

广州方面表示，“佛山工业发展必须依赖广州海、陆、空三大港以及现代服务业。‘广佛同城’不是空话，广州空港、海港、会展物流同样会为佛山工业服务”。

佛山方面认为，佛山要进一步加强广州现代服务业和佛山先进制造业的协作，“特别是深化汽车制造、智能装备、电子信息等高端高质高新技术产业的合作，打造世界级产业集群”。

陈鸿宇认为，在讨论佛山产业结构时，必须超越行政边界，将广佛两地密切的产业分工合作纳入考量。“经过几十年发展，佛山的实体经济和广州的服务经济已经连为一体，正是依托广州的大型港口、铁路、高速公路等基础配套，以及广州的生产性、生活性服务业，佛山得以集中更多资源发展制造业，实体经济才能蓬勃发展。”

在陈鸿宇看来，广佛两地也都面临生产空间不足的问题。“随着城市空间的饱和，广州的部分服务业将外溢至佛山。如今佛山的制造业也正向肇庆、清远等地扩散。这将推动佛山产业结构向‘三二一’转变。佛山西站、顺德大学城工星城就是印证。”

孙不熟也有类似观点：“广佛同城的深化，使得佛山可以更好地承接广州外溢的服务企业与人才。此外，任何产业都趋向于低成本洼地，加之拥有强大的制造业集群，佛山也将吸引生产性服务业不断聚集。”

关键词：金融服务
一场以金融为主题的城市角力

企业以融资租赁方式购置机器人，一年最高可获得150万元补助。2017年8月2日，佛山在推动机器人应用暨智能化技术改造现场会透露，拟首次出台政策扶持以融资租赁方式购置机器人。

“这一政策的出台，将有效降低企业进行自动化改造的成本，降低购置设备对企业流动资金带来的影响，比传统融资方式更为便捷。”佛山市金属材料行业协会副秘书长朱绍群说。

立足珠江西岸，佛山提出打造珠江西岸创业投资中心及珠江西岸融资租赁区域中心“两中心”。

根据相关工作方案，佛山力争到2020年，全市备案创业投资机构突破60家，管理资本超过250亿元，支持科技型企业数量500家以上。

产业革命始于科技，成于金融。为了让金融创新更好地服务产业发展，包括佛山在内的多个城市正着力打造各类金融中心。一场以金融为主题的城市角力正精彩上演。

在杭州，根据《杭州市金融业发展“十三五”规划》，到2020年，该市要建设成为以互联网金融创新和财富（资产）管理为特色的全国一流新金融中心和区域金融中心。届时，该市金融业增加值将突破1600亿元，新兴金融业增加值占全部金融业增加值比重上升到30%以上。

在成都，当地正开启西部金融中心建设新征程。该中心定位为服务川、黔、滇、藏等西部12个省（自治区、直辖市），辐射京津冀、长三角、珠三角及华中地区主要城市圈，将着力优化提升“资本市场、财富管理、创投融资、金融结算、新型金融”五大核心功能。

成都明确提出，至2022年，全市金融业增加值占地区生产总值比重达12%以上，全面建成立足四川、服务西部、辐射全国、具有国际影响力的西部金融中心。

距成都千里之外，湖南长沙同样朝着区域金融中心迈进。2017年初，《湖南省“十三五”金融业发展规划》提出，从2016至2020年，要将长沙市打造成为区域性金融中心。7月，位于长沙岳麓区的湘江基金小镇正式授牌。根据规划，湘江基金小镇首期将引进、培育100家以上各类私募股权投资基金及相关财富管理中介机构等，实际管理资产规模超过2000亿元。

发力金融中心建设，青岛起步更早。2013年8月，山东省政府发布《关于加快全省金融改革发展的若干意见》，明确提出将青岛市建设成为国内领先、面向国际的新兴财富管理中心。2014年2月，青岛财富管理金融综合改革试验区正式获国家批复，成为我国以财富管理为主题的金融综合改革试验区。

超级城市
决胜未来

地底下，地铁轨道串联城市内部，成就半小时生活圈；地面上，时速300公里以上，一列列风驰电掣的高铁，穿梭于国内各大城市之间，为所到之处的经济社会发展注入新动能；天空中，飞机从大洋这头飞往那头，最大限度地实现全球资源的快速流通。

从某种意义上说，现代经济是一种速度经济。谁能够让各种市场要素流转得更快，谁就能赢得更多的发展要素、更大的发展空间。而交通基础设施，在其中扮演着重要角色。

当前，国内各大城市正掀起一场立体交通网络“大会战”。在中部，以武汉为圆心，铁路向全国、全球延伸，“九州通衢”甚至“通全球”的立体交通格局正在形成，武汉迎来国际综合交通枢纽时代。

在西部，成都即将成为继上海、北京之后，全国第三个、中西部首个迈入“双机场时代”的城市。

交通网络的不断完善，让城市之间的联系变得越来越紧密，也推动了城市群的形成与发展。城市群影响着中国经济发展的未来。

在经济全球化潮涌的今天，以交通枢纽为标志的城市群的崛起，将助推各地更加深入地分享全球化成果。佛山在其中将扮演怎样的角色，又可以采取哪些行动，赢得发展先机？

轨道的较量
打通城市资源流通渠道

放眼国内，各大城市大规模交通基础设施正在从地上转向地下——地铁线路交贯纵横，不仅将城市内部连通起来，甚至跨过城市边界延伸向市外。

在南京，过去12年间，南京地铁由贯穿城市南北中轴线的单条线路，发展至目前纵贯南北、横贯东西、双线过江、延伸郊区的网络化6线运营，线网共121座车站。根据有关规划，到“十三五”末，南京运营地铁线路将达到500公里，仅次于北京、上海。

沿长江往西，武汉的地铁通车里程也将实现飞跃。2017年，武汉地铁新开工6号线二期、8号线三期、12号线、16号线、前川线等5条线路。加上续建的众多项目，全市有16条线路在建，建设里程共计361.8公里。预计到2020年，武汉将实现地铁通车400公里的目标。

2017年6月上旬，杭州市委城市工

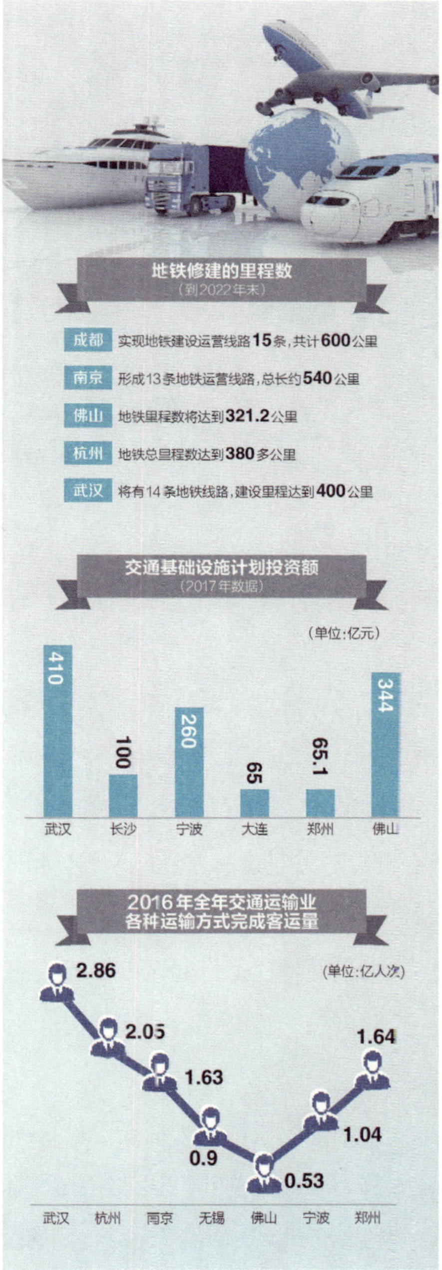

部分中国主要城市群

长株潭城市群	包括长沙、株洲、湘潭三市，是湖南省经济发展的核心增长极，逐渐发展成为环长株潭城市群。长株潭城市群一体化是中部六省城市中全国城市群建设的先行者。在行政区划与经济区域不协调之下，通过项目推动经济一体化，长株潭为其他城市群做了榜样，致力打造成为中部崛起的“引擎”之一。
扬子江城市群	涵盖江苏南京、镇江、常州、无锡、苏州、扬州、泰州、南通沿江八市，是国内经济发展基础最好、综合竞争力最强的地区之一。
成渝城市群	包括重庆全域和四川的成都、德阳、绵阳、乐山、眉山、资阳、内江、宜宾、泸州、自贡等11个城市，是西部地区发展基础最好、发展潜力最强的地区之一，具备打造成为有全国性影响、辐射带动西部地区发展的城市群的基础条件。
珠三角城市群	1994年“珠三角”概念首次提出，2008年12月正式发布《珠江三角洲地区改革发展规划纲要(2008—2020)》。珠三角城市群以广东省的广州、深圳、珠海、佛山、江门、东莞、中山、惠州和肇庆市为主体，辐射泛珠江三角洲区域，并与港澳紧密合作。

图表：吴颖岚

作会议暨地铁建设五年攻坚行动动员大会召开。未来5年，杭州将新建轨道交通364公里。至2022年杭州亚运会前，杭州将开通运营10条地铁线、2条城际线，形成总里程达446公里的轨道交通网络。

2010年底才正式通地铁的佛山，虽然在开通时间上并不领先，但建设速度却不遑多让。到2020年，佛山将新增运营里程120公里，使得总里程达到135公里，位居全省第三。“十三五”期间，佛山还将新建佛山地铁4号线、9号线、11号线和13号线以及2号线二期等地铁项目。

“城市轨道交通犹如一个人身体中那几根流畅的高速运转的动脉，而一般的街道只是毛细血管。”贵州省社科院研究员胡晓登说。

他说，以南京、杭州、武汉等为代表的重要二线城市还有很大的发展空间。这些城市通过加快城市轨道交通建设，可以做大做强都市区，发挥中心城市的引领带动作用。

如果说地铁是打通城市资源流通渠道的关键所在，高铁、空港、海港等立体化交通网络的逐渐完善，将使得一座城市具备成为全国乃至全球资源配置节点的底气。

在西部的成都，大交通建设正演绎着“成都速度”——天府国际机场拉开建设大幕，未来成都将打通“空中丝绸之路”；成蒲铁路、成兰铁路等数条高铁加快建设，预计到2020年，铁路总里程达到950公里，帮助该市打造连通欧洲和泛亚的桥头堡、国家向西向南开发开放的铁路门户枢纽。

城市群竞合
更新区域经济发展模式

大交通带来大格局。立体交通网络的构建，加速了城市与城市之间的联系，也让城市群的形成与发展成为可能。伴随着技术革新、要素流动和产业更新换代等因素的影响，城市群已经成为中国区域发展的重要空间形态。

2015年，《中共中央关于制定国民经济和社会发展第十三个五年规划的建议》提出，要发挥城市群的辐射带动作用。城市群对于经济和社会发展的重要性愈发凸显。

交通的互联互通，让城市群的发展成为可能。位于长江下游地区的南京、镇江、常州、无锡等沿江八市，早已将“城市群建设”纳入发展规划，正在打造扬子江城市群。

2017年7月22日召开的扬子江城市群协同发展高层会议透露，有关各方正起草形成“1+X+8”规划体系。其中，“X”指的是省若干个部门牵头组织编制的专项规划，具体内容为交通基础设施的互联互通。

“十三五”期间，扬子江城市群将以江苏省“三纵四横”高速铁路网为基础，建设高铁“三环”。其中“一环”以北沿江高铁、京沪高铁为基础，实现沿江八市快速通达西南等全国各地区；“二环”就是以沪宁高铁、南沿江城际为基础，通达南京、上海；“三环”则是城市到城市郊区、内部小城市之间的通达。

“城市的发展已经进入群时代、圈时期。城市群已经成为全球经济中心转移最重要的载体，也是当今世界最具活力和竞争性的地区。”在扬子江城市群协同发展高层会议上，南京市有关负责人说，该市作为长三角地区重要的特大型城市，应该主动承担引领区域发展的重任。

作为全国城市群建设的先行者，长株潭城市群获批全国两型社会建设综合配套改革试验区已10年。过去10年，长沙、株洲、湘潭不仅统一了长途区号，还联合启动了湘江流域治理、交通规划等项目，实现了单位地区生产总值能耗降低一半以上，地区生产总值年均增长11.5%。

长株潭城市群也因此被称为“中国第一个自觉进行区域经济一体化试验的案例”。在行政区划不变的情况下，通过以项目推动经济一体化，长株潭为其他城市群做出了榜样，致力打造成为中部崛起的“引擎”之一。

以2011年获批的“成渝经济区区域规划”为依托，成渝城市群以成都、重庆两城市为核心，包括四川省内11座城市以及重庆全市，已经成为带动西部地区发展的重要平台。

伴随着城市群崛起，传统的地方经济发展模式正逐步向“城市群经济”转型，城市群的区域增长极作用越来越明显。某种意义上说，城市群正成为奠定中国经济未来的关键力量。

广佛超级城市
要做全国同城化典范

在面向全球的城市竞争中，向内加强城市群中各城市的互联互通，向外要有共同面向海外发展的决心。

作为国内三个特大城市群之一，珠三角城市群包括广州、深圳、珠海、佛山等14个城市，是中国乃至亚太地区最具活力的经济区之一。2016年，珠三角城市群经济总量约73,119亿元，占全国经济总量9.83%。

广州、佛山两市位于珠三角城市群核心区内，其携手共建超级城市参与国际竞争的做法，在全国各地城市群中尤为典型。

在2016年12月召开的广州市第十一次党代会上，广州首提与佛山共同建设“超级城市”。两座城市将携手参与全球竞争和资源配置，打造珠三角城市群核心区，谋建世界级超级城市。

在不少专家看来，广州、佛山“超级城市”的想象空间是巨大的。

2016年，广州地区生产总值达到19,610.94亿元，佛山地区生产总值达到8630亿元，两座城市经济总量超过2.8万亿元。作为国家中心城市的广州和作为中国制造业重镇的佛山，在2017年4月提出，对接国家战略，坚持创新驱动发展，深化高端高质高新产业的共建合作，联手打造世界级产业集群。

资深城市研究专家、暨南大学教授胡刚说，北京六环长约100公里，六环内面积约2000平方公里；上海郊区环线长约100公里，郊环线内面积也大概为2000平方公里。

而广州外二环长度接近100公里，沿线涉及广州、佛山两个行政单位，外二环以内面积也约为2000平方公里。上述三个环线以内的地区生产总值、人口都在一个量级。这是广佛“超级城市”竞争力最直观的基础所在。

在广佛之间，还有更多维度的变化、更深刻的变革正在发生。作为国内跨城地铁的开拓者，广佛两地正在联手打造一张“世界级地铁网”。

根据广州和佛山两市共同组织完成的《广佛两市轨道交通衔接规划》等文件，未来佛山将有10条地铁线与广州地铁线网中的13条地铁线实现无缝对接。在广佛同城的前沿地区南海，未来轨道交通线路将达到11条。以如此力度建设地铁，推进同城融合，目前国内比较少见。

在港口合作方面，广佛也有新动作。2017年8月9日，广州、佛山、中山三方签约，将合资建设经营广州港南沙港区四期工程。未来，南沙港将成为超级城市参与“一带一路”建设和联通世界的门户。

“‘广佛超级城市’正逐渐形成，成为珠三角世界级城市群的核心区。目前全国有36个处于同城化或类似进程中的城市，而广佛是融合程度最高的双子城，完全可以担当起全国同城化示范区重任。”胡刚说。

关键词：枢纽城市
重大交通枢纽建设加速成都进入“双机场时代”

随着挖掘机、推土机的进场，又一条地铁开挖……2017年以来，挖地铁、修高铁、建机场成为全国各大城市新一轮基础设施建设的关键词。随着这些重大交通枢纽的加速建设，众多城市正在构建一张领跑区域、通达全国、联结世界的宏伟交通蓝图。

在成都，《成都市国际化城市建设“十三五”规划》提出打造对外开放大通道，建设国家级国际航空枢纽、国际性区域铁路枢纽、国家区域性高速公路枢纽、国际区域物流中心、现代立体口岸开放体系、国际性区域通信枢纽。

左手“丝路”，右手长江。成都所处的位置，使这座城市在“一带一路”和“长江经济带”中的地位不言而喻，也让其具有了成为国际级交通枢纽的潜力。到2020年，成都铁路总里程将达950公里，全面建成“二环十射”铁路网络。

素有“九省通衢”之称的武汉则提出，到2020年，武汉将基本建成全国性铁路路网中心、长江中游航运中心，成为全国内陆综合交通体系最完善、通达能力最强的枢纽城市。2017年武汉计划完成交通基础设施建设投资410亿元，规模处于全国各大城市前列。

事实上，武汉一直得“中”独厚，对外交通相当便利。目前，武汉已是中国内陆最大的水陆空交通枢纽，其高铁网辐射大半个中国。

在国家高铁规划的“四纵四横”8条高铁线路中，两条主干线在武汉会合。其中，纵向有“北京—武汉—广州—深圳”客运专线，横向有“上海—南京—武汉—重庆—成都”客运专线，目前部分段已通车，全线预计在2017年底或明年通车。

从武汉沿着长江一路往东，到达南京。这个城市早已为成为枢纽城市做好了明确规划。2017年8月上旬，南京专门印发了《南京市“十三五”枢纽经济发展规划》。

规划提出，南京将分三个阶段发展枢纽经济：首先提升枢纽设施功能，其次建立枢纽经济产业体系，最后大力推进枢纽设施、枢纽产业和城市功能融合发展，建成特色明显、功能领先、具有较强影响带动力的综合枢纽城市。

一座城市是否具备成为枢纽城市的潜力，与机场的发达程度密不可分。成都天府国际机场将于2019年基本建成，2020年正式投入使用。届时，成都将成为继上海、北京之后，中国第三个、中西部首个迈入“双机场时代”的城市。

武汉也不甘示弱。到2020年，武汉有望成为继北京、上海、广州之后的国内第四个航空枢纽；到2030年，当地的国际直达航线将增加到40条以上。

回望佛山，《佛山市交通发展“十三五”规划》提出，要全面建成珠三角湾区西部枢纽城市、高品质的公交优先发展示范城市。其中，佛山将重点与广州共建辐射亚太的航空枢纽以及服务全国的铁路枢纽，同时打造西江干流枢纽港口。未来，珠三角新干线机场也有望落户佛山高明区，与广州白云机场共同形成国际航空枢纽。

朝着成为枢纽城市的目标，佛山正在努力。